DIE SAW EN CUITO CUANAVALE

DIE
SAW
EN
CUITO
CUANAVALE

'N TAKTIESE EN STRATEGIESE ANALISE

LEOPOLD SCHOLTZ

DELTA BOEKE
JOHANNESBURG & KAAPSTAD

© Teks: Leopold Scholtz 2020
© Omslagfoto's: Dokumentasiesentrum van die Suid-Afrikaanse Nasionale Weermag
© Kaarte: Camille Burger
© Gepubliseerde uitgawe: Jonathan Ball Uitgewers 2020

Uitgegee in 2020 deur
DELTA BOEKE, 'n druknaam van JONATHAN BALL UITGEWERS
'n Afdeling van Media24 (Edms.) Bpk.
Posbus 33977
Jeppestown
2043

ISBN 9781928248057
e-ISBN 9781928248064

Alle redelike pogings is aangewend om kopiereghouers op te spoor en toestemming te verkry vir die gebruik van kopieregmateriaal. Die uitgewer vra om verskoning vir enige foute of weglatings en verneem graag van kopiereghouers met die oog op regstellings of byvoegings in toekomstige uitgawes van hierdie boek.

Twitter: www.twitter.com/JonathanBallPub
Facebook: www.facebook.com/Jonathan-Ball-Publishers
Blog: http://jonathanball.bookslive.co.za/

Geset in Sabon en Agenda

INHOUD

SKRYWERSNOTA

Op 23 Maart 2018 het ek deelgeneem aan 'n seminaar oor die sogenaamde Slag van Cuito Cuanavale wat deur die Royal Institute of International Affairs by sy Londense hoofkwartier, Chatham House, aangebied is. Dit was natuurlik presies 30 jaar ná die derde mislukte Suid-Afrikaanse aanval op die Angolese/Kubaanse verdedigers voor Cuito Cuanavale.

Aangesien die gebeurtenis deur die Angolese regering geborg is, was dit begryplikerwys 'n taamlik eensydige saak, met verskeie sprekers wat die amptelike Kubaanse en Angolese weergawe van die gebeure verkondig het. Die "ander kant", by wyse van spreke, is oorgelaat aan genl.maj. Roland de Vries, die Britse skrywer Fred Bridgland, Chester Crocker (in die 1980's die Amerikaanse assistentminister van buitelandse sake belas met Afrika) en ekself.

In die kort tien minute wat my gegun is, het ek een groot punt gestel. Uiteraard kan daar uiteenlopende vertolkings van die gevegte by Cuito Cuanavale wees, maar asseblief, baseer dan jou vertolking op oorspronklike navorsing.

Geeneen van dié wat die Angolees/Kubaanse vertolking gevolg het nie (met een uitsondering – prof. Piero Gleijeses, wie se geval in die laaste hoofstuk van hierdie boek bespreek word) het dit gedoen nie. Die wildste voornemens is toegeskryf aan die Suid-Afrikaanse regering en weermag, sonder verwysing na enige oorspronklike dokumente.

Ek het baie van daardie dokumente op 'n vorige besoek aan die Dokumentasiesentrum van die Suid-Afrikaanse Nasionale Weermag (SANW) gesien. Ek het toe geen planne gehad om oor die omstredenheid insake Cuito Cuanavale te skryf nie, en het dus die nie dokumente gekopieer nie. Die Chatham House-seminaar het vir my die deurslag gegee om terug te gaan na die Dokumentasiesentrum om die dokumente te kry en dit as basis vir 'n behoorlike ontleding te gebruik.

Hierdie werk het toe as twee boeke begin. In die eerste wou ek die rol verken wat die dorp Cuito Cuanavale in die strategiese, operasionele en taktiese beplanning van die Suid-Afrikaanse Weermag (SAW) tydens Operasies Moduler, Hooper en Packer in 1987-1988 gespeel het. Daar word immers dikwels beweer dat die Suid-Afrikaners die dorp wou inneem. Dit sou, so word beweer, die eerste stap wees om deur te stoot na Sentraal-Angola en selfs Luanda om 'n regeringsverandering teweeg te bring. Die regerende Marxistiese Movimento Popular de Libertação de Angola (MPLA) sou uitgedryf word en Suid-Afrika se bondgenoot, die União Nacional Para a Independência Total de Angola (Unita) sou dan die Angolese regering word.

Hierdie bewerings word egter nie deur argivale navorsing gesteun nie. Allerlei planne en strategieë word aan die Suid-Afrikaanse regering en die SAW toegeskryf, maar sonder dokumentêre bewys. My doel was dus om na die oorspronklike dokumente te kyk en te sien wat hulle oplewer. Die tweede boek sou 'n professionele, taktiese studie van ses gekose veldslae van die veldtog wees. Dit was die geveg aan die Lomba-rivier (3 Oktober 1987), die twee aan die Chambinga (9 en 11 November 1987) en die drie SAW-aanvalle op die Tumpo-gebied (25 Februarie, 1 Maart en 23 Maart 1988).

Die Suid-Afrikaners het die eerste drie verwoestend gewen, maar die laaste drie sleg verloor. Waarom die verskil? Die magte wat betrokke was, het immers nie soveel verander nie. Ek wou gevolglik die faktore identifiseer waarom die Suid-Afrikaners aanvanklik drie oorwinnings behaal en toe drie nederlae gely het. In dié opsig was die 14 beginsels van oorlogvoering wat die SAW destyds gepredik het 'n baie nuttige instrument.

Nadat die manuskripte voorgelê is, het my uitgewer met die idee gekom om die twee in 'n enkele boek te kombineer. Ek het dus taamlik uitvoerig geskrap en verander. Die strategiese en operasionele benadering word dus afgewissel met die taktiese besonderhede van die geselekteerde ses gevegte op 'n manier wat min of meer die kronologiese volgorde van die gebeure volg.

Hopelik sal hierdie boek 'n bydrae lewer tot ons begrip van 'n belangrike tyd in die geskiedenis van Suid- en Suider-Afrika.

INLEIDING

Dit gebeur dikwels dat 'n oorlog – hetsy onmiddellik of ná verloop van tyd – deur 'n tweede oorlog gevolg word. Hierdie oorlog word nie met ammunisie of kartetse gevoer of met tenks en bomwerpers nie, maar met woorde. Die oorlog word as 't ware op papier oorgeveg.

In dié "herskepping" speel historici normaalweg 'n belangrike rol en hul debatte kan nogal heftig raak, om dit sag te stel. Die Nederlandse historikus Pieter Geyl se bekende uitspraak is dat geskiedskrywing "'n diskussie sonder einde" is.[1]

Die eerste van die stroom boeke oor die Eerste Wêreldoorlog het byvoorbeeld reeds kort ná die Vrede van Versailles in 1919 begin verskyn. Die fokuspunt was die vraag waarom die oorlog uitgebreek het en die beweerde Duitse skuld daarvoor. In sy seminale ondersoek na die kwessie skryf die Australiese historikus Christopher Clark oor die yslike aantal vertolkings: "There is literally no viewpoint on its origins that cannot be supported from a selection of the available sources. And this in turn helps to explain why the 'WWI origins' literature has assumed such vast dimensions that no single historian ... could hope to read it all in one lifetime ..."[2]

Iets soortgelyks, ofskoon op 'n baie meer beskeie skaal en met 'n ander fokuspunt, geld vir die konflik wat in Suid-Afrika algemeen as die Grensoorlog (1966-1989) bekend staan en veral vir die finale, konvensionele fase in suidelike Angola, waarna meestal verwys word as die Slag van Cuito Cuanavale. In dié geval het professionele historici tweede viool gespeel en politici, joernaliste en ander nie-akademiese skrywers het die leiding geneem. Miskien het die tyd aangebreek dat historici die terrein terugneem wat hulle aan ander afgestaan het.

As 'n mens dit oorvereenvoudig, kan jy twee gedagteskole identifiseer.

Die eerste skool, wat lank deur die oorlede Kubaanse diktator Fidel Castro gelei is, beweer dat die alliansie tussen Kuba, die Angolese MPLA-regering en die Namibiese rebellebeweging Swapo 'n groot oorwinning by Cuito Cuanavale behaal het. Dié oorwinning, so word gesê, het nie slegs die rassistiese Suid-Afrikaanse regering se imperialistiese planne gekeer om die sosialistiese revolusie in Angola te neutraliseer nie. Dit het in werklikheid Pretoria se rug gebreek. Dit het die apartheidsbewind gedwing om uit Angola en Namibië pad te gee en om uiteindelik in 1994 die mag aan die ANC oor te dra.

Dié narratief word gesteun deur die kommunistiese establishment in Kuba, die MPLA, Swapo, die ANC en oorwegend ook deur linksgesinde akademici en ander skrywers. 'n Gemeenskaplike element hier is dat die meeste akademici en skrywers geen oorspronklike navorsing oor die saak gedoen het nie.

In Mei 1988, nog voor die einde van die gevegte, het Castro triomfantelik op 'n spitsberaad van die Beweging vir Onverbonde Lande in Havana verklaar: "Die veldslag en sy uitkoms is van historiese belang. Meer as ses maande is verby en hulle is ver van die inname van Cuito Cuanavale, en hulle sal nie in staat wees om Cuito Cuanavale in te neem nie. Daar was 'n totale verandering in die magsewewig."[3]

'n Paar maande later het hy sy woordbombardement hervat: "Daar, in Cuito Cuanavale, het die Suid-Afrikaanse aggressiwiteit sy tande gebreek, en dit alles met 'n minimum ongevalle – minimum ongevalle! – aan die kant van die Angolese en Kubaanse magte ... Feit is dat die magsewewig drasties verander het. Die Suid-Afrikaners het 'n oorweldigende nederlaag in Cuito Cuanavale gely ..."[4] (*Uit Spaans vertaal.*)

As 'n mens 'n leier van die teenoorgestelde skool kan identifiseer, sal dit waarskynlik wyle genl. Jannie Geldenhuys wees, Hoof van die Suid-Afrikaanse Weermag (SAW) gedurende die hoogtepunt van die oorlog. In sy memoires, aangevul deur verskeie artikels en koerantonderhoude, het hy die punt gestel dat Suid-Afrika net beperkte doelstellings in Angola gehad het en byna almal behaal het. Hy word gesteun deur die establishment van die ou SAW en Nasionale Party-regering, asook deur sommige skrywers.

Die Britse joernalis Fred Bridgland haal Geldenhuys aan waar hy ontken dat Cuito Cuanavale ooit 'n doelwit van strategiese belang vir die SAW was. Geldenhuys het 'n paar maande ná die oorlog aan hom gesê: "Cuito Cuanavale was put into the limelight by the Cubans. I actually forbade the Chief of the Army (General Kat Liebenberg) to take Cuito Cuanavale. I made just one concession: If our operations so developed that Cuito Cuanavale fell into our lap and we could capture it without fighting, then our troops could occupy it."[5]

In sy memoires skryf Geldenhuys: "Ons het Cuito Cuanavale nie aangeval nie. Ons het nie eens in ons wildste drome gedink aan die sentrale hoogland en die Benguela-spoorlyn nie."[6]

Die knooppunt van die twee opponerende sienings is die dorp Cuito Cuanavale. Die Castro-kamp sê die SAW se doel was om die dorp in te neem, weswaarts deur te stoot na Menongue en die Angolese middelland en uiteindelik na die hoofstad, Luanda, om die MPLA-regering omver te werp en die Angolese rebellebeweging Unita, wat hulle as 'n marionet van Suid-Afrika beskou, in beheer te plaas en sodoende Angola te oorheers. Aan die ander kant hou die Geldenhuys-kamp vol dat die SAW nooit planne gehad het om Cuito Cuanavale in te neem nie en dat die res van die kommunistiese kamp se logika dus platval.

Dié meningsverskil is nie so esoteries as wat dit vir oningeligte lesers kan klink nie. As jy kan bewys dat die SAW van plan was om Cuito Cuanavale in te neem, kan jy geloofwaardig aanvoer dat die Suid-Afrikaners dit as basis wou gebruik om na Luanda op te ruk. Jy kan dan ook beweer, soos Castro gedoen het, dat die SAW se oorweldigende krag slegs deur die vasbeslote en hardkoppige verdediging van die heldhaftige verdedigers gefnuik is en dat dit 'n glorieryke oorwinning vir die kommunistiese revolusionêre magte was.

As jy egter kan bewys dat die SAW nie in Cuito Cuanavale belang gestel het nie, word Castro se logika geneutraliseer. Dit beteken dan ook dat die kommuniste nie gewen het nie, in welke geval die uitkoms van die veldtog en die oorlog met 'n ander perspektief bekyk moet word.

Die probleem met verreweg die meeste deelnemers aan die debat, veral dié in die Castro-kamp, is dat hulle nooit enige ernstige navorsing gedoen het nie. Dié in die Castro-kamp eggo eenvoudig Castro se narratief.

Geldenhuys en baie van sy ondersteuners in die SAW was natuurlik ooggetuies, maar praat hulle die waarheid? Word hul vertolking oorheers deur eiebelang wat maak dat hulle ongeloofwaardig is? Miskien het die tyd aangebreek om die saak aan ernstige navorsing te onderwerp.

Die Dokumentasiesentrum van die Suid-Afrikaanse Nasionale Weermag (SANW), die SAW se opvolger ná apartheid, het in onlangse jare 'n massa oorspronklike dokumente gedeklassifiseer wat lig werp op die beplanning en debatte agter die skerms in die SAW. Laat ons daardie dokumente ondersoek, hulle in 'n behoorlike historiese konteks plaas en verantwoordelike gevolgtrekkings maak.

'n Basiese tema van dié boek is dus om die rol van Cuito Cuanavale in die ontwikkeling van die strategiese, operasionele en taktiese beplanning van die SAW te ondersoek, asook die wyse waarop dit deur die ander kant beskou is. Nog 'n fokuspunt is om sekere veldslae in die veldtog te ondersoek en te ontleed waarom die een of die ander kant gewen of verloor het. In die proses het ek staatgemaak op die 14 beginsels van oorlogvoering wat destyds deur die SAW aangehang is.

Twee finale gedagtes:

Eerstens, baie min bronne is beskikbaar van die kommunistiese alliansie se kant van die draad. Die Amerikaanse historikus Piero Gleijeses het geskiedskrywing wel 'n groot guns gedoen deur die Kubaanse argief oor dié eiland se deelname aan die oorlog te ontsluit. Hy is die enigste buitelandse historikus vir wie die Kubaanse diktatuur dié voorreg gegun het. Maar sy duidelike voorkeur vir Castro en die Kubaanse regeringstelsel en sy onverhulde weersin in die apartheidsregering wek vrae oor sy objektiwiteit. 'n Mens moet dus baie versigtig wees hoe jy met sy weergawe van die gebeure omgaan.[7]

Terselfdertyd het die Russiese akademikus Wladimir Sjoebin ook nuttige feite in Sowjet-argiewe opgediep wat egter nie vir hom so oop was soos die Kubaanse argief vir Gleijeses nie. Sjoebin was destyds hoof van die Afrika-seksie van die Internasionale Departement van die Kommunistiese Party van die Sowjetunie (KPSU). As sodanig was hy die belangrikste skakelamptenaar tussen die KPSU aan die een kant en die MPLA, Swapo en die ANC aan die ander. Sy geskrifte het dus die onbetwisbare voordeel van intieme kennis van die onderwerp. Hy was egter duidelik te na aan – selfs deel van – die gebeure om te kan terugstaan en die onderwerp met veel akademiese objektiwiteit te analiseer. Dus moet ook sý bydraes versigtig geweeg word.

Die MPLA-argief is nog stewig gesluit. Gelukkig bied sowel Gleijeses as Sjoebin ons deur Kubaanse en Sowjet-oë 'n waardevolle blik op die besluitneming agter die skerms in Luanda.

Tog is dié bronne ten beste van sekondêre belang. Dit bied baie min wat betref die beplanning en idees agter die skerms in die boonste kaders van die SAW, wat die fokuspunt van dié boek is. Om groter insig hierin te kry, moet ons op die argiefstukke in die SANW se Dokumentasiesentrum staatmaak, aangevul deur wat geloofwaardige deelnemers en ooggetuies ons kan vertel.

Ten tweede moet ek my kaarte op die tafel plaas: Ek is die produk van 'n konserwatiewe Afrikanergesin. Ek het in sowel die SAW as sy opvolger, die SANW, gedien. My natuurlike neiging is om die SAW eerder as sy opponente te steun. Maar omdat ek bewus hiervan is, probeer ek dit balanseer met die intellektuele apparaat wat alle akademiese historici gebruik wanneer hulle met die probleem van objektiwiteit te doen kry.

Ek word gelei deur dié woorde van my oorlede vader, die historikus GD Scholtz, wat in 1968 in sy intreerede as ereprofessor in geskiedenis aan die Randse Afrikaanse Universiteit die taak van die historikus bespreek het. Hoewel absolute objektiwiteit onmoontlik is, het hy geredeneer, kan die vraag gestel word of die historikus moet toelaat dat sy voorliefde vir of afkeer van 'n sekere saak beslissend in sy werk is. Die antwoord is "nee", het hy gemeen: "'n Historikus wat die prooi van sy eie subjektiewe gevoelens is wanneer hy die pen opneem, is geen ware historikus in die ware sin van die woord nie. Hy is dit nie, omdat dit vir hom totaal onmoontlik is om hom selfs vir 'n oomblik van sy onderwerp te distansieer en na die waarheid te soek."[8]

Ek moet dit aan ander oorlaat om te besluit of ek aan dié verhewe ideaal voldoen.

Hoofstuk 1
DIE BELANG VAN CUITO CUANAVALE

Waarom was daar al soveel lawaai oor die stowwerige dorpie Cuito Cuanavale en die gevegte wat in sy omgewing plaasgevind het? Was die dorpie regtig van soveel belang dat dit die onderwerp van 'n oorlog van woorde moes word?

Uiteraard het Cuito Cuanavale sedert die einde van die Grensoorlog baie belangriker geword namate die vegters aan albei kante hul woordbombardemente afgevuur het. Dit het wesenlike simboliese en propagandawaarde verkry, wat veel meer is as die dorp se intrinsieke waarde tydens die veldtog van 1987 tot 1988.

Genl. Jannie Geldenhuys beweer byvoorbeeld die dorp het "geen strategiese belang hoegenaamd gehad nie. Dit het nie in die minste 'n rol gespeel nie, afgesien van die hoek waarvandaan jy daarna kyk."[1]

Kort voor sy dood het wyle brig.genl. J.N.R. ("Junior") Botha, tydens die oorlog 'n senior stafoffisier operasies (kolonel) by Leërhoofkwartier in Pretoria, ook die punt gestel dat Cuito Cuanavale van geen belang was nie. Daar was geen voordeel daarin vir die SAW om die dorp te beset nie, het hy geskryf. "Die plekkie beteken letterlik niks behalwe dat dit 'n geweldige logistieke las is, om 'n mag van enige grootte daarin te onderhou – vir wie dit ook al beheer."[2]

Geldenhuys het natuurlik 'n gevestigde belang in sy stelling. Botha, 'n stafoffisier wat nooit ver van sy lessenaar af beweeg het nie, was nooit bekend vir sy militêre insig nie. Voorts is hierdie en ander soortgelyke stellings eers dekades ná die gebeure gemaak.

Laat ons dus eerstens die strategiese, operasionele en taktiese waarde van die dorp vir albei kante in daardie era probeer nagaan.

Die voorgeskiedenis

Toe SAW-eenhede die Angolese grens in Augustus 1987 oorsteek om Unita teen die Fapla-offensief te help, was daar al 'n lang voorgeskiedenis. In die 1980's is die Suid-Afrikaners geleidelik in die Angolese Burgeroorlog tussen die MPLA en Unita ingesuig.

Suidwes-Afrika (SWA), nou die Republiek van Namibië, was vanaf 1884 'n Duitse kolonie. In 1915 het die destydse Unie van Suid-Afrika dit namens Brittanje ingeval en beset. Ná die Eerste Wêreldoorlog is dit 'n mandaatgebied gemaak wat deur Suid-Afrika namens die Volkebond geadministreer is.

In 1948 het die Nasionale Party die algemene verkiesing in Suid-Afrika gewen en sy apartheidsbeleid begin instel deur die informele skeiding tussen wit en swart in 'n wetlike stelsel vas te lê. Dit is ook in SWA ingevoer. Dit het twee gevolge gehad. Eerstens het inheemse SWA-nasionaliste 'n bevrydingsbeweging gestig, bekend as die South West Africa People's Organization (Swapo). Die doel was om die afdwing van apartheid teen te staan en wat hulle as die Suid-Afrikaanse koloniale juk beskou het af te werp en SWA in 'n onafhanklike Namibië te omskep. Tweedens het die Verenigde Nasies, die opvolger van die Volkebond, die Suid-Afrikaanse mandaat teruggetrek en die regering beveel om SWA/Namibië onafhanklik te laat word.

In Augustus 1966 het die eerste gewapende botsing van die Grensoorlog plaasgevind toe 'n Suid-Afrikaanse mag, bestaande uit valskermsoldate en polisiebeamptes, toegeslaan het op die enigste basis wat Swapo ooit op SWA-bodem gehad het. Die Swapo-lede het uiteengespat en gevlug. Dit was die begin van 'n insurgensieoorlog van lae intensiteit. Swapo se gewapende vleuel, bekend as die People's Liberation Army of Namibia (Plan), het vanaf Zambië deur Angola na die noorde van SWA of regstreeks na die Caprivi-strook geïnfiltreer. Die las van die Suid-Afrikaanse oorlogspoging, as 'n mens dit só kan noem, is weens politieke redes deur die polisie gedra. Só het die konflik verskeie jare voortgeprut tot 'n skielike eskalasie in 1974. In daardie jaar het 'n groep leëroffisiere die Portugese konserwatiewe diktatuur omvergewerp en dit duidelik gemaak dat die land hom aan sy Afrika-kolonies – Angola, Mosambiek en Guinee-Bissau – gaan onttrek. Die Portugese weermag het ook opgehou om teen die inheemse rebellebewegings in dié gebiede te veg.

Dit het saamgeval met 'n Suid-Afrikaanse regeringsbesluit om sy oorlogspoging te professionaliseer en die beheer oor die oorlog aan die SAW oor te dra.

Dié twee ontwikkelings het die strategiese en operasionele situasie dramaties en in verskeie opsigte gewysig. Ten eerste het Angola vinnig in chaos versink. Daar was drie rebellebewegings in die land, naamlik die Marxistiese MPLA, die FNLA (sonder 'n herkenbare ideologie) en Unita (in dié stadium Maoïsties, maar later pro-Westers). In Januarie 1975 het die drie die Alvor-Akkoord met die Portugese geteken om 'n regering van nasionale eenheid te vorm en ná onafhanklikwording op 11 November 1975 vrye en regverdige verkiesings te hou. Die mededinging tussen die drie bewegings het egter vinnig tot 'n burgeroorlog gedegenereer.

In dié stadium het die buitewêreld ook begin inmeng en die Angolese konflik is in die Koue Oorlog ingesuig. Amerika en Frankryk het beperkte militêre hulp aan die FNLA gegee, maar die Sowjetunie en Kuba het op groot skaal aan die MPLA se kant toegetree. Die gevolg was dat die MPLA sy teenstanders uit Luanda verdryf en vordering in die tradisionele FNLA- en Unita-gebied begin maak het.

Intussen het Suid-Afrika met groeiende kommer gekyk na wat hy as 'n kommunistiese bedreiging beskou het. Aangemoedig deur Amerika en verskeie Afrikastate, het 'n Suid-Afrikaanse mag Angola klandestien binnegeval om Unita en die FNLA in 'n sterk onderhandelingsposisie te plaas wanneer die verwagte vredesamesprekings begin. Kuba het onmiddellik met 'n massiewe mag teruggeslaan. Dit het die deurslag gegee en hewige

9

botsings het gevolg. Die Suid-Afrikaners en Kubane het mekaar seergemaak, maar uiteindelik het die internasionale steun vir die Suid-Afrikaners verdamp en hulle moes heeltemal onttrek.

In die daaropvolgende jare het Unita in die Angolese bos teruggetrek en 'n insurgensieoorlog teen die MPLA begin. Suid-Afrika het voortgegaan om geheime materiële hulp aan Unita te gee, maar oor die algemeen buite die Angolese Burgeroorlog gebly. Die SAW het op sy teeninsurgensieveldtog teen Swapo in die noorde van SWA gekonsentreer. In dié stadium het Swapo die inisiatief gehad en goed gevorder in sy poging om die hart en siel van die plaaslike bevolking te wen.

Vanaf 1978 is 'n nuwe fase in die konflik ingelui. Die Suid-Afrikaanse strateë het tot die gevolgtrekking gekom dat dit geen sin maak om suid van die Angolese grens te sit en wag tot die Plan-insurgente die grens oorsteek en dan eers te reageer nie. Dus het die SAW vanaf Mei 1978 'n nuwe strategie aanvaar. In die jare hierna is verskeie operasies van brigadegrootte oorkant die grens van stapel gestuur om Swapo se voorbereidings vir insurgensie te ontwrig nog voordat dit kon begin. In dié groot gevegte, dikwels met gemeganiseerde magte van die SAW, is die Suid-Afrikaanse gemeganiseerde en mobiele doktrine geslyp.

In 1983 het Unita die SAW se hulp gevra om die sentrale Angolese dorp Cangamba te verower. Die dorp is met die hulp van bomwerpers van die Suid-Afrikaanse Lugmag (SALM) en 'n 120 mm-mortierbattery ná swaar gevegte en baie ongevalle aan albei kante ingeneem, maar getrou aan Unita se guerrilla-aard is dit gou weer aan Fapla oorgelaat. In 1985 en 1986 het Fapla lomp offensiewe in die rigting van Mavinga in die provinsie Cuando Cubango begin. Unita het albei offensiewe met klandestiene SAW-hulp in die vorm van spesmagte, artillerie en lugondersteuning afgeslaan, ofskoon met groot verlies aan lewens en uitrusting.

Dus was die Grensoorlog teen 1987 onherkenbaar vergeleke met sy begin in 1966. Van 'n lae-intensiteit-insurgensie waarin swak bewapende en opgeleide guerrillas teen 'n paar polisiebeamptes te staan gekom het, het dit ontwikkel tot 'n hoëintensiteit-konvensionele oorlog met duisende troepe, kanonne, pantservoertuie

10

en bomwerpers. Inderwaarheid het die Grensoorlog en die Angolese Burgeroorlog ineengevloei. Eintlik het die Suid-Afrikaanse regering en die SAW-bevel glad nie daarin belang gestel om in die Angolese Burgeroorlog ingetrek te word nie. Hul eie oorlog, soos die Suid-Afrikaners dit gesien het, was nie teen die MPLA-regering nie, maar teen Swapo.[3] Teen dié agtergrond was die aansienlike poging om Unita by te staan in bepaalde opsigte 'n lastige syspoor. Eintlik was die SAW-generaals besig om 'n heel ander operasie te oorweeg. Einde 1986 het Leërhoofkwartier bevel ontvang "om 'n situasie in die Vyfde Militêre Streek van Angola te skep wat soortgelyk is as die een wat voor die Lusaka-Akkoord van toepassing was".[4] Dié streek was die provinsie Cunene, waar Swapo verskeie basisse gehad het om sy vegters vir infiltrasie in SWA voor te berei. Ná Operasie Askari in 1983-1984 het Suid-Afrika en Angola in Februarie 1984 die Lusaka-Akkoord aangegaan en het die SAW Angola so ver noord as Techamutete, 250 km noord van die SWA-grens, oorheers.[5] Met ander woorde, die SAW was nog 'n groot oorgrensoperasie teen Swapo se agterplaas aan die beplan.

Die inligting wat uit Cuando Cubango ingestroom het, het daardie planne gedwarsboom. In 'n waardering het die SAW tot die gevolgtrekking gekom dat die situasie in die suidooste eers gestabiliseer moes word om te voorkom dat die beplande operasie in Cunene benadeel word.[6] Uiteindelik het daar natuurlik niks van die Cunene-planne gekom nie; hulle moes laat vaar word.

Dit is die moeite werd om daarop te let dat die Sowjets die dryfkrag agter die komende Fapla-offensief was. Die MPLA het getwyfel, maar aan die Sowjet-druk toegegee. Die Kubane het weerstand gebied, maar is opsy geskuif en het die operasie in sy eerste fase hardnekkig geboikot. Selfs einde Augustus het die Kubane die Sowjets vergeefs probeer beweeg om die vier brigades oos van die Cuito-rivier te laat terugtrek. 'n Kubaanse inligtingsoffisier se akkurate waardering was: "Die situasie word gevaarlik vir Fapla, en dit kan ... op 'n yslike nederlaag uitloop."[7] Soos Fidel Castro op 23 November 1987 aan die Angolese staatshoof, pres. José Eduardo dos Santos, geskryf het: "Ongelukkig is wat ons voorspel het bewaarheid weens 'n swak voorbereide offensief [teen Mavinga] op die terrein wat die voordeligste vir die Suid-Afrikaners is, naby hul basisse ... Twee keer in twee jaar [1985,1986] is dieselfde ernstige fout gemaak, en foute bring altyd 'n hoë militêre en politieke prys mee."[8]

Ons sal later sien hoe dit die strategiese en operasionele situasie beïnvloed het.

Strategies

Namate die SAW-troepe in November 1987 nader aan Cuito Cuanavale beweeg en 'n volgehoue artilleriebombardement van ses maande begin het, het die gevaarligte oor verskeie hoofkwartiere tot in Havana, Luanda en Moskou begin flikker. Die Kubane, Angolese en Sowjets het blykbaar nie getwyfel dat die dorp die Suid-Afrikaners se onmiddellike doelwit is nie, maar wat wou laasgenoemde daarmee bereik?

As die Suid-Afrikaners deur die Fapla-verdedigingslinie voor Cuito Cuanavale breek, het Castro op 20 Februarie 1988 aan sy bevelvoerende generaal in Angola laat weet, sal dit 'n "totale ramp" wees: "As dit gebeur, sal dit moeilik wees om Cuito [Cuanavale] te hou en die politieke en morele gevolge vir Fapla en die Angolese regering sal verskriklik wees."[9]

Hy het hierdie punt 'n paar maande later in 'n toespraak herhaal: "Dit sou 'n ramp vir die Angolese gewees het. Dit sou die kans gewees het om Angola se onafhanklikheid en revolusie te vernietig ... Anders sou baie jare se moeite verlore gegaan het."[10]

Dit dui op Castro se oortuiging dat die Suid-Afrikaners nie met die verowering van Cuito Cuanavale tevrede sou gewees het nie, maar dat hulle sou deurgedruk het om 'n regeringsverandering in Luanda af te dwing en daarmee die sosialistiese revolusie in Angola ongedaan te maak. Een van sy luitenante, Jorge Risquet, het in Maart 1989, in die laaste dae van die oorlog, aan die Marxistiese skrywer David Deutschmann verduidelik hoe die Kubane die Suid-Afrikaanse veiligheidstrategie insake Angola vertolk het:

Op die spel was 'n streek van die wêreld met 100 miljoen inwoners, ses miljoen vierkante kilometer groot, en met enorme natuurlike hulpbronne. As die Suid-Afrikaanse inval in Angola suksesvol was, sou rassisme sy grense uitgebrei en die droom van die rassistiese regime laat uitkom het. Apartheid is essensieel militaristies, aggressief en ekspansionisties … Hulle het nie hul voorneme weggesteek om verder deur marionetteregerings op te ruk nie, of oor hul siening dat Suid-Afrika die regerende mag oor alle swart lande suid van die ewenaar was nie … En gegewe die arrogansie van die Suid-Afrikaners, was een ding duidelik. As hulle die Angolese magte by Cuito Cuanavale verpletter het, sou hulle niks minder as Angola se volle oorgawe by die onderhandelingstafel geëis het nie …"[11]

Die MPLA-regering het duidelik ook so gedink. Wladimir Sjoebin haal genl. "Ngongo" (skuilnaam van genl. Roberto Leal Monteiro, Angolese minister van binnelandse sake) aan, wat geglo het "dat Suid-Afrika veral in die vliegveld van Cuito Cuanavale belang gestel het. As hy dit beset en sy vliegtuie daarheen oorgeplaas het, sou Suid-Afrika, deur Unita-magte in die sentrale deel van Angola (sommige sterk Unita-magte was nie ver van Luanda nie) 'n regstreekse bedreiging vir die MPLA-regering gevorm het."[12]

Dus, vir die Kubane en die MPLA was Cuito Cuanavale nie bloot 'n dorp of gebied wat verdedig moes word nie. Vir hulle was dit die Suid-Afrikaners se toegangspoort tot Luanda en die algehele nederlaag van die sosialistiese revolusie in die land.

Aan die ander kant is dit nie hoe die beleidmakende Suid-Afrikaanse establishment sy eie veiligheidstrategie insake Angola en die rol van Cuito Cuanavale gesien het nie.[13]

Om mee te begin het die Suid-Afrikaanse regering tradisioneel 'n voorwaartse verdedigingstrategie gevolg teen enigiemand wat as 'n gevaar van buite gesien is – die keiserlike Duitsland, fascistiese Italië, Nazi-Duitsland en sedert die 1970's ook teen wat gesien is as die dreigende kommunistiese opmars, veral in Rhodesië (nou Zimbabwe), SWA en Angola. Suid-Afrika was nie teen SWA se onafhanklikheid *as sodanig* nie, maar wou nie die "Rooi vlag" oor Windhoek, die SWA-hoofstad, sien wapper nie. Swapo is, nie sonder rede nie, gesien as 'n beweging wat deur kommuniste oorheers is en deel van die Sowjetunie se "totale aanslag" was. Die sneller was die Kubaanse militêre intervensie in Angola in 1975, iets wat gelei het tot 'n begryplike maar dalk oordrewe vrees in Pretoria en Kaapstad dat die einddoel 'n Sowjet-republiek van Suid-Afrika was.[14]

In dié voorwaartse strategie was Angola se rol tweërlei. Eerstens het Swapo veral die provinsie Cunene gebruik om sy guerrillamagte te huisves, te laat uitrus, op te lei en toe te rus voordat hulle suidwaarts oor die grens geïnfiltreer het. Dus was 'n groot deel van die SAW se militêre strategie in die Grensoorlog ná 1978 om Swapo se infiltrasie voor te spring en hul operasies te ontwrig voordat dit kon begin. Dit het op verskeie grootskaalse oorgrensoperasies uitgeloop, waarvan die belangrikste was Operasie Reindeer (1978), Rekstok en Saffraan (1979), Sceptic (1980), Protea en Daisy (1981) en Askari (1983-1984).

Uiteraard het Swapo Fapla se beskerming teen die genadelose Suid-Afrikaanse offensiewe gesoek – en gekry – met die gevolg dat die SAW en Fapla dikwels gewelddadig gebots het. Dit moet nogtans beklemtoon word dat dít 'n neweproduk van Suid-Afrika se oorlog teen Swapo was, nie Pretoria se hooffokus nie.

Die tweede element gaan oor Unita en sy oorlog met die MPLA-regering. Suid-Afrika het dit nie gesien as sy "eie" oorlog nie. Dié was hoofsaaklik teen Swapo gemik. Nietemin het Unita se besetting van die suidoostelike hoek van Angola dit byna onmoontlik vir Swapo-guerrillas gemaak om die Caprivi-strook en die Kavango te infiltreer. Dit het Swapo se oorlogspoging hoofsaaklik tot die relatief beperkte gebied van Ovambo beperk en só die SAW se teeninsurgensiepoging teen Swapo grootliks vergemaklik. Bowendien het die burgeroorlog tussen die MPLA en Unita Swapo gedwing om sowat 'n derde van sy militêre vermoë te gebruik om saam met Fapla teen Unita te veg. Dié magte was dus nie beskikbaar vir infiltrasie in SWA nie.[15]

Om dié rede is Unita se politieke en militêre oorlewing as regstreeks in Suid-Afrika se belang gesien. Dus het die Suid-Afrikaners telkemale wanneer die vyand gedreig het om Unita uit die oorlog te knikker, soos in 1985, 1986 en weer in 1987 geprobeer is, gemeen hulle moet tussenbeide tree. Met ander woorde, die Suid-Afrikaanse strategiese doel was taamlik beperk en glad nie so omvattend as wat Castro, Risquet en Ngongo gevrees het nie. Om die waarheid te sê, dit is veilig om te sê dat die opponerende kampe mekaar heeltemal verkeerd verstaan het.

Dít is die basiese rede waarom SAW-magte Unita te hulp gesnel het toe Fapla in Augustus 1987 'n groot offensief begin het om Unita eens en vir altyd uit te skakel. Dit bied ook die agtergrond vir die ontwikkeling van Suid-Afrika se houding oor die moontlike besetting van Cuito Cuanavale.

Die SAW se operasionele en taktiese doktrine

Wanneer die Suid-Afrikaners se gevegstaktiek en hul houding teenoor Angola en Cuito Cuanavale ontleed word, is dit belangrik om dit in die lig van die SAW se operasionele taktiese doktrine te bekyk.

Tradisioneel is die Suid-Afrikaanse militêre doktrine – wat 'n mens moet aflei uit wat inderdaad gebeur het, want daar was min pogings om te teoretiseer – op drie faktore gebou: Die wye ruimtes, die min beskikbare militêre magte en 'n groot afhanklikheid van deeltydse milisies (in Suid-Afrika "kommando's" genoem). In die praktyk het dit groot klem op taktiese en operasionele mobiliteit beteken. Die Britse historikus Thomas Pakenham het dit treffend opgesom in woorde wat volledig in die gemoedere van SAW-offisiere weerklink het: "There was one iron law of strategy imprinted on the mind of the Boers like a law of the wild: the answer to superior numbers is superior mobility."[16]

Uiteraard, toe die Unie-Verdedigingsmag deel was van die groot Geallieerde magte in Noord-Afrika en Italië in 1941-1945, is dié byna genetiese geneigdheid tot mobiliteit tydelik onderdruk. In die laat 1960's het dit herlewe toe sekere SAW-offisiere gesien het dat die wye ruimtes en beperkte getalle die liniêre oorlogvoering van die Tweede Wêreldoorlog onprakties vir Afrika maak. Die antwoord is in mobiliteit en buigsaamheid gesoek.

15

Soos genl.maj. Roland de Vries, vader van die SAW se mobieleoorlog-doktrine, dit gestel het: Die "innovators of South African-style campaigning tossed aside the existing military textbooks and developed their own doctrine after assimilating and analysing the principles laid down by such diverse military geniuses such as Napoleon, Sun Tzu, Shaka Zulu, Heinz Guderian and Boer general Christiaan de Wet." Onder die beginsels wat hy geïdentifiseer het, is die volgende:

- hoë mobiliteit gebaseer op wiele en langafstandartillerie as die kern van 'n mag, met 'n kritieke kern van tenks en gewapende helikopters vir die ystervuis en sielkundige effek, maar sonder om onderhoud en logistiek te verwaarloos;
- die vermoë om vinnig oor honderde kilometers te ontplooi, ondanks 'n swak of geen padnetwerk; en
- 'n lugstormvermoë, nie slegs ter wille van strategiese en taktiese mobiliteit nie, maar ook om die gebrek aan paaie te oorkom.[17]

Met verwysing na dié "ruimtelike faktor" het die regering se SAW-Witskrif vir 1986 gelui: "The RSA is a vast country with extended borders and a long coastline that makes great demands on the SADF. This means that the SADF has to operate in an area and not along a front. This requires special attention to logistics, strategic and tactical mobility, the need for blanket cover, the decentralisation of execution and a night-fighting capability."[18]

De Vries het in 1987 uiteengesit wat dit in die praktyk beteken het: Die Suid-Afrikaanse leër kan slegs op die slagveld wen as hy vinniger kan beweeg en doeltreffender as sy vyande kan veg.[19] In 'n boek wat hy destyds geskryf het, het hy beklemtoon dat "die terrein in Suider-Afrika nie ideaal is vir posisionele of liniêre tipe oorlogvoering nie". Suid-Afrika "beskik ook nie oor die mannekrag of industriële potensiaal om hom aan sodanige praktyk te onderwerp nie". Hieruit vloei die feit voort dat die basiese doel die vernietiging van die vyandelike magte

16

moet wees "teenoor die verowering of besetting van terrein". Hy het uitdruklik beklemtoon: "Grond word slegs gehou so lank as wat taktiese voordeel daaruit getrek kan word."[20] Dié woorde sal van kritieke belang vir my ontleding blyk.

Volgens wyle brig.genl. George Kruys het die SAW ook lesse getrek uit die geskrifte van die Britse genl. Frank Kitson rakende die voordele van goed gebalanseerde, mobiele veggroepe met verskillende wapensoorte,[21] al vermoed 'n mens dat die Duitse manier in die Tweede Wêreldoorlog om wanneer nodig ad hoc-veggroepe saam te stel[22] ook 'n rol gespeel het.

Die belang van dié idees sal later blyk wanneer ons die ontwikkeling van die SAW se planne betreffende Cuito Cuanavale ontleed.

Die operasionele en taktiese vlak

Met Operasies Moduler, Hooper en Packer in 1987-1988 was Cuito Cuanavale 'n vaal gehuggie. In 2008 het Jannie Geldenhuys selfs ontken dat die plek hoegenaamd bestaan het,[23] maar hy het dalk te ver gegaan. 'n Sowjet- militêre raadgewer wat daar gestasioneer was, het dit later beskryf as:

> 'n nedersetting eerder as 'n dorp. Die plaaslike bevolking leef in hutte: hulle slaan pale in die grond, maak 'n sirkel sowat twee meter in omtrek, bedek die pole met hooi of, om meer presies te wees, gedroogde gras, maak 'n gat vir 'n deur, bedek die dak met dieselfde hooi en leef hul lewe lank daar. Die hutte van plaaslike ryk mans is van latwerk en modder; hulle maak klein blokke van klei, lê hulle en bedek die dak met riet.[24]

Nog 'n ooggetuie, die joernalis Karl Maier wat die dorp in Februarie 1988 besoek het, het geskryf dit is "[s]pread across a rolling hill" en dat die plek bestaan uit "at least 1 000 wattle and daub huts. Inside the town itself are the remains of a dozen one-storey buildings, with holes blasted through the roofs and whole walls bludgeoned into dust."[25]

Met ander woorde, dit het baie vaal en onbelangrike gelyk. In elk geval was daar min manlike burgerlikes. Nog 'n Sowjet-offisier wat daar gedien het, het vertel die meeste mans was gemobiliseer, hetsy vir Fapla of Unita. Diegene wat gebly het, was meestal vroue en kinders.[26]

Op operasionele en taktiese vlak was Cuito Cuanavale in verskeie opsigte belangrik.

In die eerste plek het dit die voorwaartse bevelspos gehuisves van die agt brigades betrokke by die offensief om die Lomba oor te steek.[27] As sodanig was dit 'n knooppunt van kommunikasie en besluitneming waarsonder die Fapla-mag nie kon funksioneer nie. SAW-radio-onderskeppings wys duidelik in welke mate dié hoofkwartier in taktiese besluite ingemeng het.[28] Die neutralisering daarvan sou dus 'n taamlike slag vir die MPLA-oorlogspoging wees.

Tweedens was daar 'n vliegveld en lugmagbasis van waar vegterbomwerpers – MiG-21's, MiG-23's, Su-22's – en heli-kopters opgestyg het om die Fapla-grondmagte op die slagveld te ondersteun. Dit was dus belangrik vir die Suid-Afrikaners om Fapa, die Angolese lugmag, die gebruik van die basis te ontsê. As dit kon gebeur, sou die Angolese en Kubaanse vliegtuie daar na Menongue, sowat 190 km weswaarts, onttrek moes word, waar hulle ietwat verder van die slagveld sou wees en dus minder tyd in die lug sou hê om die Suid-Afrikaners aan te val.

Natuurlik, as jy dit uit die Kubane en Angolese se hoek bekyk, was die teenoorgestelde ook waar: Die SAW-besetting van Cuito Cuanavale sou beteken dat die Suid-Afrikaanse Lugmag (SALM) se Mirage-vegterbomwerpers en Buccaneer-bomwerpers 'n basis in die Angolese hartland kry. Inderwaarheid was die SALM-aanvalsvliegtuie oorwegend by Grootfontein, 500 km suidwaarts, gebaseer. Dit het hulle sowat twee minute tyd oor die slagveld in die omgewing van Cuito Cuanavale gegee, wat beteken het dat die Suid-Afrikaners hul rieme besonder fyn moes sny wanneer hulle hul eie lugsteun beplan het.[29] Jy kan nie die Kubane en Angolese kwalik neem as hulle dié logika in ag geneem het wanneer hulle oor die SAW se beweerde planne vir Cuito Cuanavale nagedink het nie. Uiteindelik is die dorp se Fapa-lugmagbasis deur artillerievuur geneutraliseer.

Die dorp was ook om 'n derde rede belangrik. Dit was wydsbeen geleë oor die enigste belangrike pad in die omgewing, wat van Menongue na Cuito Cuanavale geloop het, waar dit met 'n brug oor die Cuito-rivier en dan suidooswaarts oor die Chambinga-rivier na die Lomba en Mavinga geloop het. Dit was bekend as die ou Portugese pad.

Die SAW het nie juis die pad nodig gehad nie, want sy heg-en-steg-vermoë deur die bos was goed, maar vir Fapla, ten beste 'n taamlik gedisorganiseerde leër, was dit logisties baie belangrik. Al die voorrade vir die brigades wat in die offensief oos van die Cuito-rivier betrokke was, is per spoor van die hawedorp Namibe na Menongue gebring, en van daar per voorradekonvooi deur Cuito Cuanavale na die slagveld oos van die rivier. Die inname van die dorp sou die Suid-Afrikaners in staat stel om die lewer van voorrade – ammunisie, brandstof, kos, onderdele – aan die oprukkende Fapla-brigades heeltemal te keer. Dit is redelik om aan te neem dat die verlies van Cuito Cuanavale sou beteken het dat die offensief sou opdroog soos water wat in woestynsand wegsyfer. Dit is ook redelik om te aanvaar dat Fapla dieselfde idee gehad het toe hy probeer raai het wat die Suid-Afrikaners se planne was.

Daarby moet 'n mens die topografie van die omgewing in ag neem. Soos Clive Wilsworth, 'n Suid-Afrikaanse artillerieoffisier wat aan die gevegte deelgeneem het, skryf: "In terms of high, dominating ground, the town of Cuito Cuanavale was built on a high feature that dominated the whole Tumpo area by observation and by fire."[30] Koppel dit met die diep Cuito-rivier wat slegs oor 'n brug oorgesteek kon word, en dit word duidelik dat dit 'n grootskaalse poging sou verg om die dorp uit die ooste in te neem.

Die punt is dus dat Cuito Cuanavale 'n aansienlik strategiese, operasionele en taktiese waarde vir albei kante gehad het. Soos kmdt. (later kol.) Leon Marais, bevelvoerder van Veggroep C tydens die tweede fase van Operasie Moduler, dit stel:

Deur Cuito direk aan te val sou die hele vyandelike poging ontwrig word. Cuito het ook die inherente swakheid gehad dat dit maklik afgesny en ontwrig kon word; versterking vir Fapla kon slegs van die weste af gedoen word. Die enigste brug oor die Cuitorivier sou in 'n aanval beset word en dus alle magte oos van die Cuitorivier effektief isoleer. Alle plaaslike koördinasie het deur Cuito gegaan: grond, lug en indirekte vuursteun. Alle Wes/Oos-beweging was afhanklik van die brug by Cuito.[31]

Wat 'n mens dus ook al van die belang van Cuito Cuanavale kan sê, militêr onbelangrik was dit beslis nie.

Hoofstuk 2

"STOP DIE OFFENSIEF"

Die rol wat die dorp Cuito Cuanavale in die SAW se strategiese, operasionele en taktiese beplanning gespeel het, was nooit staties nie; dit het oor tyd ontwikkel en afgehang van die verandering in die praktiese situasie. Die doel van hierdie hoofstuk is om te ontleed watter rol dit tot einde Augustus 1987 gespeel het.

Dit sal gedoen word deur na twee temas te kyk. Die een is die geleidelike, selfs chaotiese wyse waarop die SAW in 1987 ingesuig is in die 6de Militêre Distrik van Angola, die provinsie Cuando Cubango. Die ander is die feit dat Cuito Cuanavale feitlik geen rol gespeel het in die eerste ronde van die gevegte nie, toe die Suid-Afrikaanse doel eenvoudig was om die Fapla-offensief te stop.

Die eerste gerommel

Die eerste veraf gerommel is in Maart 1987 gehoor toe 'n grootskaalse stapeling van Fapla-voorrade in die sogenaamde Tumpo-driehoek gerapporteer is, aan die oostekant van die Cuito-rivier net oorkant Cuito Cuanavale (kyk kaart op bl. 94). Dit is bevestig deur SAW-spesmagtespanne op die toneel en deur fotografiese verkenningsvlugte van die SALM. Ook is 'n brief van pres. Dos Santos van Angola aan 'n drukgroep in Amerika onderskep waarin hy hulle gevra het om die politieke klimaat vir 'n offensief teen Unita voor te berei.[1]

Tot 10 vragvlugte het daagliks op Menongue geland, terwyl

groot voorraadkonvooie op die pad tussen Menongue en Cuito Cuanavale beweeg het. Die enkele Fapla-brigade by Tumpo is met vier bykomende brigades versterk, en later is nog drie ingebring. 'n Voorwaartse bevelspos is op Cuito Cuanavale gevestig. Suid-Afrikaanse Militêre Inligting en Unita het saamgestem dat die Angolese 'n fop-offensief noordwaarts na Lucusse sou begin om Unita se aandag van die eintlike doel af te lei, naamlik 'n opmars na Mavinga en van daar na Jamba, Unita se "hoofstad".[2]

Mavinga was belangrik weens sy landingstrook, wat dan ter steun van die opmars na Jamba gebruik kon word. Met Mavinga in Angolese besit, sou 'n radarstasie daar opgerig kon word, wat radardekking die hele pad tot by die Suid-Afrikaanse Lugmagbasis Rundu aan die grens sou uitbrei, en wat lugaanvalle op Rundu moontlik sou maak. In dié stadium was Rundu die enigste gaping in die Angolese radardekking van die Suidwes-grens.[3]

Sodra Jamba geval het, was die verwagting, sou Unita vir alle praktiese doeleindes uit die oorlog wees. Bowendien is gehoop die offensief sou Unita se druk op ander fronte in Angola verminder. Volgens die bevelvoerder van die Sowjet-raadgewers by Fapla, lt.genl. Pjotr Goesef, was die doel van die offensief "om Unita se hoofkwartier in te neem en die grens met Namibië te bereik". Genl. Roberto Leal Monteiro, Angolese minister van binnelandse sake, beter bekend as Ngongo, se analise was: "Vir [pres.] Dos Santos was dit belangrik om in 'n sterk posisie te wees in die onderhandelings (met die VSA wat ons op die punt was om te begin) en dit het sy beslissing beïnvloed om [Operasie] Salueer Oktober te begin. Bowendien was ons soewereiniteit op die spel."[4] Dit wys dat politiek en militêre strategie ook aan die Angolese kant met mekaar verweef was.

Die Suid-Afrikaanse dilemma

Die Suid-Afrikaners moes nou besluit hoe om te reageer op die vooruitsig dat Mavinga en Jamba val en Unita geneutraliseer word. Op die allerminste kon hulle nie toelaat dat Fapla slaag nie. Unita het immers die hele suidoostelike hoek van Angola beset.

22

Só kon die beweging die infiltrasie van Swapo-insurgente na die noordoostelike Suidwes-streke Kavango en Caprivi blokkeer, waar die SAW Swapo se oorlogspoging in 'n groot mate onder beheer gehad het.

Die Suid-Afrikaanse militêre strategie was om die insurgensie sover moontlik tot die relatief klein Ovamboland te beperk. Dit het die teeninsurgensiepoging aansienlik vergemaklik.[5] Soos 'n SAW-dokument dit gestel het, die verlies van Mavinga sou Swapo "die geleentheid gee om hulle infiltrasies na die Ooste uit te brei. Indien Swapo dan na Kavango of selfs Caprivi infiltreer, sal dit die Weermag se taak aansienlik bemoeilik en baie meer troepe sal in SWA benodig word."[6] Dus moes die SAW *iets* doen. Maar wat?

'n Mens moet die SAW-bevelskader se ingesteldheid in daardie stadium verstaan. Teen dié tyd moes hulle, al was dit teensinnig, reeds drie keer aan Unita se kant teen Fapla intree. Al drie keer was die intervensie beperk in omvang en tydsduur en suksesvol. Daarby kon dit – baie belangrik – geloofwaardig ontken word. Gerugte het heen en weer gevlieg, maar niemand kon iets *bewys* nie.

Die SAW-houding blyk duidelik uit 'n memorandum wat Jannie Geldenhuys ná die mislukte Fapla-offensief van 1985 geskryf het: "Die Nasionale Strategiese Doel is om te verhoed dat die Regering in Angola RSA belange minstens nie moet benadeel nie." Die volgende sin het aansienlik verder gegaan: "Die opdrag met Unita is om 'n bevriende regering in Angola, wat sal meedoen aan die daarstelling van 'n groep van state in Suider-Afrika wat op alle gebiede saamwerk, aan bewind te plaas." Dié implikasie is nietemin onmiddellik met die volgende woorde beperk: "Die behoud van Jamba en Unita se logistieke fasiliteite is van groot militêre, politieke en sielkundige belang vir Unita. Daar moet gepoog word om dit te behou, dog sigbare en grootskaalse RSA militêre betrokkenheid in Angola moet verhoed word."[7]

Dus lyk dié gevolgtrekking geregverdig: Die SAW wou graag 'n Unita-regering in Luanda aan die bewind sien, maar die generaals wou nie te diep daarby betrek word nie. Gevolglik, het Geldenhuys voortgegaan, moet die Suid-Afrikaanse steun vir Unita van so 'n aard wees dat dié beweging toekomstige offensiewe self sou kon afweer.[8]

Ons sal sien hoe dié basiese gedagte in die loop van die veldtog as 'n sentrale SAW-doelstelling sou terugkeer. Unita het aanvanklik gemeen hy het feitlik geen Suid-Afrikaanse hulp nodig nie en dat hy Fapla op sy eie kon hanteer.[9] Op 30 Maart 1987 het die beweging 'n guerrillaoperasie, bekend as Operasie Chuva, begin om Fapla in sy agtergebiede lastig te val en die tande van die offensief te trek nog voordat dit kon begin. Unita het swak beveiligde en kwesbare teikens vir aanval geïdentifiseer om Fapla se logistiek te ontwrig en die regeringstroepe te dwing om oor 'n wye gebied te versprei sodat hulle nie vir die offensief sou kon konsentreer nie.[10]

Die Suid-Afrikaners was skepties dat Unita die offensief bloot deur guerrillataktiek kon keer. Op 1 en 21 Mei het Unita se leiers dus met senior Suid-Afrikaanse offisiere beraadslaag. Daarna het Unita se leier, Jonas Savimbi, pres. PW Botha op 25 Mei in Kaapstad besoek om die komende offensief te bespreek.[11]

Teen dié tyd het kol. Piet Muller, bevelvoerder van Sektor 20 (Kavango, oorkant Cuando Cubango), die generale staf in Windhoek oor die situasie toegespreek. Hy het drie opsies voorgestel:

- om die Fapla-opmars oos van die Cuito-rivier te ignoreer en 'n sterk mag wes van die rivier in te stuur om Menongue in te neem sodat die aanvalsmag van sy bevoorrading afgesny word;
- om Cuito Cuanavale te verower, pleks van Menongue, met dieselfde oogmerk; of
- om Fapla in 'n trompop botsing oos van die rivier aan te vat in die gebied waar die Angolese opmars aan die gang was.[12]

Die eerste twee opsies is summier verwerp. Soos die Hoof van die Leër, lt.genl. Kat Liebenberg, in 'n analise geskryf het: "Die fisiese aanval van Menongue sal militêr waarskynlik die hele probleem oplos. Dit is egter agv verskeie redes maar oa die SA Leër se mannekrag situasie, nie tans uitvoerbaar nie. Dus, as 'n opsie is dit nie lewensvatbaar nie."[13]

Oor ander operasies was Liebenberg ook skepties. Hy het gewaarsku dat geen operasie weerwraakaanvalle in SWA moet uitlok nie. "Die konflik moet ook nie toegelaat word om buite SWA GM [SWA-Gebiedsmag] in die besonder of die SAW se vermoë in die algemeen te eskaleer nie."[14] Suid-Afrika se relatief beperkte oorlogsvermoë was duidelik prominent in die generaals se gemoedere. Niemand wou 'n algemene oorlog hê nie.

Wat die Suid-Afrikaners ook versigtig gemaak het, was die gebrek aan vertroue in die inligting wat hulle van Unita gekry het. Regdeur die veldtog moes die SAW-magte sulke inligting met 'n knippie sout neem, want alte dikwels was dit verkeerd. 'n Stafoffisier wat later 'n voorlegging oor die veldtog aan 'n groep senior offisiere gedoen het, het reguit oor dié vroeë stadium gesê: "Dit was moeilik om te bepaal of inligting wat via Unita-kanale ontvang is, werklik inligting was en of Unita die situasie manipuleer om die SAW betrokke te kry op 'n groter skaal."[15]

Om Unita te help het die Suid-Afrikaners intussen sowat 80 spesmag-lede met infanterie-tenkafweerwapens ontplooi om "tenkjagspanne" te vorm. Omdat die Angolese egter standaardprosedures gebruik het deur wedersydse steun tussen hul pantser en die infanterieskerms te skep, kon die tenkjagters nie binne bereik van die tenks kom nie.[16] Dit het vrae laat ontstaan oor die taktiese insig van diegene wat dié besluite geneem het. Kol. Jock Harris, bevelvoerder van 32 Bataljon, het verwys na verskeie "dwase voorstelle" in dié tyd, "sommige waarvan ek te verleë is om te boek te stel".[17]

'n Valkiri 127 mm-vuurpylbattery en twee gemotoriseerde infanteriekompanies van 32 Bataljon om die battery te beskerm is ook oor die grens gestuur, maar hulle kon slegs regstreekse steun aan Unita gee wanneer Fapla "'n sekere lyn" oorgesteek het. Die lyn is egter nie in die dokumente gespesifiseer nie.[18] Dit was nog baie ver van 'n volskaalse intervensie af.

Agter die skerms was leërstafoffisiere intussen druk aan die debatteer oor hoe om op die Fapla-bedreiging te reageer. Genl.maj. Willie Meyer, bevelvoerder van die SWA-Gebiedsmag in Windhoek, het in 'n boodskap aan die Hoof van die Leër geskryf dat die inname van Cuito Cuanavale die sleutel tot 'n langtermynoplossing was. Dit sou 'n herhaling van Fapla se offensiewe in 1988 en 1989 voorkom, verseker dat Unita die maksimum vryheid van optrede behou en die landingstrook buite die dorp neutraliseer.[19] Dié idee het egter voorlopig duidelik geen steun in die topstruktuur van die SAW gekry nie.

Nietemin, ná 'n intensiewe beplanningsiklus deur 'n groep stafoffisiere onder leiding van lt.genl. Jan van Loggerenberg, Hoof van Staf Operasies, is 'n dokument[20] gelewer waarin die situasie met die intrinsieke probleme en nadele van die Suid-Afrikaanse posisie baie eerlik geïdentifiseer is.

Ten eerste is gestel dat Unita se guerrilla-aksies nie voldoende sal wees om die offensief te voorkom nie. Daarby is die lugsituasie nadelig vir die SAW in die lig van die gebrek aan vliegtuie, die groot aantal lugafweerwapens by die Fapla-magte en die moontlike verlies van vliegtuie wat nie aangevul kan word nie. 'n Aanval op Cuito Cuanavale is as problematies beskou weens die gebrek aan mannekrag in die SAW. Op die meeste sou 32 Bataljon, 61 Gemeganiseerde Bataljongroep (61 Meg) en nog 'n veggroep van Sektor 10 beskikbaar wees, wat sou beteken drie veggroepe teen vier brigades in goed voorbereide posisies. Moontlik in antwoord op Willie Meyer se voorstel is in die dokument gewaarsku: "Afgesien van lae vlak kwelaksies, bv. wegstaanbestokings op Cuito, is daar weinig wat van grondkant teen Cuito gedoen kan word, sonder 'n groot konvensionele poging, met hoë risiko's, wat ernstige langtermyn implikasies kan inhou." Terselfdertyd, om die Fapla-offensief te stuit voordat Mavinga bereik word, word "konvensionele offensiewe optrede" vereis.[21]

Vier opsies is aangebied:

- klandestiene, kleinskaalse SAW-hulp aan Unita om Fapla te vertraag;
- beperkte offensiewe konvensionele hulp in die vorm van 61 Meg, 32 Bataljon en SALM-grondaanvalle;
- as Fapla Mavinga inneem, 'n aggressiewe benadering om die plek onhoudbaar te maak; en

- 'n konvensionele aanval op Cuito Cuanavale met gelyktydige voorkomende lugaanvalle op Menongue en selfs Lubango om die vyand se lugmag te neutraliseer. Dié opsie is egter vergesel van 'n eksplisiete waarskuwing: "Dit is die 'groot oorlog'." Verliese sal swaar wees, is gesê.

In die dokument is geadviseer dat daar betyds tussen opsie 2 en 3 gekies moet word, maar dat 3 die voorkeuropsie is. 'n Aanval op Cuito Cuanavale is dus afgeraai.[22]

Nadat hy alles oorweeg het, het Jannie Geldenhuys saamgestem dat 'n aanval op Cuito Cuanavale ongewens sou wees. Opsie 1 kon onmiddellik uitgevoer word, en voorbereidings vir nommer 2 kon begin indien en wanneer dit nodig was. Ook die minister van verdediging, genl. Magnus Malan, het Geldenhuys se houding goedgekeur.[23]

Jan van Loggerenberg het eweneens deelgeneem aan die debat oor die kwessie of Cuito Cuanavale aangeval moet word. Op 11 Junie, dieselfde dag wat die dokument van die Leërhoofkwartierstafoffisiere wat hier bo bespreek is, gelewer is, het sy kantoor gesê as die dorp ingeneem word, is die vraag wat agterna daarmee gedoen moet word. Om dit in te neem en te hou sou weswaartse uitbuiting verg, en dít sou 'n veel groter magspeil vereis. Kat Liebenberg het die probleem opgesom deur te sê die SAW sou wees "soos die hond wat uiteindelik die bus gevang het".[24] Die voorlopige konsensus was dus teen 'n aanval op Cuito Cuanavale.

'n Week later het Kat Liebenberg en lt.genl. Dennis Earp (Hoof van die SALM) gelyktydig formele operasie-instruksies uitgereik en 'n operasie in vier eskalerende fases voorsien. Dit sou afskop met geheime bystand aan Unita met tenkjagspanne van 32 Bataljon (die eenheid se Ratel 90-eskadron is pertinent uitgesluit) en twee Valkiri-vuurpyltroepe vir langafstandartillerievuur. In die tweede fase sou lugafweereenhede ingestuur word om die Angolese lugoormag uit te daag. In die derde sou spesmag-spanne betrokke raak om 32 Bataljon se tenkafweerpoging te versterk. In die vierde en finale fase sou die SALM losgelaat word vir

27

offensiewe lugaanvalle op die Angolese magte. Fase vier was in Earp se gemoed "'n definitiewe eskalasie". Die SALM sou egter nie toegelaat word om infrastruktuur of enige teiken binne 30 km van Cuito Cuanavale aan te val nie. Volgens die instruksie is reeds met die eerste drie fases begin.[25]

Tog is verskeie belangrike beperkings opgelê. Eerstens: "Unita mag onder geen omstandighede, totdat die beslissing deur HLM [Hoof van die Lugmag] gemaak is dat die SALM offensief aangewend kan word, bewus gemaak word dat sodanige optredes deur die SAW oorweeg word nie." Tweedens: "Unita is die hoofakteur. SAW-deelname geskied op koverte en klandestiene wyse." Daarby moet operasies "waar moontlik as Unita-operasies onderneem word en terugspoorbaarheid na die RSA moet tot 'n minimum beperk word." Nommer drie: "61 Meg Bn Gp moet glad nie vir offensiewe aanwending oorweeg word nie. Al sou Mavinga val, sal dit steeds nie oorweeg word om 61 Meg Bn Gp offensief aan te wend nie. Só 'n situasie [die val van Mavinga] sal 'n nuwe beplanningsiklus verg." Laastens: "Alle realistiese maatreëls moet getref word om te voorkom dat SAW-personeel en uitrusting deur die vyand gevang en gebuit word."[26]

Later is selfs meer beperkings bygevoeg. Op 17 Augustus het Kat Liebenberg vir Willie Meyer laat weet dat "RSA-verliese tot die absolute minimum beperk [moet] word. Veiligheid van RSA personeel het 'n hoër prioriteit as die sukses van die operasie."[27] Byna twee weke later het Jannie Geldenhuys herhaal: "Veiligheid van SAW-pers[oneel] het steeds 'n hoër prioriteit as die sukses van offensiewe optrede."[28] Tot 3 September is nog bepaal dat offensiewe lugoperasies slegs kon plaasvind indien Fapla die Lomba-rivier oorgesteek het. "SALM deelname sal alleenlik plaasvind ná alle ander pogings onsuksesvol was. Daar sal gepoog word om die SALM deelname 'n eenmalige oorwoë poging te maak."[29]

Volgens die skrywer Fred Bridgland het die frontoffisiere met galgehumor op die beperkings gereageer. Hy het die beperkings só opgesom: "No men must be lost, no equipment must be lost, and you must achieve all your objectives."[30]

Helmoed-Römer Heitman se kommentaar is raak: "This

tendency to hedge bets and to opt for compromise decisions, was to plague this campaign to its end and allow FAPLA to escape losses even more catastrophic than those that it actually suffered."[31]

Die SALM se swakte was inderdaad 'n bron van kommer. In Junie 1987 het Dennis Earp in 'n oorsig geskryf die Lugmag kon 3 of 4 Buccaneer- en 4 Canberra-bomwerpers vir operasies in Angola lewer, sowel as 8 Mirage F1AZ-grondaanvalsvegters, 6-8 Mirage F1CZ-onderskeppers, 6 Mirage IIICZ-onderskeppers en 3 Mirage IIIRZ/R2Z-fotografieseverkenningstuie.[32] Uiteindelik het die lugmag 'n effens groter mag gemonster, al was dit nie alles gelyktydig nie: 4 Buccaneers, 3 Canberras, 12 Mirage F1AZ's en 8 Mirage F1CZ's.[33] Die verouderende Mirage IIICZ is wyslik van die operasionele gebied weggehou, en die bejaarde Canberras is gou weens die bedreiging van die moderne vyandelike lugafweermissiele onttrek. Bowendien het die Mirage F1AZ die nadeel gehad dat hulle nie teenmaatreëls soos kaf en fakkels gehad het om vyandelike grond-tot-lug-missiele te mislei nie. Slegs ses elektroniese oorlogvoeringgondels was vir sowel die Mirages as Buccaneers beskikbaar om vyandelike radars van die spoor te bring.[34]

Aan die ander kant het die Angolese volgens SAW-inligting 29 vegters (MiG-21, MiG-23 en Soechoi Su-22) en 7 aanvalshelikopters tot hul beskikking gehad.[35] Dié getalle is gedurende die veldtog skerp uitgebrei, terwyl die SALM se getalle slegs afwaarts beweeg het. (Die getalle geld net vir die provinsie Cuando Cubango. Die militêre skrywer Helmoed-Römer Heitman meld dat Fapa in dié stadium altesaam 80 vegters en 129 helikopters gehad het.[36])

Op die keper beskou was die SAW se posisie dus nie benydenswaardig nie. Dit is duidelik dat die generaals in Pretoria nog heeltemal in die greep van hul ervarings van 1983, 1985 en 1986 was. Met ander woorde, Unita kon slegs klandestien bygestaan word. Wat die buitewêreld betref, sou die gevegte deur Unita gevoer word en geen vinger moes na Suid-Afrika kon wys nie. Die SAW-poging sou van korte duur wees, na verwagting nie langer as 35 dae nie.[37]

Selfs dan is voorsien dat Mavinga kon val. Namate die Fapla-opmars na die Lomba-rivier gevorder het, het Kat Liebenberg 'n bevel uitgereik dat indien die Angolese 'n sekere lyn oorsteek (volgens Dick Lord was dit 50 km vanaf Mavinga[38]), Mavinga ontruim moes word. Dan sou 'n teenoffensief onmiddellik begin moes word om die plek te herower.[39]

'n Paar maande later het kmdt. Lambert Smith, 'n inligtingsoffisier, aan die SAW-krygshistorikus Richard von Moltke gesê: "Aanvanklik was die opdrag gewees, Mavinga kan val. Ons sal hom ná die tyd weer verower, omdat hy nie verdedigbaar is nie. Toe is daar 'n gesindheidsverandering, toe is daar gesê, nee, Mavinga mag nie val nie, nadat ons vir hulle die implikasies uitgespel het wat dit veral vir Unita se moreel gaan inhou. Toe is daar weer gesê, Mavinga mag nie val nie, stuit die offensief."[40] Dit illustreer die chaotiese wyse waarop die SAW-beplanning verloop het.

Die gevegte breek uit

Die langverwagte Fapla-offensief het eindelik op 14 Augustus 1987 begin met 'n stadige, lomp opmars van net vier kilometer per dag. Dit was gou duidelik dat die Angolese agt brigades gehad het met sowat 12 000 man en 80 tenks[41] tot hul beskikking. Twee daarvan is gebruik om die belangrike voorraadkonvooie tussen Menongue en Cuito Cuanavale te begelei, een was die garnisoen in laasgenoemde dorp, nog een het Fapla se agtergebiede oorkant die rivier by Tumpo teen Unita se guerrilla-aanvalle beskerm en vier het die ystervuis van die offensief gevorm. Laasgenoemdes het in twee groepe van twee elk beweeg om onderlinge steun moontlik te maak – 59 en 47 Brigade na die weste en 16 en 21 Brigade na die ooste. Hul plan was om die wye vloedvlakte van die Lomba oor te steek, Mavinga in te neem en dan te hergroepeer vir 'n verdere opmars in die rigting van Jamba. Die vier brigades was sowat 6 000 man sterk, met ongeveer 80 tenks tussen die infanterie versprei.[42]

Ofskoon Unita en die spesmagte se tenkjagspanne daarin geslaag het om die Fapla-offensief met twee weke te vertraag, kon hulle dit nie stop nie. Soos die SAW-skakeloffisier by Unita, kol. Fred Oelschig, aan Fred Bridgland verduidelik het, "we knew that

UNITA's actions were all small stuff. We knew UNITA could never stop those brigades. They didn't have the weapons capability."[43] Die tenkjagspanne is dus ná 'n tyd onttrek.[44] Dit was duidelik dat meer nodig was.

Dus, net ná middagete op 4 Augustus het bykomende elemente van 32 Bataljon, maar steeds sonder die pantserkar-eskadron met sy Ratel 90's en eksperimentele ZT3-tenkafweermissiele, uit hul Buffalo-basis net suid van die grens beweeg. 'n Valkiri-vuurpylbattery en 'n 120 mm-mortierbattery is toegevoeg, met kmdt. Robbie Hartslief, 'n bekwame infanterieoffisier met wye operasionele ervaring, in bevel. Hulle het die omgewing van die Lomba-rivier ses dae later bereik, gereed om te veg.[45]

Tog was die generaals steeds baie skrikkerig om hul troepe se hande los te maak. Op die aand van 14 Augustus het 'n groep senior SAW-offisiere bevestig dat 32 Bataljon se pantserkar-eskadron en 61 Meg geaktiveer sou word slegs as Mavinga op die punt staan om te val.[46] Dit was 'n verandering van plan ná die vorige bevel dat die eenheid hoegenaamd nie ingestuur sou word nie, ongeag of Mavinga val of nie. 'n Paar weke later het brig. Johan Louw in 'n onderhoud verduidelik: "Ons moet onthou daar was vir ons agv die politieke situasie 'n klomp taboes gewees. Dit was vir ons pertinent gesê: Vergeet 32 B[ataljo]n, hulle gaan nie offensief aangewend word nie. Ek kan nou vir jou 'n klomp geskrifte uithaal waarin staan 61 Meg moet nie eens in berekening gebring word nie. Dit was soos die politieke situasie was."[47]

Die Valkiri-battery se eerste sarsie vuurpyle is op 23 Augustus om middernag op Fapla se 47 en 59 Brigade afgevuur. In werklikheid is die SAW se 120 mm-mortiere reeds op 13 Augustus afgevuur.[48] Dit het beteken dat die Angolese nou kon weet dat die SAW aan Unita se kant ingemeng het, aangesien die rebellebeweging nie dié soort wapen gehad het nie. Hulle was natuurlik wel onbewus van al die beperkings wat die generaals op die frontoffisiere geplaas het.

Op 16 Augustus het Jock Harris, in dié stadium takties in bevel van die SAW-magte in Cuandu Cubango, besoek ontvang van Kat Liebenberg en Jan van Loggerenberg. Hulle wou die situasie in oënskou neem en Harris het hulle oortuig dat Fapla nie gestop kan word as sy hande so vasgebind is nie. Hulle het ingestem om Harris 'n 155 mm-G-5-artilleriebattery en 32 Bataljon se Ratel 90-eskadron te gee. Daar kon ook eindelik vir die aanwending van 61 Meg beplan word.[49]

Tog was verskeie beperkings steeds van krag. Ten eerste kon 61 Meg slegs in 'n geveg betrokke raak "op die grondslag van 'n laaste uitweg in 'n finale beslissende veldslag om die vyandelike magte in 'n sorgvuldig uitgesoekte 'slagtingsgebied' te vernietig". Al die ander beperkings rakende die veiligheid van Suid-Afrikaanse personeel en uitrusting het steeds gegeld.[50] In dieselfde asem het Liebenberg beveel dat wat ook al gebeur, Mavinga nie mag val nie. As dit gedreig het, moes dit met 'n onmiddellike teenaanval voorkom word.[51]

Tweedens het Kat Liebenberg op 17 Augustus 'n – agterna gesien, taamlik vreemde – bevel aan Willie Meyer in Windhoek gegee: "Die Ratel 90 moet nie as tenks in offensiewe aksies op die voorpunt aangewend word nie. Die primêre taak moet gesien word as onst [ondersteuning] tydens vertraging."[52] Dit was eienaardig, want die Ratel 90 was die enigste SAW-wapenstelsel op die toneel wat in staat was om teen die Angolese T-54/55-tenks te veg, en sou inderdaad regdeur die eerste fase van Operasie Moduler in dié rol gebruik word.

Ook dít was nie genoeg nie. Teen einde Augustus was die vier brigades steeds nie gestuit nie, selfs al het die verwoestende Valkiri-vuurpyle baie Fapla-bloed laat vloei. Drie brigades – 59, 16 en 21 – het die noordelike oewer van die Lomba genader, terwyl 47 Brigade weswaarts beweeg het om rondom die Lomba se oorsprong te kom en ooswaarts op die suidelike oewer te beweeg. Daarmee is 'n knyptangbeweging noord en suid van die rivier uitgevoer.[53] Dit was gevaarlik, want dit het beteken dat Fapla goed op pad was om die Lomba oor te steek en Mavinga te vat. Die Suid-Afrikaners en Unita was diep in die moeilikheid.

'n Waaghalsige spesmag-operasie (Operasie Coolidge) is in die nag van 25/26 Augustus uitgevoer, toe 'n duikspan die brug oor die Cuito by Cuito Cuanavale ernstig beskadig het. Maar al was sowat

40% van die brug vernietig, kon mense dit steeds te voet oorsteek. Bowendien, weens die grootskaalse stapeling van voorrade by Tumpo, volgens SAW-inligting sowat 10 dae se verbruik, sou dit 'n tyd duur voordat die gevolge gevoel word.[54]

Nog op 26 Augustus het Jock Harris slegs 'n vae bevel van Willie Meyer gekry: Hy moet "gesamentlik met ander weermagsdele en UNITA beplan en optredes loods om te verhoed dat die huidige Fapla-offensief teen Mavinga slaag".[55] Dit het tot 28 Augustus geduur voordat die skille van die oë geval het. Toe het Jannie Geldenhuys, Kat Liebenberg en Dennis Earp by Rundu opgedaag, die situasie bespreek en uiteindelik toestemming gegee dat 61 Meg saam met twee bykomende kompanies van 101 Bataljon na die front kon beweeg en dat die SALM die oprukkende Fapla-magte kan aanval.[56]

Selfs toe is die generaals se bevel deur terughoudendheid gekenmerk. Aan die een kant het Liebenberg vir Willie Meyer laat weet, moet "die huidige Fapla-offensief nie alleen gestuit word nie, maar dat die situasie duidelik in Unita se guns moet swaai" – 'n taamlik ambisieuse idee. In dieselfde asem het hy egter voortgegaan: "Unita [moet] bly besef dat dit hulle oorlog is ... Die doel moet met die minimum poging van SAW kant bereik word."[57]

Daar was meer in dieselfde trant. Oor 61 Meg se aanwending het Liebenberg geskryf dat die beperking daarop "tot 'n mate" gelig is. Dit moet nietemin nie "vertolk word as magt[iging] om blatante risiko's te aanvaar nie. Veiligheid van eie magte het steeds 'n hoër prioriteit tov die sukses van offensiewe optrede." En: "Unita moet so lank moontlik nie bewus wees daarvan dat 61 Meg aangewend word op die werklike doel nie. 'n Dekstorie moet voorgehou word, bv. reserwe vir RSA magte."[58]

By Omuthiya, 61 Meg se basis, was die eenheid al lankal gereed. Sy konvooi het die Angolese grens tussen 31 Augustus en 2 September oorgesteek en die voorste elemente het Mavinga op 5 September bereik.[59] Saam met die troepe, 61 Meg en die artillerie, reeds aan die front, was daar nou 2 609 SAW-soldate in Cuando Cubango.[60]

In die praktyk het al dié beperkings, sowel as die voriges wat teoreties nog van krag was, baie min beteken. Soos ons sal sien, is hulle grootliks laat vaar die oomblik toe die troepe die front bereik. Die vereistes van die operasionele en taktiese situasie het die SAW-offisiere op die grond geen ander keuse gelaat nie.

Tog, die wyse waarop sake tussen Mei en einde Augustus ontwikkel het, het verskeie dinge gewys.

Ten eerste is die generaals begryplikerwys sterk beïnvloed deur nasionaal-strategiese (politieke) oorwegings. Hulle was onwillig om betrokke te raak by 'n oorlog wat hulle nie as hul eie beskou het nie. Hulle moes by wyse van spreke aan hul hare in die oorlog ingesleep word.

Tweedens het die harde werklikhede aan die front spoedig getoon dat hul politiek gedrewe inhibisies heeltemal onrealisties was. Wat hul oorwegings ook al was wanneer hulle in hul lugverkoelde kantore in Pretoria en Windhoek na hul kaarte gestaar het, dit het min te make gehad met wat op voetsoolvlak in Cuando Cubango aan die gang was.

En derdens, of hulle dit nou besef het of nie, hul besluit van 28 Augustus om 61 Meg en die SALM vir offensiewe optrede los te laat het die situasie dramaties verander. In dié stadium het die SAW-topstruktuur steeds die illusie gehad dat die veldtog geheim, kort en geloofwaardig ontkenbaar sou kon bly. Maar toe 61 Meg die grens oorsteek, was dit met 'n konvooi van 133 voertuie, waaronder 73 Ratels van alle soorte.[61] Daar was eenvoudig geen manier waarop dit van Fapla se verkenningspanne of Sowjet-satelliete weerhou kon word nie.

Dit sou ook onmoontlik wees om die G-5- en Valkiri-beskietings, of die Mirages en Buccaneers wat Angolese troepe flenters bombardeer, geloofwaardig te ontken. Tog sou die SAW-teenwoordigheid in Angola eers op 9 November amptelik erken word. Om te verwag dat die wêreld Suid-Afrika se ontkennings sou glo, lyk na ongelooflike naïwiteit.

Om die waarheid te sê, Geldenhuys het nog so laat soos 15 September, toe hy die Taktiese Hoofkwartier by Rundu besoek het, gemymer: "Dit is nie duidelik hoekom Luanda so stil is rakende RSA-deelname aan die offensief nie." 'n Lugaanval wat vir die volgende dag beplan is, het Geldenhuys voortgegaan, "kan egter bydra tot die breek van die stilswye, met natuurlik 'n reaksie van die media".[62]

Daar was een finale relevante beperking op die troepe wat na die front beweeg het. Toe 61 Meg sy basis by Omuthiya op 29 Augustus verlaat, was dit met byna al sy organiese subeenhede – twee gemeganiseerde infanteriekompanies (Ratel 20), 'n pantserkar-eskadron (Ratel 90), en uiteenlopende steuntroepe ('n tenkafweerpeloton, mobiele 81 mm-mortiere, stormpioniers). Een subeenheid was egter pertinent afwesig: Echo-eskadron met sy Olifant-tenks. Dit moet verduidelik word.

Tenks was nie deel van 61 Meg se samestelling toe die eenheid begin 1979 geskep is nie. 'n Kombinasie van Eland 90- en Ratel 90-pantserkarre het die ystervuis gevorm in die groot gemeganiseerde oorgrensoperasies van Operasie Sceptic (1980), Protea (1981) en Askari (1983-1984). Protea het die eerste grootskaalse regstreekse botsings tussen Fapla en die SAW meegebring, met Fapla wat sy Tweede Wêreldoorlogse T-34/85-tenks in 'n statiese rol ingegrawe het. Maar toe 61 Meg weer met Fapla slaags raak – by Cahama en Cuvelai in Desember 1983 en Januarie 1984 – was die Angolese toegerus met die aansienlik beter gepantserde T-54/55. Die Elande en Ratels, met hul laetrompsnelheid-kanonne, het kwaai gesukkel om die tenks uit te skiet.[63]

Toe die destydse Hoof van die Weermag, genl. Constand Viljoen, 61 Meg op Kersaand 1983 diep in Angola besoek, het die destydse eenheidsbevelvoerder, kmdt. Ep van Lill, aan hom gesê die Suid-Afrikaanse wapens kom nie die mas op teen die Sowjet-tenks nie. Hy het voorgestel dat 'n organiese tenkeskadron by 61 Meg gevoeg word. Viljoen het ingestem en 11 Olifant-tenks ('n gemoderniseerde weergawe van die Britse Centurion) is gevolglik na Omuthiya geneem. Die personeel is deur die Pantserskool in Bloemfontein verskaf. Maar in die lig van die kortstondige vredesproses wat hierna tussen Pretoria en Luanda gevolg het, was Askari die laaste grootskaalse oorgrensoperasie voor 1987, dus is die bemannings ná 'n tyd na Bloemfontein teruggestuur. Die tenks het op Omuthiya gebly, en die bemannings is af en toe daarheen gevlieg om saam met die res van die bataljongroep te oefen.[64]

'n Paar maande ná Askari het die vraag ontstaan of dit nog die moeite werd was om die tenks by Omuthiya te hou en te onderhou. Die destydse bevelvoerende generaal in Windhoek, genl.maj. Georg Meiring, se antwoord was: "Die gevoel is dat die t[en]ks beslis nog te Sektor 10 moet bly. Afgesien van die afskrikwaarde gee dit ook die vermoë om op betreklike kort kennisgewing harde teikens ekstern aan te durf. Fapla is bewus van die teenwoordigheid van die tenks en sal daarmee rekening moet hou." Meiring het dus aanbeveel dat die tenks bly[65] – wat inderdaad gebeur het.

Teen einde September 1987, nadat die Suid-Afrikaners reeds verskeie kere langs die Lomba met Fapla gebots het, het die SAW se Sektor 20 (Okavango) 'n staftoets oor die aanwending van tenks aan die front gedoen. Daar is bevind dat dit slegs 11 dae sou duur om die eskadron en bemannings te mobiliseer en hulle by die front uit te kry. Willie Meyer het dus vir Kat Liebenberg laat weet: "Magt[iging] word versoek om die tenks by 61 Meg Bn se bemanning in te bring, die tenks voor te berei en hulle te laat beweeg ... Hierdie aksie word as voorsorg getref om eie magte op die kritieke stadium die inisiatief te laat kry."[66]

Geen antwoord op dié versoek kon opgespoor word nie. Dit sou nog 'n maand duur voordat die eerste tenks aan die front opdaag. Intussen was die enigste wapenstelsel wat naastenby in staat was om die sterk vyandelike tenks aan te durf, die Ratel 90-pantserkarre. In elk geval bly die vraag waarom 61 Meg einde Augustus sonder sy belangrikste wapen in die stryd gewerp is.

Die antwoord lê waarskynlik êrens in die berg papierwerk in die kelders van die SANW-Dokumentasiesentrum begrawe, maar gesien die ontwikkeling van die SAW-leiers se operasionele denke in 1987 oor die Fapla-offensief, sou die volgende hipotese waarskynlik nie ver van die waarheid wees nie: Reg van die begin af kan 'n sentrale gedagte waargeneem word – hou die Suid-Afrikaanse betrokkenheid geheim, kort en tot 'n absolute minimum beperk. Doen niks wat sake kan laat eskaleer nie. Dit is Unita se oorlog, nie ons s'n nie; ons soek Unita se oorlewing om ons eie redes, wat met die teeninsurgensiepoging teen Swapo te make het.

Die aanwesigheid van tenks aan die front, is waarskynlik gevoel, sal 'n kragtige boodskap stuur, maar die verkeerde een.

Ná die einde van die oorlog het die SAW-offisiere wat die lesse van die konflik bekyk het tot die kategoriese gevolgtrekking gekom dat die Ratel 90's "buite hul vermoë" aangewend is. Die bestaande doktrine, dat tenks met tenks beveg moet word, moes gevolg gewees het.[67] Tog, kan 'n mens byvoeg, is die tenks toe wel in November gestuur. Waarom is dit in September dan gesien as 'n ontoelaatbare eskalasie van die oorlog?

Nietemin was Liebenberg se kategoriese operasie-instruksie aan die frontoffisiere op 31 Augustus: "Om Unita so te steun dat die 1987-Fapla-offensief teen Jamba nie alleen misluk nie, maar dat die situasie in die 6de Militêre Streek duidelik in die guns van Unita swaai." In hakies is betekenisvol bygevoeg: "Dit is 'n wysiging van die oorspronklike doel."[68]

Dit alles wys eerstens hoe die denke van die SAW se topstruktuur oor hulp aan Unita verander het sedert Maart 1987, toe die eerste berigte oor 'n moontlike Fapla-offensief begin inkom het. Stap vir stap, 'n mens kan byna sê millimeter vir millimeter, het die veranderende situasie in Cuando Cubango die generaals en hul stafoffisiere gedwing om die SAW se oorlogspoging te vergroot. Kol. Jan Breytenbach, legendariese eerste bevelvoerder van 32 Bataljon, het tereg na die proses se "dodelik gebrekkige inkrementele aard" verwys.[69]

Van die aanvanklike standpunt, dat daar slegs minimale en hoogs geheime hulp gegee word, het sake ontwikkel na die instuur van twee volle veggroepe, met inbegrip van 61 Meg, die SAW se voorste konvensionele gevegseenheid, en die losmaak van die SALM om die oprukkende Fapla-troepe aan te val. Nog belangriker, die finale bevel van 31 Augustus het 'n sweem van 'n teenoffensief bevat, meer as om bloot die Angolese offensief te keer. In die volgende hoofstuk sal hierop uitgebrei word.

'n Tweede saak: Dit val op dat Cuito Cuanavale en Menongue skaars 'n rol in al dié debatte en besprekings speel. Die belangrikste vrae was: Laat ons toe dat Fapla Unita uitknikker? Raak ons betrokke, en hoe diep? Watter magte stuur ons in? Dít was die vrae wat die Suid-Afrikaanse generaals in die maande Maart tot einde Augustus besig gehou het. Oor die oorweging van Cuito Cuanavale (en Menongue) as doelwitte was daar slegs terloopse opmerkings.

Gevegte aan die Lomba

Die fyner besonderhede van die taktiese bewegings, botsings en beslissings van September 1987 – voor die groot veldslag van 3 Oktober – is interessant, maar dit is nie nou die onderwerp nie.[70] Tog sal 'n kort opsomming van die gevegte aan die Lomba-rivier relevant wees.

Reg aan die begin moet opgemerk word dat Unita 'n ondergeskikte maar nietemin baie belangrike rol gespeel het. In 'n SAW-ontleding ná die oorlog is dit beskryf as "die beveiliging van die gebied in die algemeen, beskerming van echelons, bevelsaste, roetes, artilleriestellings, ens.", wat "van kritiese belang" was.[71]

Die gevegte aan die Lomba het begin met 'n botsing tussen Jock Harris en Willie Meyer oor hoe om die operasie te benader. Harris is, vermoedelik deur Meyer, beveel om te keer dat Fapla se 47 Brigade rondom die oorsprong van die Lomba kom en om 32 Bataljon se Ratel 90-eskadron saam met 'n troep 106 mm- terugslaglose kanonne daarvoor te gebruik. Harris het, volkome tereg, teengewerp dat die Unimogs waarop die 106 mm-wapens gemonteer was, nie die tempo van die hoogs mobiele Ratel kon ewenaar nie.[72]

Tipies van wat herhaaldelik in die veldtog sou gebeur, moes Harris swig voor 'n generaal sonder operasionele ervaring. Blykbaar as gevolg hiervan het 'n moedelose Harris self voorgestel dat hy vervang word deur kol. Deon Ferreira, 'n uitstekende infanterieoffisier met aansienlike operasionele ondervinding.[73]

Onmiddellik ná sy aankoms aan die front het Ferreira te make gekry met die noodsaak om die twee horingpunte van die Angolese offensief te stuit – dié van 16 en 21 Brigade na die ooste en 47 en 59 Brigade in die weste, met 47 Brigade wat rondom die Lomba- oorsprong beweeg om suid van die rivier te kom. Om maksimum buigsaamheid met sy hopeloos onvoldoende mag te verseker, het Ferreira hulle só verdeel:

- Veggroep A (kmdt. Kobus "Bok" Smit): 'n gemeganiseerde infanteriekompanie (Ratel 20), pantserkar-eskadron (Ratel 90), 81 mm-mortierpeloton (Ratel 81), lugafweertroep (20 mm-Ystervark) en stormpionierpeloton (Ratel 20), almal van 61 Meg, en 'n gemotoriseerde infanterie-kompanie (Buffels) van 32 Bataljon;

- Veggroep B (kmdt. Robbie Hartslief): drie gemotoriseerde infanteriekompanies, twee van 101 Bataljon en een van 32 Bataljon, laasgenoemde versterk met 'n bykomende geweerpeloton (vervoer in Casspirs en Buffels); 'n tenkafweer-eskadron (Ratel 90 en Ratel ZT3) en 81 mm-mortiergroep (Ratel 81), 'n tenkafweergroep (106 mm- terugslaglose kanonne), en 'n lugafweerseksie (14,5 mm-masjiengewere);

- Veggroep C (maj. Dawid Lotter), met 'n gemeganiseerde infanteriekompanie (Ratel 20), 'n tenkafweerpeloton (Ratel 90), en 'n mobiele 81 mm-mortiergroep, almal van 61 Meg; en

- 20 Artillerieregiment met drie batterye (155 mm-G-5-127 mm Valkiri-vuurpyle, en 120 mm-mortiere). Die artillerie sou beskerm word deur gemotoriseerde infanterie en lugafweerwapens.[74]

Die formasie wat geskep is om dié eenhede te huisves, was 20 Brigade, genoem na Sektor 20, net suid van die Suidwes-grens.

Op 7 September het die hoof van stafoperasies, lt.genl. Jan van Loggerenberg, dit nogmaals duidelik gestel dat die frontoffisiere nie 'n vrybrief van die generaals gekry het om die oorlog na goeddunke te bestuur nie. Onder meer het hy herhaal dat "[v]eiligheid van eie magte en uitrusting van groot belang is en blatante risiko's mag nie geneem word nie". Ook: "Waar moontlik, moet operasies as Unita-operasies onderneem word en moontlike terugsporing na RSA tot 'n minimum beperk word." En: "Operasies moet op so 'n manier beplan word dat dit met die voltooiing van die offensief Unita 'n impetus gee."[75]

Weinig van dié mengsel van beperkings en eise sou die harde realiteit van moderne mobiele oorlogvoering oor die volgende maand oorleef. Ferreira het besluit om eerste op die oostelike opmars (16 en 21 Brigade) te konsentreer, want hulle was die naaste aan Mavinga en dus die grootste gevaar. Inderdaad, op 9 September het 21 Brigade die Lomba begin oorsteek, besig om 'n brughoof op die suidelike oewer te vestig. Dit was ernstig, aangesien die Valkiri-battery in die weste was om 47 Brigade onder vuur te hou. Dié formasie het ondertussen rondom die Lomba-oorsprong gekom en het stadig weswaarts beweeg, terwyl die G-5-battery nie voor die volgende dag gevegsgereed sou wees nie. Die gevreesde Fapla-knyptang het begin sluit.

Ferreira het nie geaarsel nie. Toe hy die nuus van Hartslief hoor, was sy bevel: "Haal hulle uit!" Hartslief het al die generaals se versigtige beperkings oorboord gegooi, vroeg die volgende oggend met sy tenkafweer-eskadron en twee infanteriekompanies aangeval en die Fapla-poging totaal pap geslaan. Die artillerie het met lugbarsammunisie geskiet wat in die lug bo die onbeskermde vyandelike infanterie ontplof het, met 'n groot bloedbad tot gevolg. Intussen het die tenkafweer-eskadron se eksperimentele ZT3-missiele drie tenks uitgeskiet. Teen sononder het die vyand teruggedeins. Hul eerste poging om die rivier oor te steek was 'n mislukking, danksy Ferreira en Hartslief se onmiddellike kragtige inisiatief nadat hulle bevele in die wind geslaan het.[76]

Op 12 en 13 September het 59 Brigade, net oorkant 47 Brigade op die noordelike oewer van die rivier, probeer om by 47 aan te sluit. Weer eens het Hartslief hulle met swaar verliese aan Fapla se kant geblokkeer. 47 Brigade was nou geïsoleer, ofskoon hy verskans was in 'n bos wat só dig was dat sy posisie onaantasbaar was.[77] Drie dae later het 61 Meg sy vuurdoop gehad toe Kobus Smit 47 Brigade aangeval het. Weens die digte bos kon dit nie slaag nie en hy moes onttrek.[78] Toe, ongelooflik soos dit klink, het 21 Brigade op 18 en 19 September die rivier op byna dieselfde plek as op 10 September probeer oorsteek. Die Suid-Afrikaanse artillerie het dié selfmoordpoging vinnig in groot plasse bloed gesmoor.[79]

Dus het Fapla se offensief om die Lomba oor te steek en

40

Mavinga in te neem teen einde September misluk. Die enigste mag van enige omvang suid van die rivier was 47 Brigade. Wat met dié brigade gebeur het, word in die volgende hoofstuk vertel.

Dit is waarskynlik veilig om te sê as Deon Ferreira, Robbie Hartslief en Kobus Smit hulle streng gehou het by die talle beperkings wat van bo af op hulle gelê is, sou niks hiervan gebeur het nie. Dit is ook veilig om te sê dat die wyse waarop die SAW in die oorlog ingesuig is, slegs as onhandig en amateuragtig beskryf kan word. Later het Roland de Vries oor sy eerste dag aan die front in Oktober 1987 nagedink: "As we worked I wondered ... Had a proper military and campaign strategy been formulated higher up for the war unfolding in southern Angola, or had it just happened in the course of things?"[80]

In 1989 het Ferreira in 'n onderhoud gesê sy bevele was "om die FAPLA/Kubaanse aanmars op die Unita-vestings van Mavinga en Jamba te stuit en dit te laat omkeer."[81] In sy memoires het De Vries saamgestem: "The war aim was limited and simply intended to halt FAPLA on the Lomba River and to drive them back from whence they came."[82] Dit was effens ingewikkelder as dit, maar dit is so na aan die waarheid as wat 'n mens ooit in 'n enkele sin sal kry.

47 BRIGADE WORD FYN GEMAAL

Ons eerste taktiese gevallestudie is die Slag van die Lomba, waarskynlik een van die merkwaardigste gevegte wat ooit in die 20ste-eeuse Afrika plaasgevind het, selfs al is dit nie wyd bekend nie.[1]

Op 3 Oktober 1987 het 'n SAW-eenheid van bataljongrootte 'n brigade van die Angolese leër op die suidelike oewer van die Lomba-rivier in die Angolese provinsie Cuando Cubango aangeval. Wat gevolg het, was die grootste gemeganiseerde veldslag sedert die einde van die Duitse Afrikakorps in Mei 1943. Dit was inderwaarheid een van die volledigste militêre oorwinnings in die krygsgeskiedenis. Fapla se 47 Brigade is platgeloop en het as georganiseerde militêre formasie ophou bestaan. Die Suid-Afrikaners het byna ongeskonde anderkant uitgekom.

Die geveg het die einde beteken van Fapla se groot offensief om Unita te vernietig. Bowenal is die geveg 'n uitstekende voorbeeld van waar een kant, die SAW, uit 'n streng militêr-professionele oogpunt bekyk, byna alles reg gedoen het. Dit was in skrille kontras met die amateuragtige flaters aan die Angolese kant. Soos gesien sal word, is die fondament vir die oorwinning deur die Suid-Afrikaanse inisiatiewe gelê selfs voordat die eerste skoot geklap het.

As sodanig is dit uit 'n taktiese en operasionele oogpunt die moeite werd om die Slag van die Lomba te bestudeer om professionele lesse vir gemeganiseerde oorlogvoering in die Afrika-konteks te leer. Dit is 'n voorbeeld van hoe SAW-veggroepe takties op bevelsvlak gehanteer is.

Die opponerende gevegsordes

Soos in die vorige hoofstuk genoem is, het Fapla agt brigades in die veld gestoot, waarvan vier die ystervuis van die offensief gevorm het.[2] Na die ooste was dit 15 en 21 Brigade; verder weswaarts 47 en 59 Brigade. Dié mag was sowat 6 000 man sterk met 80 tenks plus artillerie en aansienlike lugsteun.[3]

'n Angolese brigade was op die lees van 'n Sowjet-brigade geskoei, dus aansienlik kleiner as 'n normale Navo- of Britse brigade (3 500-4 000 man), wat weer die basiese model vir die SAW was. Volgens genl.maj. Roland de Vries was 'n tipiese Fapla-brigade sowat 1 500 man sterk en het uit die volgende bestaan:

- Drie gemotoriseerde infanteriebataljons, vervoer in gepantserde troepedraers soos BTR-60's, BTR-152's of Oeral- militêre vragmotors. Elke bataljon het drie geweerkompanies gehad met drie pelotons elk en ondersteuningswapens – ligte masjiengewere, 60 mm-mortiere en skouergelanseerde RPG-7-tenk-afweermissielstelsels. Elke bataljon het ook 'n mortierpeloton gehad met ses 82 mm-mortiere, 'n tenkafweerpeloton met ses B-10- terugslaglose kanonne of Sagger-missiele en 'n granaatlanseerpeloton met ses AGS-17-lanseerders.

- Een tenkkompanie (Fapla se ekwivalent van 'n Suid-Afrikaanse eskadron), met 10 T-54 en/of T-55 hoofgevegstenks.

- Een artilleriebataljon (gelykstaande aan 'n SAW-regiment), georganiseer in ses batterye. Twee van hulle was toegerus met ses D-30-kanonne met 'n kaliber van 122 mm; twee met ouer 76 mm-ZIS-3-kanonne, nog een met BM-21- veelvoudige vuurpyllanseerders, en een met ses 120 mm-mortiere.

- Een verkenningskompanie met amfibiese PT-76-tenks en BRDM-2- gepantserde verkenningsvoertuie.

- 'n Lugafweerpeloton met verskillende lugafweermissiele en -kanonne.[4]

Die Angolese 47 Brigade, wat op 3 Oktober die verdedigende mag sou wees, was nog sterker as die ander deurdat hy luidens 'n Sowjet-bron sowat 22 tenks (T-54 en/of T-55) gehad het.[5] Om die waarheid te sê, toe die Suid-Afrikaanse troepe die vyandelike sterkte ná die geveg onder mekaar probeer rekonstrueer, het hulle 28 tenks by die Angolese getel.[6] Dit kan natuurlik 'n oordrywing wees omdat sommige tenks dalk meer as een keer getel is. Dié getalle is breedweg bevestig deur 'n "bron" (waarskynlik 'n lid van die SAW se spesmagte) wat op 3 Julie gerapporteer het dat die konvooi van 47 Brigade bestaan het uit 105 voertuie, met 25 tenks (15 T-55's, 9 T-54's en 'n onbekende tipe met 'n radarskottel bo-op), 1 BTR-pantsermotor, 1 BM-14-vuurpyllanseerder, 2 mobiele brûe, 10 tenkers, 4 ZPU-1 14,5 mm- swaar masjiengewere, 47 vragmotors en 5 troepedraers.[7]

Om mee te begin was 47 Brigade en sy tenkeenheid sowat 1 400 man sterk.[8] Die getal is gedurende September stelselmatig verminder deur Unita-aksies en natuurlike oorsake soos siekte, drostery, ensovoorts. Teen 22 September, altans luidens 'n SAW-dokument, waarskynlik gebaseer op die SAW-onderskeppings van Fapla-radioboodskappe,[9] is 270 lede van die brigade dood en 200 gewond. Daarby het hy ook twee tenks verloor.[10]

Sowel die hele Fapla-mag as 47 Brigade op sy eie kan dus as formidabel beskou word.

Aan die ander kant het die SAW se teoretiese brigadestruktuur dié van Navo of die Britse leër weerspieël en het bestaan uit drie eenhede van bataljongrootte, 'n artillerieregiment en verskeie ander ondersteuningstroepe. In die praktyk het die struktuur van die SAW se ad hoc-formasies van brigadegrootte meestal afgehang van die eise van die operasies waarvoor hulle gevorm is. In dié geval het die formasie wat die Suid-Afrikaanse mag moes struktureer, bekend gestaan as 20 SA Brigade. Dit het onder die bevel gestaan van 'n bekwame infanterieoffisier, kol. Deon Ferreira. As 'n gewese bevelvoerder van 32 Bataljon het Ferreira aansienlike operasionele ervaring in Angola gehad.

Ferreira het slegs 'n klein mag tot sy beskikking gehad – soos in die vorige hoofstuk vertel is, 2 609 man sterk.[11]

44

Hierby moet 'n onbekende getal, waarskynlik sowat 6 000 man,[12] van Unita getel word. Maar, aangesien Unita nóg opgelei en toegerus nóg gestruktureer was vir hoëintensiteit- gemeganiseerde oorlogvoering, was hul militêre waarde op 'n konvensionele slagveld op sy beste twyfelagtig. Hulle was baie beter in guerrillaoorlogvoering, waar hulle Fapla dikwels hotagter gegee het. Dit het beteken dat hul rol in Operasie Moduler oor die algemeen, en in die geveg van 3 Oktober in die besonder, sekondêr was.

Voordat ons by die geveg uitkom, 'n paar woorde oor 61 Meg, wat op dié dag die hoofelement van die SAW se aanvalsmag was. Dit was 'n gekombineerdewapens-eenheid en het bestaan uit twee gemeganiseerde infanteriekompanies en 'n pantsermotor-eskadron. Die infanteriekompanies was toegerus met die uiters mobiele Ratel-infanterie-gevegsvoertuig en sy snelvuurkanon van 20 mm. Alpha-kompanie het 'n mortiergroep (81 mm) ingesluit en Bravo die tenkafweerpeloton met sy agt Ratel 90-pantsermotors en nog 'n mortiergroep (60 mm). Charlie-eskadron (12 Ratel 90's) het ook die stormpionierpeloton ingesluit. Soos ons gesien het, is die tenk-eskadron, wat teoreties ook deel van die eenheid was, om raaiselagtige redes tuis gelos.[13]

Die operasionele situasie, einde September

Ons het reeds na albei kante se openingskuiwe gekyk. Fapla het verskeie pogings aangewend om die Lomba oor te steek, maar is elke keer gefnuik. Slegs een brigade, 47, kon suid van die rivier kom, en uit die SAW se oogpunt was dit gevaarlik. Omdat hy nie genoeg van die Angolese se planne geweet het nie, moes Ferreira vir die slegste scenario beplan, naamlik dat 47 en 59 hul kragte saamsnoer en in die rigting van Mavinga opruk terwyl 15 en 21 die Suid-Afrikaners ooswaarts besig hou. 47 Brigade moes dus byna tot elke prys geneutraliseer word.

As ons die geveg van 3 Oktober wil verstaan, moet ons eers na die operasionele situasie einde September 1987 kyk. Wyle maj. Warwick Dorning, amptelike SAW-kroniekskrywer van Operasie Moduler se eerste fase, het dit só beoordeel: "Viewed from a still wider perspective, it is in retrospect clear that the battles of the week 7-13 September marked the turning point in the entire operation. By failing to establish a bridgehead on the southern banks of the Lomba, the enemy had missed the chance of achieving a decisive breakthrough and establishing a tactical platform for an advance on Mavinga itself. After the battles of 7-13 September, the initiative passed firmly from the enemy to the SADF forces, with the FAPLA brigades increasingly on the defensive ..."[14]

In daardie stadium was dit natuurlik nie heeltemal só duidelik nie. As jy deur Ferreira se oë en met die inligting tot sy beskikking kyk, was 47 Brigade se posisie steeds potensieel gevaarlik. Dit het noodsaaklik gebly om die gevaar te verwyder.

Ferreira het twee relatief goeie inligtingsbronne gehad. Die een was die SAW se uitstekende radio-onderskeppingsdiens. In die SANW-Dokumentasiesentrum is daar talle dokumente met onderskepte boodskappe tussen Fapla se taktiese hoofkwartier in Cuito Cuanavale en 47 Brigade.[15] Die tweede was maj. Pierre Franken, 'n dapper voorwaartse artilleriewaarnemer wat dae lank in 'n boom op die noordelike oewer van die Lomba deurgebring het om artillerievuur per radio te rig. Hy het 'n goeie blik op die omgewing gehad en alle bewegings wat hy kon sien aan Ferreira en Bok Smit gerapporteer.[16] Die waarde van 'n derde inligtingsbron, Unita, was deurgaans twyfelagtig.

Geeneen van die twee pogings, op 13 en 16 September, om 47 Brigade uit sy verskanste posisie in sy oerwoudvesting suid van die Lomba te verdryf, het geslaag nie. Uit 'n suiwer taktiese oogpunt was albei inderdaad klaaglike mislukkings. Operasioneel gesproke was hulle egter baie belangrik.

Enersyds het hulle gewys dat die brigade se posisie heeltemal onaantasbaar was solank hy gebly het waar hy was. Dus het Ferreira wyslik besluit om geen nuwe poging te waag wat tog geen hoop op sukses gehad het nie. Andersyds het dit ook gewys dat die Fapla-formasie geïsoleer was. Op die noordelike oewer was 59 Brigade freneties heen en weer aan die marsjeer, soos 'n dier wat uit 'n hoek probeer kom, maar daar was geen gaping nie. Terselfdertyd het Ferreira sy artillerie- en lugbombardement op

47 Brigade voortgesit om hom uit te put, dag ná dag, bietjie vir bietjie, totdat hul ammunisie, kos en brandstof sou begin opraak. Die Angolese formasie was vasgeval.

Wanneer 'n mens terugkyk, kan jy rekonstrueer hoe briljant Ferreira die openingskuiwe bestuur het van die geveg wat eers enkele dae later sou plaasvind. Sy taktiek, soos Fred Bridgland dit, vermoedelik op grond van 'n onderhoud met Ferreira, beskryf, "was to exhaust the brigade and draw it into a 'killing ground' where the advantage would be with his small force which, like the Boer armies of old, aimed to keep the enemy off balance with fast-moving, unorthodox and aggressive manoeuvres until FAPLA began to make major mistakes."[17] So was dit dan ook.

Op 20 September het Ferreira Bok Smit opdrag gegee om gereed te wees "om 47 en 59 B[riga]de te vernietig sodra hulle in 'n gekose en verkende slagtingsgebied inbeweeg". Die Suid-Afrikaners het dus langs die Lomba begin verken om só 'n geskikte "slagtingsgebied" te vind, sedert die 1970's 'n sentrale element in die SAW se mobiele operasionele en taktiese benadering.[18]

By Leërhoofkwartier was die Hoof van die Leër, lt.genl. Kat Liebenberg, ietwat senuweeagtig oor 47 Brigade se voortgesette teenwoordigheid suid van die Lomba. In 'n brief aan Ferreira het hy die vrees uitgespreek dat 47 Brigade se aanwesigheid die wegspringplek kon wees vir 'n hernieude Fapla-offensief om Mavinga in te neem. Dus, het hy beveel, "moet 'n militêre beslissing ... SSM [so spoedig moontlik] in die Sesde Militêre Streek [die provinsie Cuando Cubango] afgedwing word". Daarom "moet 47 Bde as 'n faktor in die offensief elimineer word".[19]

Dit is hoogs interessant om die volgende paar dae se gebeure te volg, byna soos 'n dodelike skaakspel met albei kante wat pionne skuif en die ander se reaksie probeer beïnvloed. Om aan sy isolasie en die gestadige verkrummeling van sy krag en voorrade deur die onophoudelike Suid-Afrikaanse artillerie- en lugbombardement te ontsnap, het 47 Brigade 'n TMM-brug, 'n gemeganiseerde brugstelsel wat in die Sowjetunie ontwerp is, oor die Lomba probeer bou. Die Suid-Afrikaanse artillerie het vinnig 'n einde daaraan gemaak.[20]

Op 28 September het 20 SA Brigade 'n interessante reeks

boodskappe tussen 47 Brigade se leiers en Fapla se operasionele hoofkwartier in Cuito Cuanavale onderskep. Die bevelvoerder van 47 Brigade het bevel ontvang om die veiligheid van sy oerwoudvesting te verlaat en ooswaarts na Mavinga op te ruk. Dié gehuggie, wat per slot van rekening die primêre doelwit van die hele offensief was, was sowat 70 km ver. Die Cuito Cuanavale-hoofkwartier het gevoel die brigade, synde die sterkste van die vier Fapla-brigades aan die front, moet dit kan bereik.[21]

Dié bevel het gewys hoe ver diegene by Cuito Cuanavale wat die bevele gegee het, verwyder was van nie net die slagveld nie, maar van die werklikheid. Dit het gelyk of hulle hul insigte verkry het deur na 'n kaart te kyk, pleks van om met die werklike omstandighede aan die front rekening te hou.

Hoe ook al, dit het presies in Ferreira se kraam gepas. As Brigade 47 uit sy oerwoudposisie beweeg, sou hy op oper terrein kom, waar die SAW se krag, sy mobiele gevegsvermoë, tot sy reg kon kom. Uit Ferreira se oogpunt het sy geduld vrugte afgewerp en dinge het langsaam na 'n punt beweeg. Hy het 61 Meg kennis gegee "om moontlik op te tree indien [die] konvooi Lomba kruis net wes van Cunzumbia-samevloei".[22]

Uiteraard het die bevelvoerder van 47 Brigade 'n veel beter begrip van sy mag se probleme as die hoofkwartier by Cuito Cuanavale gehad. Sy antwoord was tereg dat sy voorrade, veral sy brandstof, te min was en steeds minder word. Die reaksie was 'n dreigement: Gehoorsaam die bevel, of word voor 'n krygsraad gedaag.[23]

Op 1 Oktober het die hoofkwartier by Cuito Cuanavale tog tot sy sinne gekom. Die vorige bevele is herroep. 47 Brigade is nou aangesê om die TMM-brug oor die Lomba te voltooi, die rivier noordwaarts oor te steek en hom by die ander Fapla-magte te voeg. Dan sou die gekombineerde mag die rivier weer suidwaarts oorsteek en na Mavinga opruk.[24]

In sy hoofkwartier naby Mavinga het Deon Ferreira die boodskappe met groeiende belangstelling gevolg. Hy het geweet 47 Brigade se uurglas in sy oninneembare vesting loop leeg, maar hy moes ook rekening hou met die moontlikheid dat die vyand self uit sy isolasie kon breek. Op die oggend van 30 September is hy dan ook ingelig dat 47 Brigade eindelik kontak met 59 Brigade gemaak het. 'n Voorhoede het 'n aantal ernstig gewonde soldate oorgedra en 'n klein voorraad kos en ammunisie ontvang.[25]

Was dit die eerste fase van 47 Brigade se ontsnapping? Of was dit 'n geïsoleerde ontwikkeling?

Gelukkig vir Ferreira het dit kort daarna duidelik geword. Rapporte het daarop gedui dat 47 en 59 Brigade saamwerk om 'n TMM-brug net oos van die samevloeiing van die Lomba- en Cuzizi-rivier te bou, met ander woorde, 'n ent oos van 47 se oerwoudvesting.[26]

Dit het Ferreira 'n idee gegee waarheen 47 Brigade nou sou beweeg. Hy het nou geweet die gekose oorsteekpunt sou op minder beboste terrein wees, wat hom gepas het. Wat hy natuurlik nié geweet het nie, was of 47 Brigade die rivier noordwaarts sou oorsteek en of 59 Brigade suidwaarts sou kom. Wat ook al die geval was, Ferreira het besef dat die beslissende oomblik aangebreek het. Dit was nou of nooit. D-Dag is vir 5 Oktober vasgestel, die dag waarop die Angolese na verwagting die kruispunt sou bereik. Intussen het hy 'n intensivering van die artillerie- en lugbombardement beveel om die Angolese aan te jaag.[27]

Verskeie bykomende brokkies inligting het sy afleidings bevestig. Sy Afdeling Elektroniese Oorlogvoering het Cuito Cuanavale se bevele aan die bevelvoerder van 47 Brigade onderskep om noordwaarts oor die rivier te beweeg en by 59 Brigade aan te sluit. Toe, op 2 Oktober, het maj. Pierre Franken, steeds in 'n boom langs die Lomba, gerapporteer dat 47 Brigade in die oopte en aan die beweeg is. Hy het Ferreira laat weet die Angolese vestig 'n tydelike basis, 4-6 km suid van die TMM-brug by die samevloeiing van die Lomba en die Cuzizi. Meer as 100 voertuie het saamgedrom suid van die brug, wat die middag van 2 Oktober voltooi is. Noord van die rivier was drie tenks van 59 Brigade gereed om te help indien nodig. Ten slotte het Unita om 13:00 berig dat twee houtbrûe oor die Lomba reeds voltooi was, met ruimte vir 'n TMM-brug tussen hulle.[28]

Dié nuus was dramaties. Die Angolese het presies in Ferreira se kaarte gespeel. Die terrein was relatief oop en geskik vir 'n gemeganiseerde aanval. Die Suid-Afrikaanse bevelvoerder kon nie méér tevrede wees nie. Maar die nuus het sy planne versnel. As hy soos beplan is tot 5 Oktober gewag het, sou die Angolese ontsnap het. Hy het met Bok Smit gepraat en besluit om die volgende dag aan te val. Hy het nie toestemming van hoër hoofkwartiere gevra nie. Sowat 'n jaar later het hy aan Fred Bridgland vertel "it was a question of either letting them go or taking a chance. I decided that Bok Smit should take them on. I took the decision on my own without referral to higher level. If we had failed, my army career would have been finished." [29] Ferreira het Rundu dus slegs om 09:35 op die oggend van 3 Oktober ingelig, nadat die geveg begin het.[30]

Die SAW se taktiese plan

Die idee was om vroegoggend op Saterdag 3 Oktober aan te val. Die Suid-Afrikaanse gevegsplan, soos Deon Ferreira en Bok Smit ooreengekom het, het neergekom op 'n opmars van Veggroep A van oos na wes langs die wye Lomba-vloedvlakte. Die drie troepe van 61 Meg se pantsermotor-eskadron (Charlie) – 12 Ratel 90's – sou in 'n reguit lyn aan die voorpunt wees. 'n Groep Unita-voetsoldate sou voor hulle uit beweeg. Dié se taak was om die vyand te kry om hul posisies te verraai en hulle dan aan die beter toegeruste Suid-Afrikaners oor te laat. Kort op die hakke van die pantsermotors sou 'n gemeganiseerde infanteriekompanie (Alpha, 61 Meg) volg, wie se vuurkrag aangevul sou word deur 81 mm- en 60 mm-mortiere. Agteraan sou 'n gemotoriseerde infanteriekompanie, Golf, 32 Bataljon, kom om ná die geveg op te ruim.[31]

Links van die mag sou Veggroep C saam met A vorentoe beweeg. C het ingesluit Bravo-kompanie, 61 Meg, saam met die agt Ratel 90's van die eenheid se tenkafweerpeloton, agter mekaar van voor na agter. Hul taak was om as reserwe te dien en die aanvalsmag te dek teen inmenging van wat gedink is die gros van 47 Brigade in sy tydelike basis 'n paar kilometer suidwaarts. Nog verder links was ander ligte infanteriste van Unita om die Suid-Afrikaners te waarsku as die Angolese van daardie kant af inmeng.[32]

Die bevel was dat die aanvallers, nadat hulle die voorhoede in die omgewing van die kruispunt oorweldig het, links moes swenk en suidwaarts na die vyandelike hoofmag opruk.[33]

Dié gevegsplan was duidelik gebaseer op die aanname dat die grootste deel van 47 Brigade steeds by sy tydelike basis 'n paar kilometer suid van die kruispunt sou wees, en dat slegs 'n voorhoede by die kruispunt self sou wees om dit vir die aankoms van die res van die brigade te beveilig. Mits die aanname korrek was, het die plan aan alle taktiese beginsels voldoen. Die aanvanklike aanvalspunt sou wees waar die vyand swak was. Dan sou die hoofmag van die kruispunt afgesny word en afsonderlik vernietig word. Dit was 'n uitstekende plan – mits die praktiese situasie op die oomblik van kontak was soos Ferreira en Smit verwag het.

Die probleem is, dit was nié. Die Suid-Afrikaanse inligting was in werklikheid heeltemal verkeerd, al het hul bevelvoerders dit nog nie geweet nie.

Die geveg

Die Suid-Afrikaners is voor eerstelig op die oggend van 3 Oktober opgestel en het hul weswaartse opmars begin, met hul regtervleuel wat, soos beplan, op die suidelike oewer van die Lomba gerus het. Tussen 08:30 en 09:10 – die bronne verskil – het die Ratel 90 op die uiterste regtervleuel, aangevoer deur kpl. Duncan Taylor, op die eerste teenstander afgekom en die eerste skoot afgevuur. Die Slag van die Lomba het begin.[34]

Vir die Ratel-bemannings het dit vinnig duidelik geword dat hulle teen 'n veel sterker mag gebots het as wat by die aanvanklike punt van kontak aan hulle voorgehou is. 47 Brigade het lank voor eerstelig en sonder dat die Suid-Afrikaners dit geweet het van sy tydelike basis 'n paar kilometer suid van die kruispunt beweeg en was in volle sterkte by die TMM-brug aanwesig. In beginsel het dit beteken dat Ferreira en Smit hulle kwaai misreken het.

Binne enkele minute het 'n hewige pantsergeveg uitgebreek. Vir die Suid Afrikaanse bevelvoerders was dit 'n deurslaggewende oomblik. Hulle het basies twee keuses gehad: Hulle kon óf terugtrek, aangesien hul magte duidelik swakker was in getalle en vuurkrag, óf hulle kon die stang vasbyt en voortgaan.

Ongelukkig het ons geen rekord – as dit bestaan – van radioboodskappe in dié stadium tussen Ferreira en Smit nie. Ons het ook geen behoorlike rekord van hoe Ferreira die situasie beoordeel het nie, behalwe wat Fred Bridgland in sy boek oor die veldtog (gebaseer op 'n onderhoud met Ferreira) geskryf het.[35] Ferreira is sedertdien oorlede, dus het sy weergawe saam met hom graf toe gegaan. Smit se weergawe[36] werp nie veel lig op hoe Ferreira sake gesien het nie.

Tog, as 'n mens albei magte se voor- en nadele op daardie oomblik bekyk, kan jy moontlik sien – al is dit slegs by die terugblik – waarom die Suid-Afrikaners tereg besluit het om die aanval voort te sit.

Ten eerste het Veggroep A die aansienlike voordeel van verrassing gehad. Totdat die skietery begin het, het die Angolese geen benul van die Suid-Afrikaners se teenwoordigheid gehad nie. Soos die antieke Chinese oorlogsfilosoof Sun Tzu eeue gelede geskryf het: "Val aan wanneer hulle onvoorbereid is; maak jou skuif wanneer hulle dit nie verwag nie."[37] Om die waarheid te sê, volgens 'n radio-onderskepping was die Angolese selfs enkele minute voor die aanvang van die geveg nog onbewus van die Suid-Afrikaanse aanwesigheid.[38]

Tweedens het die Suid-Afrikaners met geweld teen die vyand gebots terwyl dié aan die beweeg was. Fapla, op sy beste 'n taamlik chaotiese en gedisorganiseerde mag, kon soms standvastig in verdediging wees wanneer hy behoorlik in sterk verdedigingslinies voorberei was, al kon hy selfs dan nooit 'n vasbeslote Suid-Afrikaanse aanval weerstaan nie. In dié geval was hulle aan die beweeg en in die soort mobiele geveg wat nou ontwikkel het, was die Suid-Afrikaners baie goed. Só 'n geveg verg 'n vermoë om vinnig op jou voete te dink en soos blits op onverwagte situasies te regeer – iets waarvoor die Suid-Afrikaners van alle range goed opgelei was, die Angolese nie.

Ten slotte het die Suid-Afrikaners met 47 Brigade se regterflank gebots. Enige flank is op sy beste 'n baie kwesbare plek.

Uit dié kort ontleding moet dit duidelik wees dat die Angolese voordeel van groter getalle, wapens en vuurkrag geneutraliseer is deur die Suid-Afrikaners se beter mobiliteit. Hulle het alles aan hul kant gehad, op voorwaarde dat hulle kophou en hul voordeel uitbuit.

Dit is presies wat hulle gedoen het. Die bemannings van Charlie-eskadron se pantsermotors het as't ware outomaties geveg, presies soos hul streng opleiding voorgeskryf het. Hulle het eenvoudig alles gedoen waarvoor hulle opgelei was en meer. Aan die Fapla-kant was die begryplike onmiddellike reaksie 'n paniekbevange vlug – só chaoties dat die TMM-brug geblokkeer en 47 Brigade se enigste ontsnaproete afgesny is. Daarna, moet gesê word, het Fapla 'n tyd lank met aansienlike moed teruggeveg.

Dit was 'n bloedbad. Twee keer het die SAW-pantsermotors se ammunisie opgeraak, sodat hulle moes terugtrek om dit en die gas wat nodig was vir die terugskopaksie van hul 90 mm-kanonne te hervul. Albei kere het die offisier op die toneel, Bok Smit, die besluit geneem sonder om Deon Ferreira se toestemming te vra. Dit was in ooreenstemming met die normale SAW-gevegsprosedure wat groot vryheid aan bevelvoerders op voetsoolvlak gegee het, solank hulle binne die perke van die bevele van bo af gebly het. Tydens albei pouses het die Suid-Afrikaanse artillerie oorgeneem en dood en verderf onder die Angolese gesaai.

Interessant genoeg, die Fapla-bevelvoerders het nie besef waarom die Suid-Afrikaners teruggetrek het nie. Ná die eerste keer het 47 Brigade aan sy hoofkwartier in Cuito Cuanavale gesein: "Hulle hardloop weg, die oorwinning is ons s'n." 'n Paar minute later: "Begin vuur, die bliksems hardloop weg. Die vuur moet sterk wees. Skep groepe om hul deurgang te keer. Rook hulle uit met die bomme." 59 Brigade se antwoord was: "As hulle kom, wag my kinders en hulle is vasbeslote om dié bliksems te klop."[39]

Natuurlik het die Suid-Afrikaners nie gevlug nie. Fapla het met ontnugtering gesien: "Hulle [die SAW] hardloop nie weg nie. Hulle handhaaf die posisie."[40]

'n Sowjet-raadgewer by 47 Brigade, Alexander Kalan, het later

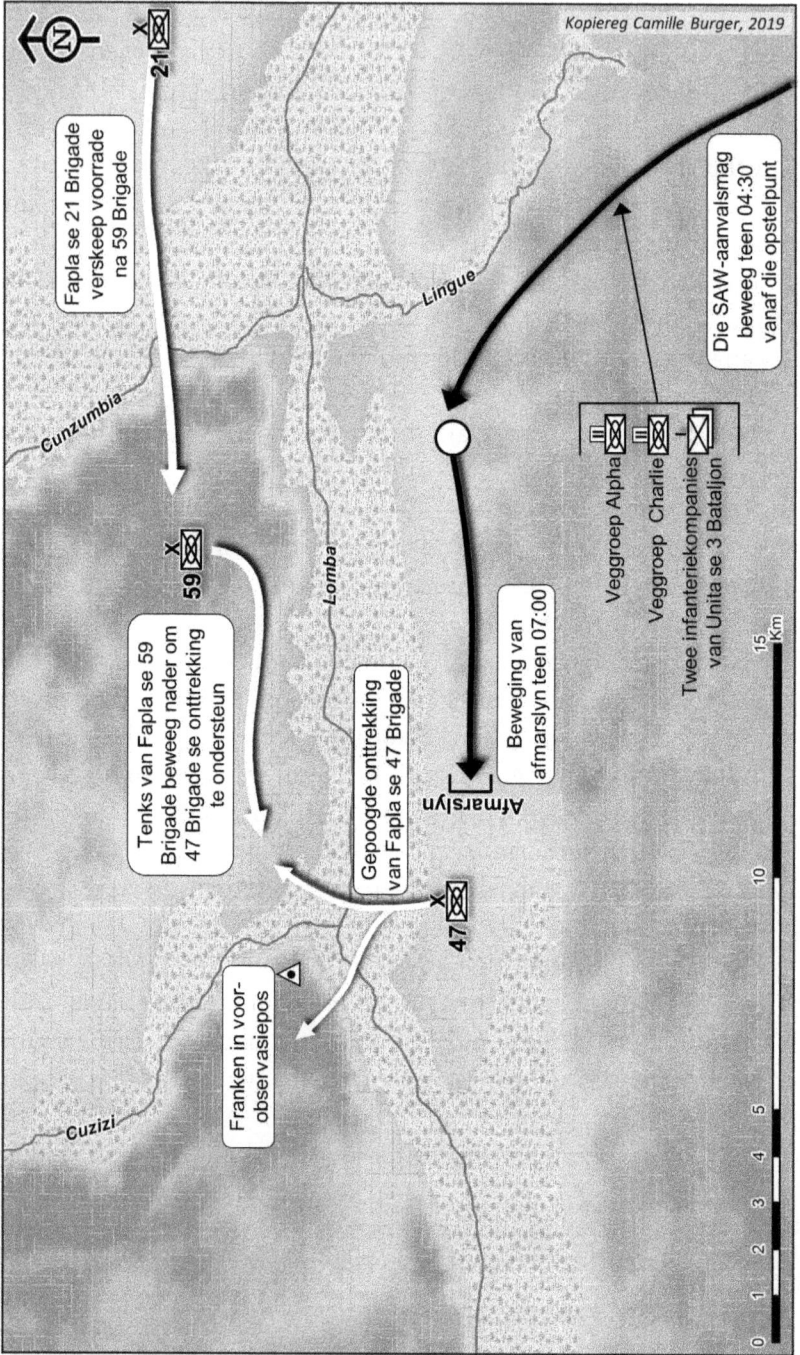

47 Brigade word versnipper

Kopiereg Camille Burger, 2019

Fapla se 21 Brigade verskeep voorrade na 59 Brigade

Tenks van Fapla se 59 Brigade beweeg nader om 47 Brigade se onttrekking te ondersteun

Gepoogde onttrekking van Fapla se 47 Brigade

Franken in voor-observasiepos

Beweging van afmarslyn teen 07:00

Afmarslyn

Die SAW-aanvalsmag beweeg teen 04:30 vanaf die opstelpunt

Veggroep Alpha

Veggroep Charlie

Twee infanteriekompanies van Unita se 3 Bataljon

Cunzumbia

Lingue

Lomba

Cuzizi

onthou dat die arme Fapla-drommels die Lomba onder regstreekse vuur moes oorsteek:

> Toe ons die toneel bereik, het dit geblyk dat niks vir die oorsteek van die rivier gereël was nie. Die houtstomp-pad na die brug het in die moeras weggesink, daar was 'n omgevalle tenk op die brug, en verskeie stukke militêre toerusting, waaronder agtergelate voertuie, het op die oewer saamgedrom. Onder dekking van 'n tenk het ons een vervoervoertuig probeer stuur, maar sy voorwiele het dadelik in die water weggesak en ons moes 'n aantal tenkers vra om dit uit te sleep ... Ons het gou alle hoop verloor dat enige soort teenaanval georganiseer sou word, as die Angolese, sonder leiding ... die uitrusting bloot in die steek gelaat en na die noordelike oewer beweeg het deur die rivier en die moeras oor te steek.[41]

Ná die eerste pouse is een Ratel 90, onder bevel van 2lt. Adrian Hind, deur 'n Fapla-tenk uitgeskiet. Hind is ernstig gewond en het gesterf. Sy twee bemanningslede, kavalleriste Kurt Oelofse en Glen Woodhouse, is ernstig gewond, asook 2lt. Michael O'Connor, in 'n afsonderlike insident. Al drie is deur 'n helikopter uitgevlieg.

Vir die derde en finale aanval het Smit die agt vars Ratel 90's van die tenkafweerpeloton aan die voorpunt geplaas. Dié aanval het uiteindelik 47 Brigade die nekslag toegedien. Die oorlewendes het hul wapens neergegooi en rieme neergelê na die rivier, waar die Suid-Afrikaners hulle by honderde neergevel het totdat Bok Smit hulle jammer gekry en die bloedvergieting gestaak het. 47 Brigade het vir alle praktiese doeleindes ophou bestaan.

Die statistieke vertel 'n verhaal. Een Suid-Afrikaner het gesneuwel, vier man is ernstig genoeg gewond om uitgevlieg te word en nog vier lig gewondes is verpleeg en terug die geveg in gestuur. Niemand weet presies hoeveel Angolese gesneuwel het nie. Kapt. Herman Mulder, 61 Meg se Portugeessprekende inligtingsoffisier wat na die benoude Fapla-radioboodskappe geluister het, het aan Fred Bridgland gesê waarskynlik het sowat 600 Angolese gesneuwel en is baie meer gewond.[42] Dit klink geloofwaardig. In 'n onderhoud vir my navorsing oor Charlie-eskadron het ek aan Mulder gevra waarop hy sy skatting baseer. Sy kort antwoord was: "Ek het die helfte van hulle sien sterf."[43] Unita se ongevalle is nooit geboekstaaf nie, maar omdat hul rol baie beperk was, moet dit lig gewees het.

Die finale statistieke van Fapla se verlies aan toerusting is 'n paar dae later aan die SAW- en Leërhoofkwartier gestuur:[44]

- 3 x T-55's vernietig
- 18 x T-54's (4 herwin, die ander vernietig of ondiensbaar gemaak)
- 2 x tenkherwinningsvoertuie
- 26 x BTR-60- gepantserde troepedraers
- 4 x SA 8 lugafweermissielstelsels (1 herwin, 3 vernietig)
- 2 x grond-tot-lug-missieldraers (1 herwin, 1 vernietig)
- 1 x Flat Face-radar (herwin)
- 3 x BMP-1-infanteriegevegsvoertuie (2 herwin, 1 vernietig)
- 6 x ZSU-23-lugafweerkanonne (4 herwin, 2 vernietig)
- 3 x D-30-kanonne (122 mm)
- 83 x logistieke voertuie (45 herwin, 35 vernietig).

Op 14 Oktober het Igor Zjdarkin, 'n Sowjetraadgewer by Fapla, taamlik soortgelyke statistieke in sy dagboek genoteer. Die Sowjetraadgewers by 47 Brigade het dit aan hom gegee en dit sluit in die vernietiging van 18 tenks, 20 gepantserde troepedraers, vier 122 mm-D-30-kanonne, drie BM-21-vuurpyllanseerders, vier Osa-AK-mobiele-lugafweer-missiellanseerders, twee Osa-AK-vervoervoertuie, een P-19-radarstasie en verskeie ander voertuie.[45] Volgens die Sowjetbevelvoerder in Angola, genl. Pjotr Goesef, het slegs "verskeie tenks, infanteriegevegsvoertuie en vyf lugafweermissielstelsels" oorleef.[46] Die Suid-Afrikaners het geskat dat 47 Brigade 93% van sy toerusting verloor het.[47]

Soos genl.maj Roland de Vries dit gestel het: "Within the

context of manoeuvre warfare the Battle of the Lomba on 3 October was a decisive turning manoeuvre."[48]

Die gevolge

Hoewel dit in dié stadium onmoontlik is om 47 Brigade se presiese ongevallesyfer vas te stel, is dit seker dat die formasie ophou bestaan het. Een van 61 Meg se soldate wat die slagveld 'n dag of twee later gesien het, het aan my gesê hy het verskeie uitgebrande en verlate tenks en talle lyke gesien:

> Sommige lyke was vermink; ek het verby een geloop wat onthoof was en die kop was weg. Nie 'n mooi gesig nie. Dit was ontmoontlik om nie te let op hoe maer die lyke was nie – hul regime het duidelik nie mooi na hulle omgesien nie. 'n Mens het besef dat hulle ook maar net teen ons oorlog gemaak het, soos ons teen hulle, hoofsaaklik weens die oortuigings van ons onderskeie lande. Ons het in die uitgeskiete tenks gekyk – daar was nie regtig sprake van menslike oorskot nie. Ons kon nog slegs beenfragmente in die uitgebrande swart rompe van die tenks waarneem.[49]

Fapla se enorme neerlaag het beteken, soos 'n SAW-verslag dit droogweg gestel het:

"47 Brigade is van die suidelike oewer van die Lomba verdryf en sal nie weer in staat wees om as 'n brigade op te tree nie."[50]

Dit was nie slegs dat die brigade platgeloop is nie. Dit was die einde van Fapla se Operasie Saludando à Octubre, die groot offensief om Mavinga in te neem, om na Jamba deur te stoot en Unita eens en vir altyd uit die oorlog te knikker.

Maj. Warwick Dorning, die SAW se amptelike kroniekskrywer van Operasie Moduler se eerste fase, het korrek geoordeel: "Seen from a somewhat broader perspective, the destruction of 47 Brigade represented the final nail in the enemy's coffin, at least in the sense of the enemy's designs on Mavinga. With one of its four offensive brigades totally destroyed and two of the remaining three badly mauled, the enemy was left with no option but to begin withdrawing in the direction of Cuito Cuanavale."

So was dit dan ook. Op 5 Oktober is 'n Fapla-radioboodskap onderskep waarin 15, 21 en 59 Brigade beveel is om noordwaarts te retireer.[51]

Willem Steenkamp en Helmoed-Römer Heitman se gevolgtrekking is ook raak: "Up to 3 October the Angolans had been advancing towards Mavinga, but after the Lomba action they were retreating and never regained the initiative."[52]

Ontleding

In die internasionale krygsgeskiedenis is daar verskeie voorbeelde van totale taktiese seges. Dit kan byvoorbeeld gevalle wees waar die een kant sonder 'n geveg toegee, soos in 1805 gebeur het, toe die Oostenrykse genl. Karl Freiherr Mack von Leiberich met sy mag van meer as 70 000 man naby Ulm in Beiere vasgekeer is en met minimale weerstand aan Napoleon oorgegee het.[53]

Dit was sowat die hoogtepunt van die taktiese kuns. Verwysend na onder meer Napoleon se Ulm-veldtog het sir Basil Liddell Hart geskryf: "The perfection of strategy [in moderne jargon, operasionele kuns] would be, therefore, to produce a decision without any serious fighting."[54]

Dít gebeur natuurlik baie selde. Dus is die naasbeste om die grootste voordeel teen die laagste prys te behaal. Dit het byvoorbeeld in die noordelike lente van 216 gebeur, toe die Kartaagse veldheer Hannibal 'n Romeinse mag by Cannae omsingel en byna uitgewis het. Tot 50 000 Romeinse soldate is na raming gedood in wat die klassieke historikus Victor Hanson beskryf het as "a battlefield Armageddon unrivalled until the twentieth century". Cannae het die voorbeeld vir baie latere militêre bevelvoerders geword. Onder hulle was die Duitse genl. Alfred von Schlieffen, vader van die bekende Schlieffen-plan waarmee die Duitsers in 1914 oorlog toe gegaan het; die Amerikaanse genl. Dwight Eisenhower, bevelvoerder van die Geallieerde magte in die Weste in die Tweede Wêreldoorlog, en die Amerikaanse genl. Norman Schwarzkopf, bevelvoerder wat die Irakse diktator Saddam Hoesein in die Golfoorlog van 1991 beveg het.[55]

Nog 'n goeie voorbeeld is die vyf maande lange Slag van Stalingrad. Daar is die Duitse Sesde Leër vernuftig in die stedelike woestyn van Stalingrad ingesuig, waar die beter Duitse mobiliteit en wapentuig geneutraliseer is. Toe het die Sowjets, onder leiding van veldm. Georgi Zjoekof, op presies die regte oomblik 'n teenoffensief begin teen die aansienlik swakker bondgenote van die Duitsers, die Italianers en Roemene, noord en suid van die stad. Nadat die Russe maklik deurgebreek het, het hul ysterkake wes van Stalingrad toegeklap en die Sesde Leër omsingel. Ná verskeie weke, waarin die vasgekeerde Duitsers veels te min voorrade ontvang het, is die verflenterde oorblyfsels gedwing om hulle oor te gee. Volgens die krygshistorikus Antony Beevor se berekening het meer as 100 000 lede van die Sesde Leër gesterf van 22 November 1942, toe die Duitsers omsingel is, tot die finale oorgawe op 2 Februarie 1943.[56]

Uiteraard was die Slag van die Lomba 'n klein affêre vergeleke met Cannae en Stalingrad. Vergeleke met die sowat 330 000 Duitse troepe in die Sesde Leër, van wie 290 000 in die stad vasgekeer was, het die Sowjets vyf leërs ingespan met 18 infanteriedivisies, agt pantserbrigades, twee gemotoriseerde brigades, ses kavalleriedivisies en 'n tenkafweerbrigade.[57] By die Lomba het Fapla sowat 600 gesneuweldes en 'n onbekende aantal gewondes verloor, teenoor die Suid-Afrikaners se een gesneuwelde en vier ernstig gewondes.

As 'n mens egter die grootte van die gevegte eenkant toe skuif, het die Lomba 'n taktiese oorwinning opgelewer wat niks minder volkome was as Cannae of Stalingrad nie. Daarmee word nie gesê dat dié vergelyking enigiets te make het met die invloed van die gevegte op die wêreldgeskiedenis nie. Veral Stalingrad het die geskiedenis ingrypend beïnvloed, terwyl die Lomba slegs van plaaslike belang was. Die vergelyking geld slegs vir die *taktiese totaliteit* van die Lomba-oorwinning, niks meer nie.

Neem in aanmerking dat die Suid-Afrikaners te make had met

'n groot vyandelike oormag wat betref sowel troepe as vuurkrag. Toe die skietery begin, het albei magte sowat 1 000 man op die slagveld gehad Maar dit is misleidend, want die eintlike geveg van naby is deur die minder as 100 man in Charlie-eskadron se drie troepe en Bravo-kompanie se tenkwafweerpeloton gevoer. Daarby het 47 Brigade meer as 22 T-54/55-tenks en 'n soortgelyke getal ander pantservoertuie gehad. Aan die ander kant het die Suid-Afrikaners slegs 20 Ratel 90-pantsermotors gehad. Van hulle het 12 die geveg begin en nog agt het teen die einde bygekom.

Bowendien was die Ratels hopeloos onvoldoende vergeleke met die T-54/55's. Hulle was bewapen met 'n ongestabiliseerde 90 mm-laetrompsnelheidkanon en beskerm deur dun pantser wat slegs teen kleingeweervuur bedoel was. Die Fapla-tenks het dik pantser en gestabiliseerde 100 mm-kanonne gehad. Die Ratels se beter beweeglikheid is geneutraliseer deur die taamlik moeilike terrein en veral deur die stadige pas van die SAW se opmars.

Die Suid-Afrikaners het wel beter artillerie gehad, wat op beslissende oomblikke in die geveg 'n belangrike rol gespeel het. Selfs as dit in ag geneem word en 'n mens net na die syfers kyk, lyk dit verstommend dat hulle hoegenaamd kon wen. Hulle het ook nie bloot gewen nie, hulle het 47 Brigade heeltemal platgeloop.

Hoe 'n mens ook al daarna wil kyk, dit was een van die mees volledige taktiese oorwinnings in die krygsgeskiedenis. 'n Paar weke ná die mislukking van die offensief het veldm. Sergei Achromejef, hoof van die Sowjets se generale staf, teenoor sy Kubaanse eweknie, genl. Ulises Rosales del Toro, gebieg dat dit 'n fout was om Fapla aan te moedig om die offensief te onderneem. "Ons het hulle nie gedwing nie, ons het geen druk op hulle toegepas nie, maar ons, die Sowjets, het ons mening kragtig gelug dat die operasie nodig was om Unita bepalend in die suidooste te verslaan ... Dit was duidelik 'n fout."[58]

Hoofstuk 4

"VERNIETIG DIE VYAND"

Fapla se nederlaag teen die SAW en sy mislukte poging om die Lomba oor te steek en Mavinga in te neem het 'n dramatiese verandering in die strategiese en operasionele situasie meegebring. In sy memoires beskryf Jannie Geldenhuys sy denke in daardie stadium:

"Vanaf hierdie punt was daar vir my net een oorweging: Ons het reeds ons missie voltooi. Ons het die vyandelike offensief totaal uitmekaar geslaan. Ons kon egter nie onmiddellik onttrek nie. Op kort termyn moes ons sorg dat die nuwe situasie wat ons geskep het, nie weer ongedaan gemaak word nie. Ons moes ons winste konsolideer en verhoed dat die vyand hergroepeer en sy offensief hervat.

"Ons kon egter nie die voordele wat behaal is self in stand hou nie. Op die langer termyn gesien, moes ons die gebied so agterlaat dat, indien daar in die toekoms weer 'n 'jaarlikse' offensief uitgevoer word, Unita dit sonder ons hulp kon afslaan. Dit is wat ons wou bereik. Niks meer nie, en niks minder nie."[1]

Geldenhuys het voortgegaan: "Om die gebied so agter te laat soos wat ek beskryf het, moes ons die vyand agtervolg tot by die Cuito-rivier en dit as hindernis versterk waarop Unita sy toekomstige verdediging kon baseer. Ons moes ook saam met Savimbi 'n Unita-tenkmag deur middel van die diensbare, gebuite Fapla-tenks opbou."[2]

Natuurlik kan enigiemand wat onsimpatiek teenoor Geldenhuys en die SAW staan dit as pure propaganda afmaak, soos sommige dan ook doen.[3] Daar kan wel deeglik in beginsel geredeneer word dat dié stelling eenvoudig bedoel was om sy eie beeld te poets en dus nie te vertrou is nie. Dan moet 'n mens liewer vra: Wat wys die argiefdokumente?

PW Botha se nuwe bevele

Ná sononder op die aand van 28 September het 'n groep grootkoppe per helikopter by die hoofkwartier van 20 SA Brigade naby Mavinga opgedaag. Onder hulle was pres. PW Botha, die minister van verdediging, genl. Magnus Malan, en die hoof van die weermag, genl. Jannie Geldenhuys. Die volgende dag is bestee aan aanbiedings van verskeie frontoffisiere oor die algemene operasionele en taktiese situasie. Etenstyd is "ratpacks" aan die president en generaals voorgesit.[4] Verskeie uiters belangrike besluite is geneem.

Ongelukkig kon geen notule of ooggetuieverslag van die dag se gebeure opgespoor word nie. Die amptelike kroniekskrywer van Operasie Moduler se eerste fase, maj. Warwick Dorning, is wel deur Deon Ferreira ingelig. In sy uitvoerige verslag het Dorning geskryf:

> In the event, State President Botha emerged from his briefings at 20 Brigade HQ on 29 September impressed enough by what he had seen and heard to give his personal approval for the planning of a more offensive phase of Op[eration] Moduler, the aim of which should be the total destruction of the enemy Brigades deployed east of the Cuito River before the onset of the rainy season. The State President in fact made it quite clear that the aim of the new phase of Op Moduler should be to inflict such a crushing blow to the enemy's offensive forces that no offensive would be possible the following year. For this purpose, additional funds would be made available for Op Moduler.
>
> It was of course obvious to CSADF [Chief of the South African Defence Force] and his colleagues that if the SADF was to embark on a new, more offensive phase of Op

Moduler, additional forces – and especially tanks – would have to be made available to Op Moduler's commanders. The State President, for his part, assured CSADF before departing 20 Brigade HQ on the evening of 29 September that authorisation would be given for the deployment of whatever additional forces CSADF might deem necessary to achieve Op Moduler's new objectives.[5]

Warwick het dit, volkome korrek, genoem "carte blanche to take whatever steps were necessary to destroy the enemy forces this side of the Cuito river in toto before the onset of the rainy season". Die president het inderdaad te kenne gegee "that the costs of the operation were irrelevant so long as the enemy was taught a lesson sufficiently to dissuade them from launching an offensive next year [1988]."[6] Genl.maj. (later lt.genl.) Chris Thirion, destyds adjunkhoof van staf: Inligting, onthou dat Botha gesê het as dit nodig is om Cuito Cuanavale te beset om die doel rakende Fapla te bereik en die plek dan aan Unita oor te dra, dit gedoen moet word. Volgens Thirion het Botha gesê hy weet nie van 'n beperking dat die dorp nie beset mag word nie. "Dit was inderwaarheid 'n raps op die vingers van die teenwoordige generaals."[7] Dit was trouens ook 'n aanduiding van die generaals se gebrek aan entoesiasme om Cuito Cuanavale in te neem.

Volgens 'n ander bron het Botha die generaals "baie ongeduldig" gevra hoekom geen tenks nog aangewend is nie, gesien die miljoene wat die regering aan die modernisering en verbetering van die Centurion en die omskakeling daarvan tot die Olifant bestee het. Blykbaar was die antwoord dat die generaals gevrees het dat hulle nie politieke toestemming daarvoor sou gekry het nie.[8] Dit wys dat die SAW se terughoudendheid tot in daardie stadium nie aan versigtigheid in politieke kringe te wyte was nie.

Hoe ook al, Dorning het die opgewondenheid beskryf en die implikasies van die besluit "quite mind-boggling" genoem. Hy het voortgegaan: "Even as the sound of his departing helicopter faded into the distance, there was already excited talk at the HQ of a squadron of Olifant tanks, and maybe even a few G6's ... in the heady atmosphere of the moment, the possibilities seemed almost limitless."[9]

Nietemin lyk dit of die offisiere se opgewondenheid vinnig gedemp sou word. In die SANW-Dokumentasiesentrum is daar 'n notaboekie met kriptiese handgeskrewe notas van Dorning oor die inligting wat hy van Ferreira gekry het. Daarvolgens was die vergadering se gevolgtrekkings:

1. We cannot lose [bedoelende ons kan nie bekóstig om te verloor nie?]
2. We must destroy en[emy]
3. En[emy] cannot withdraw unharmed
4. Cuito irrelevant [bedoelende die dorp of die rivier?]
5. Finish by rainy season
6. Make sure no offensive next year

Die notas gaan voort: "SP [State President] was serious → [dit is nie duidelik wat dié simbool beteken nie – LS] CSADF however ptd [pointed] out that apprai[sal] must be done at CSADF level rather than C Army, CAF, etc. He said, don't get carried away. So we can't make big plans at this stage. We are talking about 3 phases:
"*Phase 1* Prevent en[emy] from taking Mav[inga] (completed)
"*Phase 2* Ops north of Lomba
"*Phase 3* Destruction of en[emy] & adv[ance] to Cuito Cuanavale
"CSADF said to C Army etc that we must make a decisive action soon. Normal restrictions of security of own pers[onnel]." Dan volg 'n vraag, blykbaar van Dorning self: "What did he [Geldenhuys] mean by destruction of en[emy]?" Dan volg vermoedelik die generaal se antwoord: "The B[riga]des must be neutralised as fighting forces."[10]

Die inskrywing vir 29 September van 20 Brigade se oorlogsdagboek bevat dieselfde drie fases as dié in Dorning se notaboekie, maar die derde is duideliker geformuleer: "Agtervolging v. vyand – vntging [vernietiging] van vy[and] en verowering van Cuito Cuanavale." En: "Vntg van Bdes omskryf as vy nie meer effektiewe gevegsmag."[11] Dit maak twee dinge duidelik: Dat Botha ten gunste van die besetting van Cuito Cuanavale was en dat die "vernietiging" van die Fapla-brigades nie hul uitwissing beteken het nie, maar hul uitskakeling as effektiewe gevegsformasies.

Uit Dorning se volledige beskrywing is dit duidelik dat die president byna algehele volmag aan Jannie Geldenhuys gegee het. Hy kon enige magte wat hy nodig gevind het, inbring; die regering sou betaal. 'n Teenoffensief moes plaasvind om Fapla só hard te slaan dat dié nie sy jaarlikse offensief in 1988 sou kon herhaal nie.

Die notas is aan die ander kant baie kripties, en dit sou maklik wees om hulle verkeerd te verstaan. Tog wil dit lyk of Geldenhuys dadelik die blanko tjek wat hy pas van Botha gekry het, eenkant toe geskuif het. Steun vir dié hipotese word ook verskaf deur die aarselende wyse waarop die oorlog toe wel hierna gevoer is. Wat die inname van Cuito Cuanavale betref – daaroor is nog veel te sê.

Om dit te verstaan moet ons egter 'n paar treë terug neem.

Hernieude beplanning

Teen einde September het dit duidelik geword dat die Fapla-offensief in die moeilikheid was en dat dit afgeslaan sou word. Dit blyk uit die debatte tussen hoë offisiere. Ongeveer dié tyd het 20 Brigade 'n omvattende beskouing van die logistieke situasie na Windhoek gestuur. Die formasie het kategories "'n uitbreiding van magte" versoek, veral "'n pantser eskdn [eskadron] en infanterie" in die vorm van "'n versterkte veggroep".[12] Geen antwoord kon opgespoor word nie, maar optrede het eers etlike weke later gevolg.

Die groot vraag was: Hoe moet die Angolese neerlaag opgevolg word? 'n Minderheid, onder wie kmdt. Kobus Smit, bevelvoerder van 61 Meg, het gemeen die SAW het gedoen wat hy moes en dat die manne nou huis toe kon gaan. Selfs onder druk van Kat Liebenberg en Willie Meyer het Smit nie toegegee nie en hy is dus vroegtydig vervang deur kmdt. Mike Müller, 'n pantserspesialis. (Dit het nie Smit se loopbaan geskaad nie; hy het met die rang van brigadier-generaal afgetree.)[13]

Dit het natuurlik eers op 3 Oktober, die dag van die laaste

bepalende Slag van die Lomba, duidelik geword dat die Fapla-offensief wel afgeslaan is, maar Willie Meyer se kantoor het al op 23 September sy standpunt geboekstaaf dat "[d]ie draaipunt ... nog nie bereik [is] nie. Dit word gesien bereik te wees wanneer ons oorgaan tot 'n offensiewe postuur." Hy het die stuur van tenks en ekstra artillerie versoek.[14]

Twee dae later het Kat Liebenberg se stafoffisiere die eerste dokument opgestel wat wys hoe sy kop oor 'n teenoffensief gewerk het. Hulle het drie alternatiewe voorgestel, wat verdien om in detail bespreek te word:

- Opsie een – die huidige SAW-magspeil word gehandhaaf. Fapla word aan die Lomba besig gehou terwyl Unita die Angolese bevoorradingslinies lastig val. "Dit sal Fapla dwing om terug te trek. Uit hierdie situasie kan daar moontlik 'n situasie ontstaan om Fapla 'n knou toe te dien terwyl hy terugtrek." (Met ander woorde, Fapla moet vasgevat word waar hy is – oos van die Cuito-rivier.)

- Opsie twee – versamel 'n brigade, "aangewend om saam met Unita op 'n kritieke tyd wes van die Cuito-rivier aan te mars na Cuito Cuanavale en dit aan te val. Die omgewing van Cuito Cuanavale word deur Unita beset totdat die brigades oos van die Cuito-rivier vernietig kan word. Daarna word Cuito Cuanavale deur Unita gehou." Die organiseer van só 'n operasie sal ewenwel vyf tot ses weke duur.

- Opsie drie – 'n gekombineerde SAW-Unita-mag marsjeer wes van die Cuito noordwaarts om Cuito Cuanavale te bedréig, nie om dit in te neem nie. Die doel is "dat Fapla sal moet reageer om Cuito Cuanavale te verdedig". (Met ander woorde, die Angolese sal gedwing word om die brigades oos van die rivier terug te trek.)

Die verkose opsie was nommer een, met drie die tweede keuse en twee die laaste. Liebenberg se beplanners het in elk geval besef dat niemand in daardie stadium die inisiatief het nie, al was albei kante in staat om die status quo te handhaaf. "Daar sal iets anders deur die SAW/Unita gedoen moet word om die inisiatief te herwin."[15]

Presies wat daardie "iets anders" was, was in daardie stadium onduidelik. Liebenberg het in elk geval 'n paar dae later 'n teenoffensief in drie fases voorsien. Die eerste sou voltooi wees wanneer 47 Brigade van sy posisies suid van die Lomba retireer, wat natuurlik ná 3 Oktober gebeur het. Die tweede, het hy gedink, sal bestaan uit guerrilla-aksies om 'n bedreiging vir Cuito Cuanavale te skep, gevolg deur die derde, naamlik 'n teenoffensief "om die Fapla-magte oos van die Cuito-rivier te vernietig". In dié dokument is geen besliste keuse tussen die westelike en oostelike alternatiewe gemaak nie. Liebenberg het eenvoudig geskryf: "Moontlike optredes teen Cuito Cuanavale moet oorweeg word. Die verskeie opsies en implikasies van so 'n aanval moet duidelik uitgespel word. Die doel moet wees om Cuito Cuanavale te verower."[16]

Omstreeks dieselfde tyd is in nog 'n dokument voorgestel dat die brug oor die Cuito vernietig word – indien moontlik, met 'n H2- "slim bom".[17] 'n Paar dae later het Liebenberg 'n operasionele instruksie uitgevaardig waarin hy beveel het dat die inisiatief geneem word deur die vyand te agtervolg en te verhinder dat hulle na Cuito Cuanavale terugtrek[18] – dat hulle dus oor die Chambinga-rivier ontsnap.

Dit was alles die openingsarsies in 'n debat agter die skerms wat byna 'n maand sou duur voordat die finale beslissing bereik is.

Inmiddels het Willie Meyer by Kat Liebenberg op spoedige optrede aangedring. Hy het voorgestel dat 'n geweer- en ondersteuningskompanie van 32 Bataljon saam met 61 Meg en 'n 120 mm-mortierbattery rondom die oorsprong van die Lomba gestuur word "om teikens teen terugtrekkende magte aan te durf". Hy het voortgegaan: "Indien vntg [vernietiging van die vyand] nie met huidige beplanning kan geskied nie, sal die vy[and] moontlik stellings oos van Cuito inneem en sal vntg daar oorweeg moet word. Behalwe vir lang log[istieke] lyne is grootste implikasie Cuito se gebruik deur vy[andelike] lug[mag] teen eie magte. Derhalwe sal die ontsegging van Cuito vir vy vliegtuie met alle implikasies oorweeg moet word."[19]

Die SAW se inligting oor die vyand se bewegings en voornemens was in dié stadium egter taamlik swak. Die Suid-Afrikaners moes op hul gevorderde onderskeppingsvermoë van vyandelike radioboodskappe staatmaak. Hulle moes alle moontlikhede in ag neem, met inbegrip van die feit dat die vyand sy offensief kon hervat, hom noord van die Lomba ingrawe of selfs heeltemal tot noord van die Chambinga-rivier terugtrek.[20]

Uit 'n SAW-oogpunt was die laaste alternatief die slegste, aangesien dit die algehele vernietiging van die Fapla-brigades sou voorkom. "Indien bdes [brigades] Chambinga kruis," het Deon Ferreira sy veggroep se bevelvoerders laat weet, "het ons te doen met 'n totale nuwe situasie wat 'n nuwe waardering en plan sal verg. Ons gaan egter steeds voort om die onttrekking te verhoed en 'n gunstige situasie vir ons te skep."[21]

Inderdaad, gegrond op hernieude beplanning wat op 8 Oktober geëindig het, het Kat Liebenberg 'n bevel aan Willie Meyer gestuur dat die vyand agtervolg en oos van die Cuito-rivier vernietig moet word voordat hulle daar oorwoë verdedigende stellings kon inneem. Vir dié doel sou versterkings in Suid-Afrika gemobiliseer word.[22] Dit was die begin van fase 2 van Operasie Moduler.

Voorlopig was Liebenberg se bevel egter naïef. Die amptelike kronieskrywer van fase 2 van die operasie, kmdt. Richard von Moltke, het die probleme in verband met 'n vinnige teenoffensief só opgesom:

> Vir die RSA-Unita-magte sou dit ideaal wees om die inisiatief wat verkry is te behou deur die Fapla-magte noord van die Lomba aan te val en te vernietig voordat hulle kon terugtrek. Verskeie faktore het egter beperkend ingewerk op die Veiligheidsmagte en onmiddellike agtervolging van die vyand verhoed. 20 Brigade het slegs uit drie veggroepe met beperkte vermoëns bestaan. Die afwesigheid van 'n pantservermoë teen die vyand se sterk pantsermag van 'n brigade tenks het die blindelingse agtervolging van die vyand uiters gevaarlik gemaak.

RSA-magte moes swaar steun op die lang skootsafstande van die G5-kanonne en die MVL's [meervoudige vuurpyl-lanseerders]. Verder was die Unita-magte in die streek nie opgelei of toegerus om konvensionele Fapla-magte soos dié in die 6MS [6de Militêre Streek, synde Cuando Cubango] aan te durf nie.

Die SA Lugmag se offensiewe vermoë is ook grootliks aan bande gelê deur die beskikbaarheid en aanwending van MiG-23-vegvliegtuie en die ontplooiing van gesofistikeerde radartoerusting en grond-tot-lug-missiele saam met alle Fapla-grondmagte.

Die Lomba-rivier was 'n hindernis vir vinnige agtervolging van die vyand noord van die rivier. Die besondere digte terrein in die gebied maak beweging met gemeganiseerde magte uiters moeilik en taktiese maneuvrering feitlik onmoontlik. Nog 'n beperkende faktor was die lang logistieke voorsieningslyn vanaf die RSA, Grootfontein en Rundu wat verder gekompliseer is deur die feit dat die operasie nie lank voor die tyd beplan is om so omvangryk te wees nie.

Al hierdie beperkende faktore het dit vir die RSA-magte noodsaaklik gemaak om eers deeglike beplanning en logistieke aanvulling te doen voordat 'n offensief teen die terugtrekkende Fapla-magte begin kon word. Dit het aan die vyand daardie waardevolle tyd en geleentheid gebied om vinnig terug te trek vir konsolidasie en aanvulling van sy magte.[23]

Bowendien het die vyandelike lugoormag nou begin om hom te laat geld. Byvoorbeeld, op 8 Oktober het twee MiG-21's bomme op 61 Meg se pantserkar-eskadron gegooi. In teenstelling met die vyand se normale gewoonte om uit vrees vir Unita se Amerikaanse Stinger-lugafweermissiele hoog te bly, het hulle dié keer laag ingekom en 'n Ratel vernietig. Een soldaat het gesterf en nog een is ernstig gewond.[24] Die daaglikse situasierapport vir 24 Oktober het dramaties gewys hoe ernstig die probleem geword het. "Dit was die dag," het die verslag gelui, "wat gekenmerk is deur vy[andelike] lugaanvalle in omgewing van eie magte. Vandag het RSA magte begin besef wat 'n vy lugoormag beteken. Danksy genade van bo het ons geen verliese gely nie."[25] Fapa se heerskappy in die lug het die Suid-Afrikaners tot beweging in die nag beperk.[26]

Een van die gevolge van PW Botha se besoek aan 20 Brigade op 29 September was die beslissing dat bykomende magte na die front gestuur sou word. Dus is 20 SA Brigade versterk met 4 SA Infanteriebataljon (4 SAI, 'n volledig gemeganiseerde eenheid), saam met 'n ekstra G-5-battery, 'n troep selfaangedrewe G-6-kanonne (waarvan een se enjin gebreek het en die ander drie aangewend is), sowel as nog 'n Valkiri-troep. Die belangrikste was ewenwel dat 'n eskadron Olifant-tenks (10 voertuie, plus 'n reservewetenk) van die Pantserskool in Bloemfontein by 4 SAI aangeheg sou word.[27] Die tenks het van Bloemfontein gekom pleks van dié by Omuthiya omdat hulle nagveguitrusting gehad het.[28] Die enkele eskadron sou later aangevul word met 'n tweede een, verskaf deur die Burgermag. Daarby het die SALM die beperking op lugaanvalle binne 30 km van Cuito Cuanavale op 16 Oktober opgeskort.[29]

Volgens Roland de Vries het een beperking van die generaals van krag gebly: Ondanks die feit dat 'n tenk-eskadron na die front gestuur is, mog 20 Brigade dit steeds nie sonder Kat Liebenberg se eksplisiete goedkeuring aanwend nie. De Vries het gemeen dis sommer malligheid: "Op 'n sekere stadium het ek vir Deon [Ferreira] gesê dis sommer nonsens; ons gaan die tenks vir die aanval op 16 Brigade gebruik. Dis wat ons later gedoen het."[30]

Dit is nog 'n voorbeeld van die generaals se beperkings wat weens die eise van die oorlog oorboord gegooi is. Die punt is dat die SAW teen dié tyd, ondanks die generaals se aanvanklike trapsuutjiesbenadering, so na aan 'n volskaalse oorlog was as "demmit" aan 'n vloekwoord. Stap vir stap is die – op sigself begryplike – Suid-Afrikaanse versigtigheid weggekalwe totdat die SAW slegs 'n paar treë van die afgrond van 'n volskaalse oorlog gestaan het. Dit was 'n klassieke voorbeeld van wat die Amerikaners "mission creep" noem.

Die probleem was dat, gegewe die omvang van PW Botha se

nuwe opdrag, daar steeds nie voldoende magte beskikbaar was nie. In 'n evaluering van die veldtog ná die oorlog het ontnugterde frontoffisiere nie doekies omgedraai nie: "Veral tydens die eskalerende Operasies Moduler, Hooper en Packer is pantsermagte geleidelik van 'n eskadron na twee eskadrons vergroot maar ook nooit genoeg om die beslissende uitklophou te slaan nie. Daar was egter van die begin af 'n volledige regiment beskikbaar."[31]

Dit is des te merkwaardiger in die lig van die beginsels van oorlogvoering wat die SAW destyds self nagevolg het. Twee van dié beginsels is maneuver en die handhawing van reserwes.[32] Hierdie twee beginsels is by die venster uitgesmyt. 'n Mens kan dit nie anders stel nie.

Wes of oos van die Cuito?

Intussen het die SAW-artillerie Cuito Cuanavale en sy lugmagbasis op 11 Oktober vanaf 'n afstand begin bombardeer. Dit het die landingstrook meestal onbruikbaar gemaak en die vliegtuie moes van daar na Menongue verskuif word.[33]

In sy memoires vertel Roland de Vries, destyds tweede in bevel van die Leërgevegskool by Lohatlha, dat hy op 12 Oktober na Kat Liebenberg se kantoor ontbied is. Daar het Liebenberg hom vertel hy oorweeg dit ernstig om Cuito Cuanavale uit die weste aan te val en dat hy (De Vries) die aangewese bevelvoerder sou wees as dit sou gebeur. Die aandag van die vyandelike brigades oos van die rivier sou dan deur 'n mag onder Deon Ferreira afgelei word. Die generaal het egter ook die vrees uitgespreek dat die oorlog in Angola "buite beheer" kon eskaleer. Sy afskeidswoorde, asof hy alle entoesiasme wat hy geskep het weer wou demp, was ook interessant: "Terloops, ons is daar om Unita te steun en nie om Angola te verower nie."[34]

Een van die eerste dinge wat De Vries gedoen het, was om 'n aantal behoorlik toegeruste Bevelsratels vir 20 Brigade se hoofkwartier in die hande te kry. Tot dusver moes die hoofkwartierpersoneel met hopeloos ontoereikende Buffels werk. Dit wys hoe haastig en chaoties die Suid-Afrikaanse intervensie in Angola was.[35]

Nog 'n aanduiding van die organisatoriese chaos in die hoër hiërargie was die wyse waarop hoofkwartier op hoofkwartier op mekaar gestapel is, sonder 'n duidelike afbakening van hul verantwoordelikhede.

Bo-aan was Jannie Geldenhuys en SAW-hoofkwartier. Geldenhuys het, volkome korrek, meestal die veiligheidstrategiese aspekte van die oorlog, dus dié met politieke implikasies, gehanteer, in elk geval aanvanklik. Die praktiese daaglikse beheer oor die veldtog is aan Kat Liebenberg en sy Leërhoofkwartier opgedra. In die maande en weke in die aanloop tot die begin van die veldtog is die praktiese beheer ook deur Sektor 20 behartig, wat terselfdertyd verantwoordelik was vir die teeninsurgensiepoging in die Kavango-streek. Namate die situasie geëskaleer het, het 20 Brigade se hoofkwartier onder Deon Ferreira egter die regstreekse beheer oor die gevegseenhede oorgeneem.

Terselfdertyd is 'n Taktiese Hoofkwartier in Rundu onder brig. Johan Louw geskep. Dié hoofkwartier was verantwoordelik aan die Suidwes-Afrika Gebiedsmag (SWAGM) se hoofkwartier in Windhoek onder genl.maj. Willie Meyer, wat op sy beurt aan die Leërhoofkwartier in Pretoria gerapporteer het.[36]

Dit was al klaar verwarrend. Soos die voorbereidings vir die teenoffensief in Oktober vorm gekry het, is nóg 'n hoofkwartier ingevoeg. Dit was elemente van 7 Divisie se hoofkwartier onder brig. Fido Smit. Pleks van dié verwarrende stelsel self te probeer verduidelik, kyk ons na die SAW se eie naoorlogse ontleding:

> Teen middel Oktober 1987 het elemente van die HK [hoofkwartier] van 7 Divisie betrokke geraak. Hierdie HK het, ná 'n tydperk, ontplooi teen die Lomba-rivier. Die gedagte was dat hierdie HK bevel sou voer oor twee mini-brigades [blykbaar die houmag en die een wat wes van die Cuito-rivier sou opmars om Cuito Cuanavale uit die weste aan te val]. Soos wat die situasie ontwikkel het, het die magte op die grond onder bevel gekom van een van die mini-brigade HKe [20 SA Brigade]. Die situasie was dus dat die HK in Rundu oor een HK, die divisie-HK op die Lomba-rivier, bevel gevoer

het. Die divisie-HK, op sy beurt, het weer net oor een brigade HK bevel gevoer. Hierdie ontplooiing het samewerking met ander Weermagsdele aansienlik bemoeilik.[37]

Soos brig. Johan Louw verduidelik het: "Toe het jy 'n situasie gehad van 'n Taktiese HK en nog 'n HK en nog 'n HK – die een op een op een situasie. Ek dink dit kon gedoen het sonder die HK van brig. Smit."[38] En Roland de Vries het gekla dat

> the respective HQs were deployed on top of the other: The brigade in the field, then the command node of SWATF deployed in Rundu, followed in series by the HQ of SWATF in Windhoek and the Army and SADF in Pretoria. To the commanders on the ground this situation occasioned grave frustration as command-and-control became contaminated by micro management and the perpexity about *who* made *what* decisions! It seemed as if SWATF and those at Rundu were playing a video game from their consoles outside Angola.[39]

Ná 'n tyd is 7 Divisie se HK teruggetrek, maar dit het dinge nie eintlik vergemaklik nie; daar was steeds te veel hoofkwartiere.[40]

In die praktyk het dinge natuurlik heel anders gewerk. Die Divisie-, Taktiese en SWAGM-hoofkwartier het hoofsaaklik as posbusse gefunksioneer om boodskappe en bevele tussen Pretoria en die front deur te gee. Hul rol was maar klein, behalwe om die bevelsas lomp en verwarrend te maak. Veral later in die veldtog het Jannie Geldenhuys, Kat Liebenberg en Willie Meyer dikwels na die front gevlieg en selfs in die kleinste taktiese besluite ingemeng. Ook dít het dinge taamlik deurmekaar gemaak. Later meer hieroor.

Hoe ook al, die dag ná De Vries se gesprek met Liebenberg het Meyer hernieude beplanning beveel vir die vernietiging van die Fapla-brigades indien hulle na noord van die Chambinga terugtrek, "wat die swakste situasie vir ons kan wees". Interessant is die volgende riglyn vir beplanning: "Indien die opdrag bereik kan word deur CC [Cuito Cuanavale] te verower en sodoende die bdes [brigades] af te

sny, moet dit as moontlike handelswyse oorweeg word."⁴¹ Uit die
bewoording is dit duidelik dat Meyer 'n noordwaartse opmars wes
van die Cuito-rivier in gedagte gehad het.

Op 15 Oktober het die stafoffisiere in Rundu twee alternatiewe
aan Liebenberg voorgelê nadat hy ingevlieg het om voorgelig
te word. Die eerste was om te verhoed dat die vyand oor die
Chambinga terugtrek voordat die SAW-versterkings aankom. So
gou dit gebeur, kon die vyand aangeval en vernietig word. Die
eerste deel van die tweede opsie was dieselfde as dié in opsie een.
Dan, ná die aankoms van 4 SAI en die tenk-eskadron, "word
'n mag wes van die Cuito-rivier omgestuur en Cuito Cuanavale
word uit die noordweste verower. Daarna beweeg die mag oos en
vernietig die brigades oos van Cuito Cuanavale."⁴²

Liebenberg het van die tweede opsie gehou en beveel dat
moontlike plekke om die Cuito oor te steek verken word.⁴³

Min of meer in dié tyd het die Amerikaanse CIA – volgens Fred
Bridgland – verslae aangestuur oor die ondervraging van Rafel del
Pino Diaz, 'n Kubaanse lugmaggeneraal wat 'n paar weke tevore na
Amerika oorgeloop het. Del Pino se raad aan die SAW, deurgegee
deur die CIA, was "that cutting the Menongue-Cuito Cuanavale
supply road was the best and most logical way of stopping the
offensive. It would be a tactical error for the South Africans
and UNITA to concentrate their forces on Cuito Cuanavale."⁴⁴
Uit SAW-bronne weet ons dat die westelike opmarsroute in dié
stadium feitlik onbeskerm was. Eers op 4 November het Fapla drie
infanteriekompanies wes van die Cuito-rivier geplaas om teen 'n
moontlike Suid-Afrikaanse beweging te waak.⁴⁵

Iets wat die verstandigheid van die westelike opsie versterk,
lees 'n mens in 'n stuk van die Kubaanse joernalis Hedelberto
López Blanch. Hy sê een van die redes waarom die Kubane hulle
teen die Fapla-offensief verset het, was "that if the operation
was executed along these tactical lines, friendly forces would be
separated from their supply lines. Men and equipment would be
worn out and allow the enemy to gain an advantage."⁴⁶ Daaruit
kan afgelei word dat die Kubane besef het dat 'n Fapla-opmars
oos van die Cuito-rivier die Angolese kwesbaar vir 'n SAW-aanval

in hul agtergebiede, wes van die rivier, sou gemaak het.

Op 20 Oktober is die SAW-beplanningsproses versnel, dié keer in 'n konferensiekamer by die Taktiese Hoofkwartier in Rundu, gelei deur Roland de Vries, een van die briljantste militêre breine in die SAW. Die offisiere het deur 'n tipiese SAW-beplanningsiklus gegaan in 'n stelsel wat van die Israeliese weermag oorgeneem is: Lede van alle korpse (infanterie, pantser, artillerie, inligting, logistiek, die Lugmag, ensovoorts) sit koppe bymekaar, ontleed alle beskikbare inligting en kom met verskeie moontlike optredes te voorskyn.[47]

Ongelukkig kon geen dokumente met 'n beskrywing van die gesprekke of resultate in die SANW-Dokumentasiesentrum gevind word nie. Dit beteken natuurlik nie dat dit nie bestaan nie. Wat ons weet, kom uit 'n onderhoud wat Richard von Moltke in Februarie 1988 met De Vries gevoer het en uit laasgenoemde se memoires.

In die onderhoud het De Vries gesê nadat hy aangekom het, het die opdrag verander:

> tov die agtervolging en die vernietiging van die vyand, en ons het selfs gewerk om die vyand by CC [Cuito Cuanavale] aan te val en te vernietig langs 'n westelike toegangsweg wat inderwaarheid deur HSAW en HLeër goedgekeur was. Die idee sou dan gewees het dat die mag sou split, dat Deon [Ferreira] oos van die Cuito sou gebly het met 'n bindmag en sou aangaan met soortgelyke aksies wat hulle toe reeds mee besig was en dat ek met 'n offensiewe mag wes sou ingaan en dan CC vanuit 'n noordwestelike rigting sou aanval.[48]

Die Rundu-byeenkoms is deur verskeie hooggeplaastes bygewoon, onder wie Jannie Geldenhuys en die hele Generale Staf. Die vergadering is eers in verskeie groepe verdeel, wat die situasie en alternatiewe onderling bespreek en toe aan die volle vergadering teruggerapporteer het. Roland de Vries het die idee van die westelike benadering voorgestaan, en aanvanklik, sê hy, het Geldenhuys te kenne gegee dat die politieke klimaat nogal gunstig daarvoor sou wees. 'n Onnutsige De Vries het besluit om 'n kans te waag en gesê: "Generaal, terwyl ons nou daaroor praat, hoekom gaan ons nie die hele pad en vat Menongue nie?" Geldenhuys se antwoord was: "Selfs dít kan oorweeg word."[49]

In sy memoires skryf De Vries hy is beïnvloed deur niemand minder nie as die bevelvoerder van die Duitse Afrikakorps in die Tweede Wêreldoorlog, genl. Erwin Rommel. Hy haal Rommel aan: "'n Mens moet probeer om jou eie magte in sowel tyd as ruimte te konsentreer, terwyl jy terselfdertyd moet poog om die opponerende magte te verdeel en hulle op verskillende tye te vernietig." De Vries merk op: "As it were, our enemy's force was already split, were they not? Those deployed spread out in defence east of the Cuito Cuanavale and the two brigades operating vulnerably, exposed and isolated to its west, with only one vital and vulnerable bridge linking them across the river – excellent!"[50]

Hy haal verder Liddell Hart se riglyne aan: "To cut the enemy's lines of communication, thus paralysing his physical build-up; to seal him from his lines of retreat, thus undermining the enemy's will and destroying his morale; to hit his centres of administration and disrupting his communications, thus severing the link between his brain and limbs."[51]

Gebaseer op dié soort denke het De Vries voorgestel dat 'n mag die vyandelike brigades oos van die Cuito-rivier bind, terwyl twee gemeganiseerde veggroepe, 61 Meg en 4 SAI, met die tenks en 'n artillerieregiment plus drie ligte infanteriebataljons van Unita wes van die Cuito noordwaarts opruk en Cuito Cuanavale by wyse van spreke deur die agterdeur aanval. Dit was 'n briljante plan. Dit sou beteken het dat die vyand aangeval word waar hy swak was, nie sterk nie, en waar hy dit nie verwag het nie. Daardeur sou sy ewewig versteur word, sowel fisiek as geestelik, die een so belangrik soos die ander.

In dié konteks was die besit van Cuito Cuanavale as sodanig irrelevant. Dit het nie gegaan om die inname of besit van enige plek of gebied nie. Soos De Vries geskryf het in sy boek oor mobiele oorlogvoering, wat vroeër in 1987 gepubliseer is, was die doel eerder die vernietiging van die vyandelike magte: "Grond word slegs gehou so lank as wat taktiese voordeel daaruit getrek kan word."[52]

Die inname van die dorp sou die Suid-Afrikaners dus in staat stel om die bevoorradingslinie van die hawedorp Namibe via Menongue na die brigades oos van die Cuito deur te knip. In 'n onderhoud het De Vries aan my gesê:

> Ons waardering was indien ons CC vat, en ons beheer die lewensbelangrike strategiese en taktiese kruising, die vyandelike brigades totaal afgesny sou gewees het van Menongue af, met ander woorde hul hele bevelskanaal en ontsnaproete sou afgesny gewees het, ook hul logistieke kanaal, sodat hulle hulself sou doodgebloei het. Ek het baie keer die grap gemaak en gesê binne drie dae sou hulle hul uitrusting los en noord vlug. Dus, ons het nie voorsien dat as ons Cuito Cuanavale vat, dat daardie operasie langer as – sê – 'n maand sou geduur het om die plek te konsolideer nie. Dan sou ons, soos ons met Operasie Protea gedoen het nadat ons Xangongo en Ongiva gevat het, dit aan Unita oorhandig. Dit was die idee. Ons sou gebly het tot die doel bereik is, die ineenstorting van die vyandelike offensief. Dan sou ons onttrek het.[53]

De Vries het voorsien dat enige vyandelike poging om vanuit Menongue in te gryp met 'n kleinerige mag langs die maklik verdedigbare Longa-rivier gekeer sou kon word. Dié vloei min of meer parallel aan die Cuito, noord-suid, maar 90 km weswaarts. Vir dié doel het hy onmiddellik nadat hy in Angola aangekom het moontlike oorgange oor die Longa gaan verken.[54]

Die ander alternatief wat op daardie dag aan die Generale Staf voorgelê is, was 'n mobiele operasie oos van die Cuito, in die gebied waar die Fapla-brigades steeds was, om hulle daar te vernietig. De Vries se enigsins sarkastiese vertolking van die verskil was: "The battle recipes ... differed in the sense that from the west it was more about destroying the enemy and from the east more about annoying them into submission."[55]

Soos die gesprek in Rundu voortgegaan het, het die versigtiger benadering die oorhand gekry. De Vries se onortodokse benadering is as te gevaarlik beskou. 'n Paar maande later het De Vries gesê hy glo die westelike benadering is verwerp:

> agv die verliese [wat] gely is met Op[erasie] Firewood in die 5MG [5de Militêre Gebied] (in die westelike teater) dat die op[erasie] so ver noord was en dat ons moontlik probleme sou gehad het wat moontlik nie vir die RSA-bevolking aanvaarbaar sou gewees het nie. As gevolg van die lugbedreiging, aangesien ons op min of meer oop terrein sou aangeval het, en ook die feit dat ons logistiek op twee fronte sou moes aangevul het terwyl ons op daardie stadium alreeds probleme met log[istiek] gehad het, het die voorstel nie deurgegaan nie. Die gedagte het toe verander om die hele offensief oos van die Cuito te hou met die opdrag toe om die vy[and] oos van die Cuito te vernietig.[56]

De Vries het gefouteer met sy verwysing na Operasie Firewood, wat eers op 31 Oktober plaasgevind het en dus nie al op 20 Oktober 'n rol kon gespeel het nie. Op 31 Oktober het 'n saamgestelde SAW-infanterieveggroep in 'n Swapo-hinderlaag in die provinsie Cunene geloop en kwaai lewensverlies gely. Tot 15 Suid-Afrikaners is dood en 47 gewond.[57]

Dit impliseer natuurlik nie dat die moontlikheid van ongevalle geen rol hoegenaamd gespeel het nie, inteendeel. Geldenhuys het self in 'n koerantonderhoud vyf jaar later gesê die idee om Cuito Cuanavale uit die weste aan te val is verwerp "omdat dit sou lei tot 'n onnodige eskalasie van die oorlog nadat die missie reeds verwesenlik was".[58]

'n Laaste relevante gedagte uit De Vries se memoires: Noudat die westelike plan verwerp is, het hy geskryf, het niemand selfs in die verste verte oorweeg om Cuito Cuanavale van die ooste aan te val nie. "That, for any simple rational thinking tactician, would have been downright crazy ..."[59]

Sonder 'n brigade van sy eie het De Vries Ferreira se tweede-in-bevel geword, asook "raadgewer vir die ontplooiing van ons mobiele magte". Nie dat hy ooit mooi verstaan het wat dié titel beteken nie, sê hy.[60]

Weer eens Cuito Cuanavale

Die teenoffensief het beteken dat die Suid-Afrikaanse magte nou noordwaarts kon beweeg. Dít het beteken dat hul reeds onvoldoende lugsteun selfs nog moeiliker sou word en dat die vyand se beheersing van die lugruim selfs meer problematies sou wees. Selfs voor die begin van die SAW-opmars was die geografie eenvoudig nie aan die Suid-Afrikaanse kant nie. Die meeste van hul vliegtuie moes vanaf die lugmagbasis Grootfontein vertrek, sowat 35-40 minute se vlieg van die front. Daar was wel ook 'n basis by Rundu, maar die aanloopbaan was nie lank genoeg om bomwerpers, tjokvol brandstof en met tonne bomme, te laat opstyg nie.

Die SALM moes ook baie versigtig omgaan met sy onvervangbare vliegtuie; hy kon selfs nie die verlies van 'n enkele een bekostig nie. Uiteindelik is twee Mirage F1AZ's wel verloor Aan die ander kant het die Fapa-vliegtuie wat van Cuito Cuanavale en Menongue gekom het, slegs 9 en 24 minute respiewelik nodig gehad om die Lomba-omgewing te bereik. Daarby, weens die afstand na die naaste Suid-Afrikaanse radar by Rundu, was die SALM-vliegtuie blind onder 15 000 vt (behalwe natuurlik vir die vliegtuie se eie beperkte radar, sowel as wat die Engelse noem "eyeball mark one", oftewel die blote oog. Omdat die vyandelike radarstasies veel nader was, was dit vir Fapa net 5 000 vt. En vir elke kilometer wat die Suid-Afrikaanse magte noordwaarts beweeg het, het die probleem erger geword. Een Suid-Afrikaanse vlieënier het dit beskryf as "soos om met 'n leeu se knaters te speel".[61]

Hoe ook al, op 23 Oktober is die gevolgtrekkings van die beplanningsessie van 20 Oktober aan Kat Liebenberg oorhandig. Die operasionele instruksie wat hy vier dae later uitgereik het, was die gevolg.[62]

Hy het 'n operasie in vier fases voorsien. Fases 1 en 2 – die keer van die Fapla-offensief en die neem van die inisiatief – is as voltooi beskou. Fase 3, het die bevel voortgegaan, "is steeds die vernietiging van die Fapla-bdes [brigades] oos van die Cuitorivier. Hierdie fase is tans aan die gang." Fase 4 word nou bygevoeg: "Dit is die verowering van Cuito Cuanavale nadat fase 3 voltooi is. Maar "[u]itvoering van fase 4 hang af van die sukses van fase 3.

Beplanning vir fase 4 kan gedoen word, maar uitvoering moet deur H Leër goedgekeur word."[63]

Wat moet 'n mens maak van die operasionele instruksie oor die inname van Cuito Cuanavale? Op dieselfde dag het Liebenberg ook 'n memorandum aan Willie Meyer gestuur waarin 'n ander perspektief op dié bevel na vore tree. Oor fase 3 het hy geskryf: "Fapla-magte oos van die Cuito-rivier word agtervolg tot teen die Cuito-rivier. Dan word Cuito Cuanavale vir 'n tydperk onder artillerievuur geplaas uit alle moontlike bronne om maksimum skade aan te rig." In verband met die plan om die dorp uit die weste aan te val, het hy voortgegaan, sou 'n mag "van ten minste brigadesterkte" nodig wees, en dit sal minstens ses weke duur om te organiseer. Die volgende sin is belangrik: "Cuito Cuanavale het baie waarde. Die aanval en verowering daarvan moet egter as 'n aparte operasie gesien word."[64]

In sy onderhoud met my was Roland de Vries beslis:

> Ek was nooit bewus van 'n opdrag om Cuito Cuanavale vanuit die ooste oor die rivier te vat nie. In die tyd dat ek en Deon daar was, het ek nooit 'n opdrag gekry (en ek glo ook nie Paul Fouché of Pat McClouglin nie) om Cuito Cuanavale te vat nie, om die waarheid te sê, daar was nooit 'n waardering gemaak om Cuito Cuanavale te verower nie. Daar bestaan nie so 'n waardering nie. En ek dink dit sou onmenslik wees om te verwag dat 'n mag met die samestelling van een brigade – al het ons goeie geskut gehad, ensovoorts – teen daardie oormag wat weerskante van die rivier gesit het, om daardie formidabele hindernis te kruis in 'n aanval om Cuito Cuanavale te verower. Ons het nie die toerusting gehad om dit te doen nie.[65]

Die logiese gevolgtrekking is dat die operasionele instruksie van 27 Oktober verwys na 'n toekomstige grootskaalse operasie wes van die Cuito, nie na die onmiddellike toekoms oos van die rivier nie. Om Cuito Cuanavale te verower, hetsy uit die weste of ooste, het dus 'n langtermyn- teoretiese opsie gebly, nie 'n korttermyn- praktiese een nie.

Willie Meyer het blykbaar nie heeltemal saamgestem nie. Op 2 November het sy hoofkwartier in Windhoek verskeie alternatiewe vir die uitvoering van die instruksie van 27 Oktober opgestel. Die eerste was om met vars troepe en uitrusting wes van die Cuito op te ruk en die dorp in te neem terwyl die ou troepe onttrek word. 'n Tweede opsie (wat uiteindelik uitgevoer is), naamlik om die troepe in lyn te vervang, is nie aanbeveel nie. 'n Derde, om Cuito Cuanavale met die bestaande troepe in te neem, is ook as twyfelagtig beskou.[66]

Aan die ander kant het sommige senior offisiere ernstig getwyfel aan die idee om Cuito Cuanavale te verower. In 'n onderhoud, gevoer in Desember 1987 terwyl die gevegte nog aan die gang was, het brig. Johan Louw, bevelvoerder van die Taktiese Hoofkwartier, vir Richard von Moltke vertel dat die aanvanklike bevel nie was om die dorp te vat nie: "Ons aanvanklike opdrag was om die offensief te stuit, wat ons gedoen het. Ons het baie meer as dit gedoen. Ons het nie alleen die offensief gestuit nie, maar ook die vyand heeltemal teruggejaag. Toe het die opdrag gekom: Vernietig die brigades oos van die Cuito."[67]

Oor die moontlike inname van die dorp het hy gesê dit sou nuwe troepe en toerusting beteken. "'n Mens moet jouself die vraag vra: Wat maak die hond as hy die motorkar gevang het? As jy hom wil hou, moet jy hom persoonlik hou, want dit is nie in Unita se aard om daardie tipe doelwitte te behou nie. Hulle sal daar kom sit en kyk wat hulle kan aas en 'scrounge' en dan gaan hulle onttrek. Dan kom hierdie ouens [Fapla] maar weer."[68]

In 1992 het Jannie Geldenhuys aan 'n koerantverslaggewer gesê hy weet daar was offisiere "in die veld wat wou gehad het dat die Weermag anders moes optree, aggressief moes wees en Cuito Cuanavale moes gaan inneem. Dié offisiere het egter nie altyd begrip gehad vir die riglyne wat uit politieke oorde gegee is nie. Riglyne soos dat Angola nie Suid-Afrika se Viëtnam moes word nie."[69]

Piero Gleijeses, wat groot moeite doen om die SAW in die negatiefste lig denkbaar te plaas, maak baie van wat lt.genl. Chris Thirion, adjunkhoof van Militêre Inligting, in 'n onderhoud aan hom gesê het. Die SAW het eenvoudig begin om die Fapla-offensief te stuit, het Thirion gesê, maar "ons planne het verander toe alles so goed gegaan het. Daar is besluit, halfpad deur die geveg: 'Kom ons vat Cuito!'"[70] Streng gesproke kan dit waar wees. Maar in die lig van die dokumentêre getuienis lyk dit na nie meer as die helfte van die storie nie – en bowendien buite verband aangehaal.

'n Gebaar in die rigting van die De Vries-plan was om 'n kleinerige mag wes van die Cuito in te stuur om Fapla se bevoorradingslinies lastig te val. Die operasie is met 'n mag aangepak wat veels te klein was om 'n merkbare verskil te maak.[71]

Hoofstuk 5

16 BRIGADE HARD GESLAAN
DIE CHAMBINGA, 9 NOVEMBER 1987

Die hamerslag wat 47 Brigade op 3 Oktober op die oewer van die Lomba toegedien is, was die einde van die Fapla-offensief. Twee dae later het die SAW 'n Fapla-radioboodskap onderskep wat die Angolese brigades beveel het om terug te trek.[1]

Die Pruisiese militêre filosoof Carl von Clausewitz het geleer dat geen oorlog gewen kan word deur bloot verdedigend op te tree nie. Dit kan 'n neerlaag voorkom, maar nie op sigself 'n oorwinning verseker nie.[2] Die tyd vir 'n teenoffensief het aangebreek.

Soos genl.maj. Willie Meyer, bevelvoerende generaal van die Suid-Afrikaanse magte in SWA, tereg aan lt.genl. Kat Liebenberg, Hoof van die Leër, geskryf het, die keerpunt "sal gesien word bereik te word wanneer ons oorgaan na 'n offensiewe postuur".[3] Die twee veldslae suid van die Chambinga, wat vervolgens bestudeer sal word, was die regstreekse gevolg hiervan.

Die gevegsorde aan albei kante verskil aansienlik van dié van die geveg van 3 Oktober.

Dit is belangrik om goed te kyk na die ontplooiing van die Angolese magte begin November, want dit help om die SAW-gevegsplan te verklaar. Soos ons in hoofstuk 3 gesien het, het Fapla die offensief in Augustus met agt brigades begin, waarvan vier die aanvoerroete en agtergebiede beveilig en nog vier (47, 59, 16 en 21) die voorste ystervuis gevorm het. Van hulle is 59 en 21 aansienlik seergemaak in die gevegte langs die Lomba, 47 is byna uitgewis, en

16 het relatief ongeskonde gebly. Nadat Fapla teruggetrek het, het hy dus drie brigades en 'n sogenaamde taktiese groep ('n kleiner onafhanklike eenheid met tenks en gemeganiseerde infanterie) gehad in die gebied tussen die Mianei-rivier in die suide en die Chambinga in die noorde (kyk kaart). Volgens lt. Alexander Kalan, Sowjet-tolk by 16 Brigade, het die formasie aan die begin van die veldtog sowat 1 500 man en 'n aantal tenks gehad. Die taktiese groep was 15 tenks en 'n aantal gemeganiseerde infanteriste sterk.[4]

Die SAW het met sy radio-onderskeppings vasgestel wat Fapla se formasies binne bereik van die slagveld op 9 en 11 November was:

- 25 Brigade (minus een bataljon) het die logistieke basis by Tumpo bewaak (kyk kaart).
- 66 Brigade (minus 'n bataljon) het die oorgang oor die Chambinga beset.
- 16 Brigade was by die Chambinga-oorsprong.
- 2 Taktiese Groep was sowat 20 km wes-suidwes van 16 Brigade by die Vimpulo-rivier.
- 59 Brigade het posisies noord van die Mianei ingeneem.
- 'n Infanteriebataljon wat van 25 Brigade afgedeel is, was naby 59 Brigade by die oorsprong van die Mianei.
- 21 Brigade was op die oewers van die Mianei.[5]

Interessant genoeg wys die ontplooiing van die Fapla-formasies tussen die Mianei en die Chambinga dat 21 en 59 Brigade naby genoeg aan mekaar was om mekaar taamlik gou te hulp te kon snel.

Daarby skryf Richard von Moltke in sy amptelike geskiedenis van Operasie Moduler se tweede fase dat hulle "ingegrawe was in 'n terrein waar die bosse só dik was dat 'n gemeganiseerde mag nie daar kon indring sonder om baie ernstige verliese te ly nie".[6]

Aan die SAW-kant het kol. Deon Ferreira nou drie veggroepe gehad, elkeen min of meer die ekwivalent van 'n bataljon, wat saam 'n brigade gevorm het. Die drie was:[7]

- Veggroep A: 'n Gemeganiseerde infanteriekompanie (Ratel 20), 'n pantsermotor-eskadron (Ratel 90), 'n mortierpeloton (Ratel 81), 'n stormpionierpeloton (Ratel 20), 'n lugafweertroep (Ystervark 20), en 'n genietroep, almal van 61 Meg. Bevelvoerder: kmdt. Mike Müller (wat van Bok Smit oorgeneem het).

- Veggroep B: Vier gemotoriseerde infanteriekompanies (twee elk van 32 Bataljon en 101 Bataljon), plus 32 Bataljon se tenkafweer-eskadron, ondersteunings-kompanie en verkenningspan en 'n gemeganiseerde infanteriekompanie wat van 61 Meg afgedeel is. Bevelvoerder: kmdt. Robbie Hartslief.

- Veggroep C: Twee gemeganiseerde infanteriekompanies (Ratel 20); 'n gemeganiseerde ondersteuningskompanie (verskeie soorte wapens), 'n pantsermotor-eskadron (Ratel 90), 'n tenkwafweerpeloton (Ratel 90), 'n mortierpeloton (Ratel 81), 'n stormpionierpeloton (Ratel 20), almal van 4 SAI, 'n tenk-eskadron (Olifant) van die Pantserskool, 'n gemotoriseerde infanteriekompanie (5 pelotons) van 32 Bataljon, 'n lugafweertroep (Ystervark 20), en 2 ligte infanterie-kompanies van Unita. Soos 2lt. Dolf Bam, 2IB van Bravo-kompanie, in sy dagboek geskryf het: "Dit is die swaarste vuurkrag wat ooit in 'n [SAW-] veggroep gesentreer is."[8] Bevelvoerder: kmdt. Leon Marais.

- Dié veggroepe is gesteun deur 20 Artillerieregiment, met twee G-5-batterye (155 mm), 'n Valkiri- veelvoudige vuurpyllanseerderbattery (127 mm) en 'n bykomende troep, 'n battery 120 mm-mortiere, en 'n troep selfaangedrewe G-6-kanonne. Bevelvoerder: kol. Jean Lausberg.

- In die lug het die SALM 'n mag van 12 Mirage F1AZ-grondaanval-vegterbomwerpers gehad, asook 8 Mirage F1CZ-onderskeppers en 4 Buccaneer-bomwerpers. Bevelvoerder: kol. Dick Lord.

In sy geheel het dié mag waarskynlik uit min of meer 4 000 man bestaan.[9] Die oorkoepelende formasie se naam is van 20 SA Brigade na Taakmag 20 verander.

Die gevegsontwerpe vir 9 November

Teen begin November was sowel Fapla as die SAW aan die beplan vir die onmiddellike toekoms. Ongelukkig is die Angolese argief heeltemal gesluit, dus weet ons nie in detail hoe die Fapla-bevelvoerders na sake gekyk het nie. Ons het wel 'n algemene idee, gebaseer op onderskepte radioboodskappe.[10]

Op 5 November het die Suid-Afrikaners juis 'n belangrike Angolese radioboodskap onderskep. Dit was 'n operasionele instruksie waaruit geblyk het dat Fapla 'n nuwe offensief beplan het so gou die brigades herbevoorraad is. Die bevel was dat 16 Brigade ooswaarts sou opruk, terwyl 21 en 59 Brigade saam met die taktiese groep suidwaarts sou beweeg en die Suid-Afrikaanse magte noord van die Lomba aanval. Dit sou Fapla in 'n sterk posisie plaas om sy offensief na Mavinga te hervat. Die probleem was dat Fapla se inligting rakende die SAW se ontplooiing heeltemal foutief was; niemand was bewus van die feit dat twee sterk veggroepe – A en C – reeds ver noord van die Lomba aan die opruk was nie. Bowendien is die SAW-magte, ondanks die gevegsresultate aan die Lomba, gewaardeer as mobiele, onkonvensionele eenhede (à la 32 Bataljon) wat nie in staat sou wees om Fapla se gemeganiseerde magte te weerstaan nie. Om die waarheid te sê, die aanwesigheid van die Suid-Afrikaanse veggroepe en, belangrik, die tenks op die slagveld sou eers die oggend van 9 November ontdek word.[11]

Die onderskepping van die Angolese radioboodskappe het waarskynlik ook die Suid-Afrikaners se gedagtes gekonsentreer. Soos ons later sal sien, was 16 Brggade teen dié tyd die belangrikste mag in die SAW se visier. Dus moes die Suid-Afrikaners vinnig beweeg voordat 16 Brigade sy posisie verskuif en die Suid-Afrikaanse planne ontwrig. Gevolglik het die SALM en die artillerie die brigade spesiaal lastig geval om sy bewegings te vertraag.[12] Dit het die formasie seergemaak: Op 8 November is 'n boodskap onderskep dat die aanvalle "baie dooies" veroorsaak het.[13]

Dit is baie interessant om te sien hoe die Suid-Afrikaanse bevelvoerders die komende geveg vooraf beplan en bestuur het om sukses te verseker nog voordat 'n enkele skoot gevuur is. Ofskoon Deon Ferreira in bevel van Taakmag 20 was, het hy die gevegsontwerp in die hande van sy 2IB, kol. Roland de Vries, gelaat. Dit was 'n goeie besluit, want De Vries het diep oor sy beroep nagedink en was die skrywer van 'n boek oor mobiele oorlogvoering.[14]

Uit sy memoires blyk dit De Vries het die geveg op hande rasioneel, metodies en bewustelik op grond van die erkende beginsels van oorlogvoering beplan: "The principles of warfare served as the supreme planning guideline as the whole warfaring game was centred on preventing the enemy from acting on sound principles; on the other hand, a supreme planning effort was to enable [our] own forces to exploit these principles in order to facilitate the achievement of our objectives."[15]

Sy basiese doelstelling was om die geveg vloeibaar en mobiel te maak, pleks van om op die uitputting van die vyand staat te maak. Vloeibare omstandighede het die SAW immers gepas en sy militêre doktrine het beweeglikheid beklemtoon. Weens Suid-Afrika se relatief beperkte militêre vermoëns, aansienlik beperkter as dié van Angola wat die Sowjetunie en Kuba agter hom gehad het, sou 'n uitputtingslag noodwendig sleg vir Suid-Afrika eindig.

De Vries is veral deur twee militêre denkers geïnspireer, Erwin Rommel en Basil Liddell Hart. In die vorige hoofstuk het ons gelet op Rommel se klem op die konsentrasie van jou eie magte terwyl jy terselfdertyd jou opponent s'n probeer skei en afsonderlik vernietig.[16]

Liddell Hart, weer, het geskryf die doel moet wees "to find the chink in the armour, the mental armour at that. One's object is the psychological disruption of the opposing command ..." En: "To cut the enemy's lines of communication, thus paralysing his physical build-up; to seal him from his lines of retreat, thus undermining the enemy's will and destroying his morale; to hit his centres of administration and disrupting his communications, thus severing the link between his brain and his limbs."[17]

In sy boek oor mobiele oorlogvoering het De Vries dié gedagtes ontwikkel. Hy het twee relevante aspekte van Liddell Hart se idees oor wat laasgenoemde die indirekte benadering genoem het, bespreek. Die eerste was ontwrigting: "Hierdie gedagte onderstreep die belangrikheid van sielkundige en fisiese ontwrigting. 'n Ontwrigtingsaksie moet enige operasie voorafgaan – die geleentheid moet geskep word." Die tweede een was uitbuiting: "Laasgenoemde idee benadruk die belangrikheid om die geleentheid wat geskep is op beslissende wyse drasties uit te buit – dit is voordat die vyand sy ewewig herwin het."[18]

Die basiese doel, het hy gemeen, "moet dus wees om die vyand op vindingryke wyse te uitoorlê, eerder as om in 'n kop aan kop volskaalse konfrontasie betrek te word – *Bloed is beslis nie die prys van oorwinning nie* (De Vries se kursivering)."[19] Ons sal dadelik sien hoe De Vries se gevegsontwerp hieraan voldoen het.

Soos ons reeds gesien het, was De Vries se aanvanklike idee om wes van die Cuito-rivier, by wyse van spreke om die steelkant, noordwaarts op te ruk langs 'n roete wat die vyand nie verwag het nie en wat nie swaar bewaak was nie. Vir dié waaghalsige oorspronklikheid was die ortodokse breine in die SAW egter nie te vinde nie en hulle het besluit om oos van die rivier, waar die vyand nog taamlik sterk was, te bly. 'n Teleurgestelde De Vries het toe maar op die tweede beste besluit – om die relatief geïsoleerde 16 Brigade by die oorsprong van die Chambinga aan te pak.

Ook dít sou intelligent gedoen word. Dus het hy gaan kers opsteek by die militêre sielkundige dr. Coetzee Badenhorst en daaroor skryf hy: "In essence we were looking at how we could use varying shock-inducing factors, such as creating anxiety and exploiting alienation, to paralyse the enemy's mind."[20] Die hele idee was dus, soos Liddell Hart op 'n plek skryf,[21] om die vyand fisiek én emosioneel te ontwrig nog voordat die eerste skoot geskiet word.

De Vries se gevegsontwerp het op 'n historiese voorbeeld berus: Rommel se aanval op die Britse Agtste Leër in 1942 by die Gazala-linie in Libië. Rommel se plan was om die Britte se aandag af te

88

trek met 'n frontale aanval op hul verdedigingslinie. Terselfdertyd sou hy met sy pantsermag rondom die vyandelike suidelike flank beweeg en hulle dan van agter aanval. Dit het grotendeels geslaag, maar nie heeltemal nie. De Vries het dié geveg as 'n gevallestudie in sy boek behandel.[22] Sy gevegsontwerp vir 9 November is daardeur geïnspireer.[23]

Die De Vries-plan het twee elemente bevat wat bymekaar ingeskakel het.[24] Die eerste was dat Veggroep B die vyandelike 59 en 21 Brigade in die suide van die breë gevegsterrein deur 'n steekaanval sou bind. Omdat die Angolese formasies uiteraard nie kon weet dat dié aanval deel van 'n misleidingsaksie was nie, sou dit hulle keer om 16 Brigade verder noord te hulp te snel wanneer dié aangeval word. B, bestaande uit hoofsaaklik gemotoriseerde infanterie, was die swakste van die drie veggroepe, nie geskik vir 'n volskaalse veldslag teen gemeganiseerde magte nie, maar wel vir 'n misleidingsinisiatief.

Die tweede element was 'n herhaling van die eerste op kleiner skaal. Verkenning het getoon dat die swaartepunt van 16 Brigade se verdedigingstellings na die suidooste gerig was. De Vries het Veggroep A dus opdrag gegee om 16 Brigade uit dié rigting onder vuur te steek om sy aandag af te trek. Soos die inligtingsoffisier Lambert Smith dit gestel het: "Ons moet die indruk by hierdie ou [die Fapla-bevelvoerder] skep dat ons hom gaan aanval uit die suidooste uit."[25] Dan sou Veggroep C met die tenks uit die noordooste nader beweeg en die brigade skielik tref. Die verwagting was dat dit die vyand fisiek en geestelik sou ontwrig en sy weerstandsvermoë sou verminder nog voordat die geveg behoorlik begin het.

Veggroep C, bestaande uit vars troepe, sou vir die hoofaanval gebruik word en 61 Meg, wie se troepe tot dusver die spit afgebyt het, vir die misleidingsaksie. Ná die verskriklike geveg van 3 Oktober, toe 61 Meg vyandelike tenks met hopeloos ongeskikte Ratel 90's moes aandurf, het Kat Liebenberg beveel dat die eenheid nie weer sonder tenks teen vyandelike tenks aangewend mag word nie.[26]

Die plan het dus daarop neergekom dat Fapla dubbeld gebind en verhinder word om sy magte teen die aanvallers te konsentreer.

In sy boek skryf De Vries oor die bind van vyandelike magte:

> Die vyand moet sy inisiatief ontneem word en sy handelingsvryheid moet beperk word. Aanvanklik moet die vyand gebind word om te verhoed dat sy magte en reserwes teen eie maneuvreringsmagte aangewend word. Dit dien geen doel dat 'n vyand sy troepeskikking, reserwes en groeperings betyds kan aanpas om bedreigings vanuit 'n onverwagse rigting die hoof te bied nie. Ondersteunings- en ontwrigtingsaanvalle, vuursteun, lugaanvalle, misleidingsaksies en optredes deur onkonvensionele magte sal dus aan die orde van die dag wees.[27]

Dit is in 'n neutedop die teoretiese fondament waarop De Vries sy gevegsontwerp gebaseer het.

In 'n onderhoud begin 1988 het hy die misleidingsaksie beskryf as "inderwaarheid 'n ontwrigtings-/misleidingsaanval … Dit het die vyand ontwrig." Bowendien sou 61 Meg beskikbaar gehou word "vir onvoorsiene omstandighede wat kon opduik, maar primêr om enige inmenging van taktiese groepe of ander magte wat verder suid gesit het [59 en 21 Brigade] af te sny … 61 Meg moes derhalwe die flanke van 4 SAI beskerm teen inmenging."[28]

Die geveg van 9 November (fase 1)

Die gebulder van artillerie het vroeg die oggend van 9 November begin toe Robbie Hartslief se Veggroep B op 59 Brigade lostrek. Tot sy verbasing was die brigade se stellings leeg, waarskynlik omdat die formasie kort tevore noordwaarts onttrek het. Om 13:08 het Hartslief vuur van die vyand begin ondervind en toe self ooreenkomstig sy bevele teruggetrek. Sy taak was voltooi.[29]

Dit is ewenwel interessant om die situasie ook uit die vyand se perspektief te bekyk: Volgens Igor Zjdarkin is 'n aanval dieselfde oggend op die element van 25 Brigade by 59 Brigade gedoen, maar dit is afgeslaan.[30] Uiteraard kon die vyand nie weet dat dit bloot 'n misleidingsaksie was nie en dat daar dus geen sprake van "afslaan" kon gewees het nie.

Veggroepe A en C het die aand van 8 November saam uit die suide in die rigting van 16 Brigade opgeruk totdat hulle die skeidingspunt bereik het, waarna elkeen sy eie gang gegaan het. Vroeg die oggend is die geveg ingelui met Veggroep A wat 'n bombardement met sy Ratel 90's se kanonne en 81 mm-mortiere vir sy misleidingsaksie uit die suidooste van stapel gestuur het. Fapla het binne enkele minute met swaar vuur geantwoord, wat wys dat die aas gesluk is. Dié vermoede is bevestig deur 'n onderskepping wat daarop gedui het dat Fapla onmiddellik begin het om 'n groep tenks suidoos van 16 Brigade (dus in die rigting van Veggroep A) op te stel. Ook het die inligtingsoffisiere by Taakmag 20 se hoofkwartier agtergekom dat die formasie – in die woorde van Lambert Smith – "sy hele verdediging" omswaai "en hy rig alles suidoos om die bedreiging van 61 Meg ... die hoof te bied". Om 06:39 het Veggroep A se bevelvoerder, Mike Müller, gevolglik sowat 800 meter ver tot buite bereik van die Angolese artillerie teruggetrek. Sy taak was ook voltooi.[31]

Lt. Alexander Kalan se relaas bevestig dat Fapla heeltemal deur Veggroep A se steekaanval mislei is:

> Met dagbreek, om ongeveer 5 vm., het baie swaar vuur begin, wat ons 'n lang tyd nie ondervind het nie. Ek dink hulle [die Suid-Afrikaners] het met alles wat hulle gehad het, geskiet. Die soldate het in paniek rondgemaal. Toe ons besef daar is byna niemand by ons pantservoertuig oor nie (almal het uiteengespat), het die senior offisier beveel: "Draai om en maak dat julle wegkom." Die brigadebevelvoerder, wat in sy pantservoertuig by ons verbygekom het, het uitgeroep: "Volg my!"[32]

Kmdt. Leon Marais se Veggroep C, die hoofaanvalsmag, het intussen deur die digte bosse gebeur tot by sy afmarslyn sowat 3 km noordoos van 16 Brigade se stellings. Om 06:25 het hy gevra dat die artillerie doelbewus drie skote op die teiken skiet om die vyand se reaksie te toets. Daar was egter geen reaksie nie.[33]

In die wete dat die vyand nie die vaagste benul het van wat

op hom wag nie, het Marais sy veggroep verder laat opruk. Om 06:45 het C gerapporteer dat hy nog geen kontak met die vyand gemaak het nie. Suid-Afrikaanse artilleriewaarnemers en spesmag-lede wat onder dekking van die donker tot baie naby aan die Angolese gekruip het, het egter laat weet dat die artillerie 'n ammunisie-opslagplek getref het wat met 'n donderslag ontplof het en dat allerlei voertuie "ongeorden op die doelwit rondjaag" – 'n aanduiding van die paniek wat besig was om besit van die Angolese soldate te neem. 'n Paar minute later, om 06:57, het die waarnemers gehoor hoe Fapla-bemannings hul tenk-enjins aanskakel.[34] Die spanning het begin oplaai.

In hul hoofkwartier het Deon Ferreira en Roland de Vries vasgenael voor hul radio's gesit om die geveg te volg. Getrou aan die SAW se doktrine, het hulle Leon Marais sy eie besluite laat neem, maar hom wel van tyd tot tyd relevante inligting oor die vyand se bewegings gestuur.[35]

Marais se opmars het geskied met 4 SAI se twee gemeganiseerde infanteriekompanies (Ratel 20's) aan weerskante vooraan en die pantserkar-eskadron (Ratel 90's) en 'n peloton van die 32 Bataljon-kompanie by die veggroep tussen hulle. Onmiddellik agter die pantserkarre het maj. André Retief se tenks (Olifante) gekom, gevolg deur die tenkafweerpeloton (ook Ratel 90's), die mortierpeloton (Ratel 81's) en die stormpionierpeloton (Ratel 20's). Agteraan het die res van 'n gemotoriseerde infanteriekompanie van 32 Bataljon (Buffels), 'n lugafweertroep (Ystervark 20's) en 'n genietroep (Ratel 60's) gekom.[36]

Soos op 3 Oktober het Unita-vegters te voet vooruit beweeg om die vyand te beweeg om sy teenwoordigheid te verraai, waarna hulle sywaarts uitgewyk en geen verdere betekenisvolle rol gespeel het nie. Trouens, volgens Leon Marais was Unita eerder 'n hindernis as 'n bate, ook omdat die inligting wat sy lede verstrek het, dikwels misleidend was.[37]

Uit Suid-Afrikaanse onderskeppings van Fapla se radioverkeer is dit duidelik dat die Angolese eers om 07:32 bewus geword het van Veggroep C en 'n tenkmag se aanwesigheid op sy voorstoep toe 16 Brigade rapporteer dat 'n SAW-tenkmag op die punt staan om hom aan te val. Dit wys in welke groot mate die misleidingsplan gewerk het. 'n Paar minute later het Veggroep C die eerste vyandige vuur getrek.[38] In sy dagboek het Dolf Bam egter aangeteken dat 'n Fapla-tenk reeds om 06:00 gerapporteer is. Hy skryf dié tenk was sowat 150 m van sy posisie, met die ontspanne bemanning bo-op die toring, klaarblyklik onbewus van die Suid-Afrikaners.[39]

Die Fapla-opperbevel het vinnig gereageer en 2 Taktiese Groep beveel om uit die suide nader te beweeg en 16 Brigade te hulp te snel. Binne 'n paar minute was die tenks aan die gang. Taakmag 20 se hoofkwartier het Marais gewaarsku dat die Fapla-tenks reeds teen 10:00 kon inmeng.[40] Dit sou later 'n duidelike invloed op die verloop van die geveg hê.

Dit was die begin van 'n reeks gevegte van hoë intensiteit wat heelparty van C se onervare troepe enersyds vir die res van hul lewe emosioneel sou skend, maar waarin hulle hul andersyds, danksy hul streng opleiding, oorwegend baie professioneel gedra het. Terloops, enkele Kubaanse raadgewers op die toneel is met groot spoed suidwaarts onttrek en het versoek dat 'n helikopter gestuur word om hulle te verwyder. Twee helikopters is inderdaad effens later in die gebied waargeneem.[41]

Maar, soos die Pruisiese genl. Helmuth von Moltke 'n keer gesê het, geen gevegsplan oorleef eerste kontak met die vyand nie. Die vyand het immers ook 'n stem. Net ná 08:00 het die peloton van 32 Bataljon by die voorhoede aan Marais berig dat geluide op die veggroep se linkerflank gehoor kan word. 'n Paar minute se verwarring het gevolg, aangehelp deur teenstrydige berigte van Unita, maar toe stel Marais vas dat die geluide van 'n groep tenks en ander troepe afkomstig was, waarskynlik die tenks waaroor Taakmag 20 hom kort tevore gewaarsku het. Volgens hom het Fapla drie T-54/55-tenks, drie van die gevreesde ZSU-23-snelvuurkanonne, twee 14,5 mm-swaar masjiengewere, twee BM-21-vuurpyllanseerders en drie BTR-pantserkarre gereed gehad om Veggroep C met geweld in sy linkerflank te tref.[42] Dit was onrusbarend, want dié mag kon C nie net lelik seermaak nie, maar die hele aanval ontwrig nog voordat dit behoorlik begin het. Uit vrees dat die Suid-Afrikaanse artilleriste hul eie

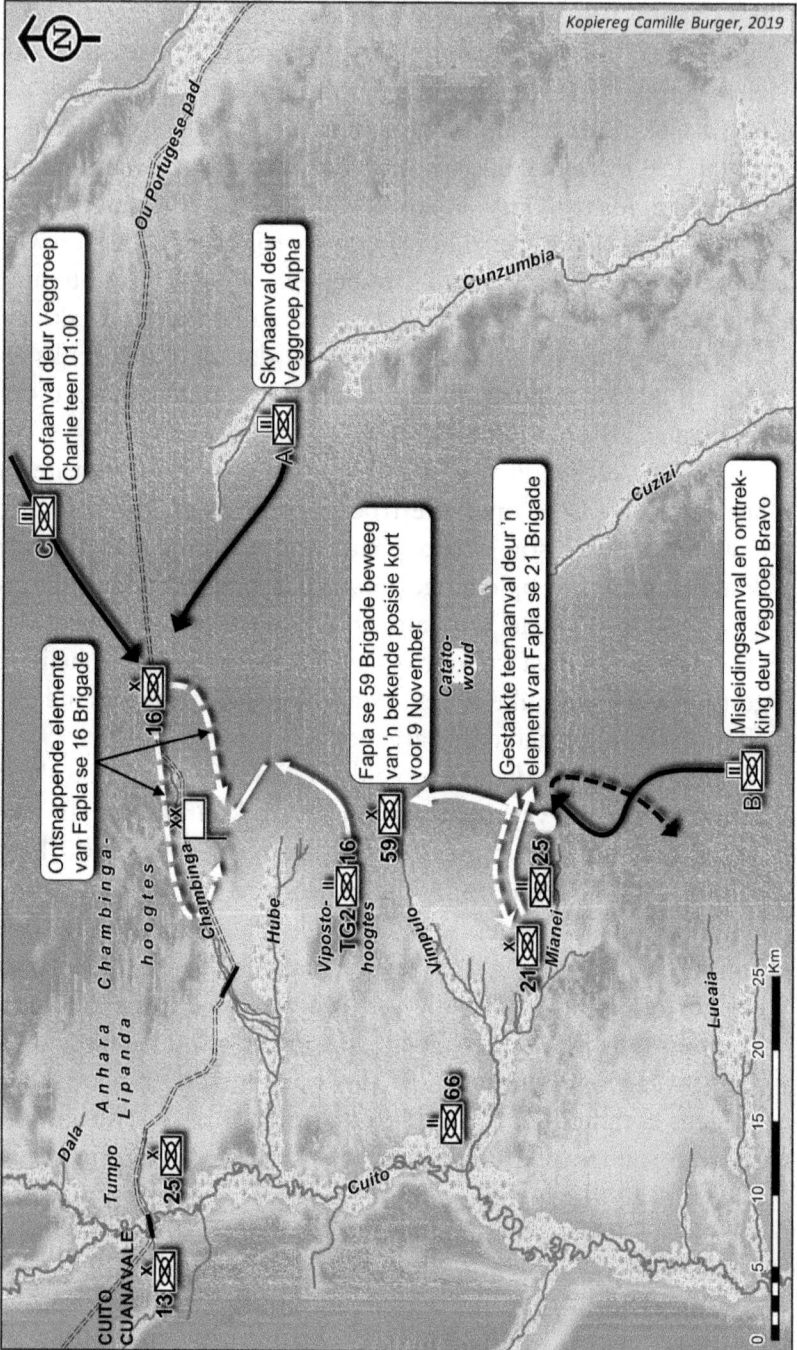

Kopiereg Camille Burger, 2019

16 Brigade hard geslaan

Hoofaanval deur Veggroep Charlie teen 01:00

Skynaanval deur Veggroep Alpha

Ontsnappende elemente van Fapla se 16 Brigade

Fapla se 59 Brigade beweeg van 'n bekende posisie kort voor 9 November

Gestaakte teenaanval deur 'n element van Fapla se 21 Brigade

Misleidingsaanval en onttrekking deur Veggroep Bravo

makkers kon tref, is die kanonvuur in dié stadium gestaak.[43]

Uit die gepubliseerde dagboek van Alexander Kalan kan afgelei word dat Fapla heeltemal in die war was oor die SAW se plan. Kalan sê die Suid-Afrikaanse artillerie het om 03:00 met 'n "intense bombardement" begin. Twee uur later het die "eerste troepe in hul Eland-pantservoertuie [sic] verskyn". Volgens Kalan het 16 Brigade op 8 November, die dag voor die veldslag, sy posisie verskuif. Hy vervolg: "Die rigting van hul aanval was ons vorige posisie. Hulle het blykbaar nie geweet ons het ons verdedigingsgebied verander nie. Net een bataljon met ses tenks en verskeie voertuie het in die vorige posisie agtergebly." Hy sê dié mag was die brigade se 2de bataljon.[44]

Marais het nou gevrees dat die mag wat op sy linkerflank ontdek is, sy eie B-echelon (die logistieke voertuie agter die hoofmag) kon bedreig en het dus dadelik die tenkafweerpeloton teruggestuur om hulle te beskerm. Vervolgens het hy sy mag na links laat swenk, een gemeganiseerde infanteriekompanie en die tenk-eskadron geïntegreer en op die vyand toegesak.

'n Paar minute later, om 08:10 en 08:11, was twee Olifante die eerste Suid-Afrikaanse tenks sedert 1945 wat vyandelike tenks op die slagveld uitgeskiet het. Die kragtige 105 mm-kanon van die Olifant kon die T-54/55 se dik pantser sonder moeite deurboor – in teenstelling met die Ratel 90 se laetrompsnelheidkanon wat gesukkel het en soms ses tot sewe voltreffers nodig gehad het om 'n vyandelike tenk uit te skiet. Ook 'n BM-21 is vernietig en nog een ongeskonde buitgemaak. Altesame 22 Angolese soldate het hier gesneuwel, terwyl die Suid-Afrikaners geen verliese gely het nie.[45]

Die geïntegreerde stormloop van die Olifante en Ratels was te veel vir die Angolese. 'n Fapla-soldaat wat hier gevange geneem is, het vertel dat sy makkers net hul gasmaskers gegryp en vir hul lewe gehardloop het. Luidens 'n SAW-verslag het die vyand "blindelings gevlug" en is gesien dat "pers[oonlike] uitr[usting] en wapens oral op [die] doelwit rondlê". 'n Kaart met die uitleg van die vyandelike stellings en mynvelde is hier gekry, wat baie waardevol was.

Tydens dié deel van die geveg het 16 Brigade 'n dringende

versoek om lugsteun aan die lugmagbasis by Menongue gerig. Toe twee Angolese MiG's byna 'n uur later hul opwagting bo die slagveld maak, het hulle egter hul eie troepe gebombardeer en Fapla se verwarring vererger. [46]

Trouens, regdeur die dag het Angolese MiG's verskeie lugaanvalle gedoen, maar hul bomme en vuurpyle het telkens ver van die Suid-Afrikaanse magte geval. Vir die Suid-Afrikaanse troepe was die MiG-aanvalle nietemin angswekkend, veral omdat die vyand die lugruim oorheers en die SALM nie graag sy onvervangbare Mirages teen die MiG's wou inspan nie. Nietemin het die Suid-Afrikaners geen verliese as gevolg van vyandelike lugaanvalle gely nie en die aanvalle het die SAW se bewegings slegs in 'n beperkte mate aan bande gelê.[47]

Dié geveg het uit die Suid-Afrikaanse oogpunt perfek verloop. Helmoed-Römer Heitman skryf: "Tapes of the squadron command net sound as if they were recorded during a rather dull exercise." En Roland de Vries, wat by Taakmag 20 se hoofkwartier na die radioverkeer geluister het, bevestig: "The commanding voices over the radios were cool, calm and collected ..."[48] Die nadeel was dat twee belangrike ure met dié onbeplande geveg verloor is.[49]

Die geveg van 9 November (fase 2)

Dit was gou duidelik dat dié eerste geveg slegs teen 'n voorpos was en dat die hoofgeveg nog voorgelê het. 'n Fapla-gevangene het onthul dat die hoofmag se stellings sowat 3 km suidwaarts geleë was. Dit is bevestig deur die kaart wat op die toneel ontdek is en wat ook ander posisies en mynvelde in die omgewing aangedui het.

Volgens 'n verslag van Leon Marais is die hoofstellings – in die SAW-beplanning bekend as Addernes – beset deur twee infanteriebataljons met sowat 750 man, tien T-54/55-tenks, vier 14,5 mm-swaar masjiengewere, ses BM-21-meervoudige vuurpyllanseerders, ses D-30-kanonne en ses 120 mm-mortiere.[50] Dit word deur Alexander Kalan se dagboek bevestig, wat lui dat die teiken deur twee bataljons, die brigade se 1ste en 3de bataljon, verdedig is.[51] Later het Marais in terugblik tot die gevolgtrekking gekom dat daar meer as 22 vyandelike tenks by die teiken was.[52]

Hy is goed ingelig gehou deur maj. Cassie van der Merwe, 'n dapper voorsteartillerie-waarnemer wat sowat 500 meter van 16 Brigade se hoofkwartier in 'n boom gesit en sy eie magte deurlopend op die hoogte gehou het van wat daar gebeur.[53] Hy het dus baie dieselfde soort rol gespeel as dié waarin maj. Pierre Franken enkele weke tevore waardevolle inligting oor 47 Brigade se bewegings aan Deon Ferreira en Kobus Smit gegee het.

Hierna is Veggroep C se opmars na 16 Brigade se hoofkwartier in 'n suidwestelike rigting voortgesit met die pantserkar-eskadron en 'n deel van die 32 Bataljon-kompanie in die voorhoede. Ná 500 meter het die infanteriste uitgestap en te voet verder beweeg. Die vordering was weens die digte plantegroei stadig en moeisaam en die sigbaarheid was beperk tot 30-40 meter.

Om 10:12 of 10:19 (die bronne verskil) het die voorhoede vuur getrek toe die vyand met alles tot sy beskikking – kleingewere, masjiengewere, mortiere, tenks – losbrand. Hier het die Suid-Afrikaners hul eerste verliese gely: 'n Lid van 32 Bataljon en twee van 4 SAI se Alpha-kompanie is gedood en nog een van 32 Bataljon en een van Bravo-kompanie gewond.[54]

Namate die veggroep gevorder het, het die terrein ietwat makliker geword, want by 16 Brigade se hoofkwartier het die digte bosse plek gemaak vir oper terrein met bome. Die teiken is sterk verdedig deur infanterie met swaar wapens en byna al die brigade se oorblywende tenks, wat 'n moeilike taak aan Marais se manne gestel het. 'n Hewige tenkgeveg het hier uitgebreek. Bravo-kompanie is deur akkurate vuur vasgepen en kon nie beweeg nie. 'n Oomblik lank het Veggroep C byna sy momentum verloor. As dit gebeur het, sou die Suid-Afrikaners in groot moeilikheid gewees het, maar op die beslissende oomblik het Marais 'n geliefkoosde SAW-taktiek om uit 'n moeilike situasie te kom beveel: 'n vuurgordelaksie. Dit kom daarop neer dat almal wat kan met alle moontlike wapens so vinnig moontlik saam in die rigting van die grootste gevaar skiet.[55]

Dit was hier waar 'n merkwaardige voorval plaasgevind het.

'n Ratel 20 van Bravo-kompanie wat pas sy infanterieseksie laat uitstap het, is opeens met 'n Fapla-tenk, skaars 60 meter ver, gekonfronteer. Die kanonnier, sktr. AM Thom, het kopgehou en 'n stroom pantserbreek-ammunisie met sy 20 mm-kanon op die tenk afgevuur, wat binne sekondes aan die brand geslaan het. Dié ongelyke stryd kon egter nie goed afloop nie; nog 'n vyandelike tenk het die Ratel se toring heeltemal van sy romp afgeskiet. 'n Olifant het blitsvinnig wraak geneem en die T-54/55 vernietig. Thom en die bestuurder van die Ratel is dood. Marais het Thom vir die Honoris Causa aanbeveel, maar om die een of ander rede is dit nie goedgekeur nie.[56]

Die Suid-Afrikaners was nog nie uit die moeilikheid nie; Bravo-kompanie was steeds op die regterflank onder akkurate vyandelike vuur vasgepen. André Retief het gevolglik sy reserwetroep van drie tenks daarheen gestuur om die infanteriste te help. In die hewige skietery wat hierop gevolg het, is een Olifant se rusperband afgeskiet, wat die tenk immobiel gelaat het. Die "tiffies" – werktuigkundiges – het vinnig geïmproviseer deur die rusperband te verkort en oor een katrol minder te laat loop. Die tenk kon by wyse van spreke al hinkende voortbeweeg.[57]

Die geveg het met onverminderde hewigheid voortgewoed. Die terrein het dit moeilik vir die Suid-Afrikaners gemaak om gekoördineerd te maneuvreer en Marais het groot probleme ondervind om beheer oor sy veggroep te behou. Teen 11:47 het die Olifante nog twee tenks uitgeskiet en een in perfekte toestand gebuit. Alle dokumente in dié tenk was in Spaans, wat die vermoede laat dat dit deur Kubaanse raadgewers beman was.

Langsamerhand het die Suid-Afrikaners se aggressie die geveg in hul guns laat swaai, maar kort voor 12:00 verskyn twee MiG-23's in die lug, op soek na teikens om te bombardeer. Die Suid-Afrikaanse lugafweer – primitiewe, met die hand gerigte 20 mm-kanonne – het vergeefs op die vliegtuie gevuur, maar moontlik het dié weerstand die vlieëniers sodanig ontsenu dat hul vuurpyle 3-4 km suid van die veggroep geval het. Nog twee het die B-echelon eweneens vergeefs aangeval.

Die aanwesigheid van MiG's het die veggroep gedwing om sy

standaarddril uit te voer deur tot stilstand te kom en te kamoefleer. Dit het die Fapla-troepe die kans gegee om hul stellings te ontruim en te vlug. Teen 14:30 het die Suid-Afrikaners oor die doelwit geswerm en gekonsolideer.[58] Die geveg was verby.

Terwyl hulle na 'n nuwe basisgebied 10 km noordoos van die teiken beweeg het, het die Suid-Afrikaners groot geskrik toe twee MiG-vegters laag oor hulle swiep. Die soldate het onmiddellik hul standaarddril toegepas, bekend as visgraat. Dit het beteken dat die hele konvooi gestop en na albei kante van die sentrale opmarslyn uitgewyk het, net soos 'n visgraat. Die bomme het sowat 300 m van die naaste SAW-soldate ontplof.[59]

Die nadraai van die 9 November-geveg

In sy dagboek het Dolf Bam geskryf: "Dit was een van die langste en kortste dae in my lewe. Ek het geen benul van tyd gehad, 'n halfuur het soms gevoel soos 'n dag en dan het die dag weer gevoel soos 'n halfuur. Hierdie was die werklikheid en nie 'n aanval op Lohatla teen teikens wat nie terugskiet nie en jy telkens as die alleen oorwinnaar uit die stryd tree nie. Dit is regte oorlog!"[60]

As 'n mens bloot na die syfers kyk, was die geveg van 9 November 'n groot oorwinning vir die SAW. Die Suid-Afrikaners het sewe gesneuweldes en nege gewondes betreur. Daarby is een Ratel vernietig en die enkele Ratel wat erg beskadig is en die een Olifant met ligte skade is op die slagveld herstel. Daarteenoor het 75 Fapla-lede gesneuwel en is 'n onbekende aantal gewond. Hulle was ook die volgende uitrusting kwyt: agt tenks vernietig en een gebuit; twee BM-21's (waarvan een gebuit), een BTR en een 76 mm-kanon vernietig en een gebuit; een Oeral-voertuig, drie 23 mm-lugafweerkanonne en een dieselbunker vernietig en een gebuit, asook twaalf logistieke voertuie vernietig en agtien gebuit.[61]

Die oorspronklike idee was dat Veggroep C ná die geveg tot reg teenoor die oorsprong van die Hube-rivier sou beweeg – "uitbuit", in SAW-jargon – om te keer dat 16 Brigade wegkom. Die opdrag was immers om Fapla oos van die Cuito te vernietig, dit wil sê, om dit onmoontlik te maak dat die brigades verder as samehangende gevegseenhede aangewend kon word, maar Marais het halt geroep om sy voorrade aan te vul. Die praktiese gevolg was dat 16 Brigade op die oog af ontsnap het.[62]

Aan die Angolese kant het die vyand natuurlik nie geweet presies wat gebeur het nie. In sy dagboek skryf die Sowjet-tolk Alexander Kalan: "Die brigade het begin retireer. Die brigadebevelvoerder het die drostery gestop en die brigade aan omsingeling onttrek."[63]

Marais se besluit het heftige woordewisselings en polemieke tot gevolg gehad. Die hardste oordeel is dalk dié van kol. Jan Breytenbach in sy boek oor 32 Bataljon. Volgens hom was Deon Ferreira woedend. Hy skryf: "He should have sacked the commander of 4-South African Infantry and replaced him with any one of an array of competent commanders who were eagerly awaiting an opportunity to cross swords with the enemy. In combat situations one cannot be lenient."[64]

Dit is ongetwyfeld waar dat Ferreira bitter kwaad vir Marais was. Volgens Fred Bridgland, wat dit waarskynlik by Ferreira self gehoor het, was dié "particularly incensed".[65] Roland de Vries was self baie teleurgesteld: "For some strange reason," skryf hy, "Commandant Leon Marais halted the attack and withdrew his combat force to safer ground. A moment for further decisive killing had passed by as a number of 16 Brigade soldiers and their hardware were afforded the opportunity to escape." Hy voeg by: "16 Brigade was beaten but not butchered. They were able to flee and fight again another day. This was not completely according to the original plan."[66]

'n Aantal belangrike nuanserings is nodig. Daar was duidelik persoonlikheidsbotsings tussen Ferreira en Marais; die twee het nie goed oor die weg gekom nie. Marais vertel dat toe hy in Oktober met 4 SAI by Rundu aankom, Ferreira twee dinge by hom wou weet: Waarom hy (Marais) nie vroeër by die mag aangesluit het om hom te vergewis van die situasie nie (dít ondanks die feit dat Ferreira hom nie genooi het nie), en waarom Marais by geleentheid opgemerk het dat hý (Marais) die geveg sou kom wen.[67] Dit dui daarop dat daar reg van die begin af 'n krapperigheid tussen die twee was. Moontlik het hulle al vroeër gebots.

Deon Ferreira is oorlede en dus het ons nie sy weergawe van die feite nie. Twee bronne gee wel 'n aanduiding van sy gevoel teenoor Marais. Die een is 'n geskrewe neerslag van 'n radiogesprek van die twee op 15 November. Ferreira het Marais gevra of hy wil voortgaan met die oorlog, aangesien hy die indruk wek dat dit nie so is nie. 'n Verontwaardigde Marais het teruggekap dat hy met sy taak wou voortgaan en het heftig geprotesteer dat Ferreira só 'n vraag oor 'n oop radioverbinding stel, waar sy troepe dit ook kan hoor.[68] Die volgende dag het Ferreira in 'n amptelike situasierapport laat inskryf: "Bev[elvoerder] TM [Taakmag] 10 ondervind ernstige probleme spesifiek met bev 4 SAI en beskou 4 SAI as uit die geveg uit. Indien môre nie deurslaggewend is nie, sal sit[uasie] heroorweeg moet word."[69] Geen verdere korrespondensie hieroor is opgespoor nie, maar dit lyk of Ferreira na 'n geleentheid gesoek het om Marais in die pad te steek.

Ter verdediging wys Marais daarop dat sy troepe teen 14:00 die middag van 9 November reeds 17 uur se taktiese beweging agter die rug gehad het. Sy manne was byna dood op hul voete en moes eenvoudig rus. Bowendien was sy eenheid se ammunisie- en brandstofvoorraad laag en sou dit onverantwoordelik wees om 'n risiko daarmee te loop. Die belangrikste oorweging was dalk die aanwesigheid van Fapla se 2 Taktiese Groep, wat uit die suide aan die nader was. Marais kon in dié stadium nie weet waar dié eenheid was of hoe ver dit nog van sy troepe was nie.[70] Waarskynlik het die verlies van sewe van sy soldate – 'n groot verlies in 'n Suid-Afrikaanse konteks – ook swaar op sy gemoed gerus.

Daar was ewenwel nóg 'n faktor, volkome buite Marais se beheer, maar dalk nog die belangrikste. Dit is dat Taakmag 10 eenvoudig nie genoeg magte tot sy beskikking gehad het nie. Die formasie het twee veggroepe gehad, A (minus 'n kompanie) en C. Wat Veggroep A (61 Meg) betref, dié eenheid was voos geslaan ná die veeleisende reeks gevegte langs die Lomba. Kat Liebenberg het beveel dat A nie weer sonder tenks van sy eie teen vyandelike tenks aangewend mag word nie. Dus, sover dit die geveg van 9 November betref, was A net geskik om die vyand se aandag af te trek, nie om sy vuurkrag by C te voeg nie. Dit het Taakmag 10 al klaar wesenlik verswak.

In 'n onderhoud enkele weke ná die gevegte het Roland de Vries sy vinger op die probleem gelê: "As mens gaan kyk na die toepassing van die beginsels van oorlogvoering, behoort daar 'n ander mag te gewees het om die offensief voort te kan gesit het sodat hulle [Veggroep C] kon gaan herorganiseer. Wat ek eintlik wil sê, is dat die teiken te diep [oftewel groot] was."[71] De Vries sê, met ander woorde, dat 'n derde gemeganiseerde veggroep eintlik nodig was. In 'n e-pos het hy voorts laat weet: "Die topstruktuur het eenvoudig te veel van die troepe verwag."[72]

Daarby was C se troepe onervare. Hulle het hul opleiding hoofsaaklik by hul tuisbasis te Middelburg op die Oos-Transvaalse Hoëveld en by die Leërgevegskool Lohatlha in die Noord-Kaap ontvang. Daar was die omstandighede dramaties anders as in die Suid-Angolese bosse, wat dikwels eerder 'n goeie nabootsing van die hel as enigiets anders was. 61 Meg se soldate het die geleentheid gehad om reeds maande in die uiterste noorde van Suidwes en Suidoos-Angola deur te bring; 4 SAI se lede is by wyse van spreke reguit in die geveg ingegooi sonder 'n behoorlike kans om te akklimatiseer.

Ten slotte was Marais se vrees vir die oprukkende taktiese groep met sy 15 tenks nie oordrewe nie. Volgens Richard von Moltke was die eenheid teen 13:00 reeds 8 km van die slagveld en het hy hom gereed begin maak om Veggroep C in 'n flankbeweging te tref. Gelukkig vir Marais het die Suid-Afrikaanse artillerie met donderende geweld op die Angolese losgetrek en hulle gedwing om hul opmars te staak en skuiling in 'n digte bos te soek.[73]

Fred Bridgland se eindgevolgtrekking was: "Subsequent political as well as military history might have been very different if 16, 59 and 21 Brigades, as well as 47 Brigade, had all been destroyed before the end of 1987."[74] Maar is dit volledig en korrek? In die volgende hoofstuk sal 'n antwoord gesoek word.

16 BRIGADE SE VERWYDERING BEVESTIG
11 NOVEMBER 1987

Toe die son die aand van 9 November 1987 oor die met bloed
deurdrenkte slagveld naby die oorsprong van die Chambinga-
rivier in Suidoos-Angola sak, was dit as getuie van 'n groot Suid-
Afrikaanse oorwinning. Die Angolese was kwaai gegaffel en hul
verliese aansienlik.

Volgens die Suid-Afrikaanse bevelvoerders was Veggroep C se
taak nogtans nie afgehandel nie. Die opdrag was om 16 Brigade
te vernietig – met ander woorde, die formasie moes nie meer in
staat wees om as 'n koherente en gekoördineerde mag op te tree
nie. Deur 'n sameloop van omstandighede was die Suid-Afrikaners
se indruk egter dat die grootste deel van 16 Brigade daarin geslaag
het om te ontsnap. Pres. PW Botha en die SAW-leiers se bevel was
dat die drie oorgeblewe Fapla-brigades oos van die Cuito-rivier
vernietig moet word. Die aanval op 16 Brigade was die eerste fase
hiervan. Die bevelvoerder van Taakmag 10, onder wie se bevel die
twee veggroepe geressorteer het, kol. Deon Ferreira, en sy tweede
in bevel, kol. Roland de Vries, het gevolglik besluit dat 'n tweede
aanval op 16 Brigade nodig was.[1]

Die gevegsontwerp vir 11 November

In die afwesigheid van Angolese bronne is dit moeilik om 16 Brigade
se sterkte in dié stadium te bepaal. Volgens die gepubliseerde

16 Brigade se vernietiging bevestig

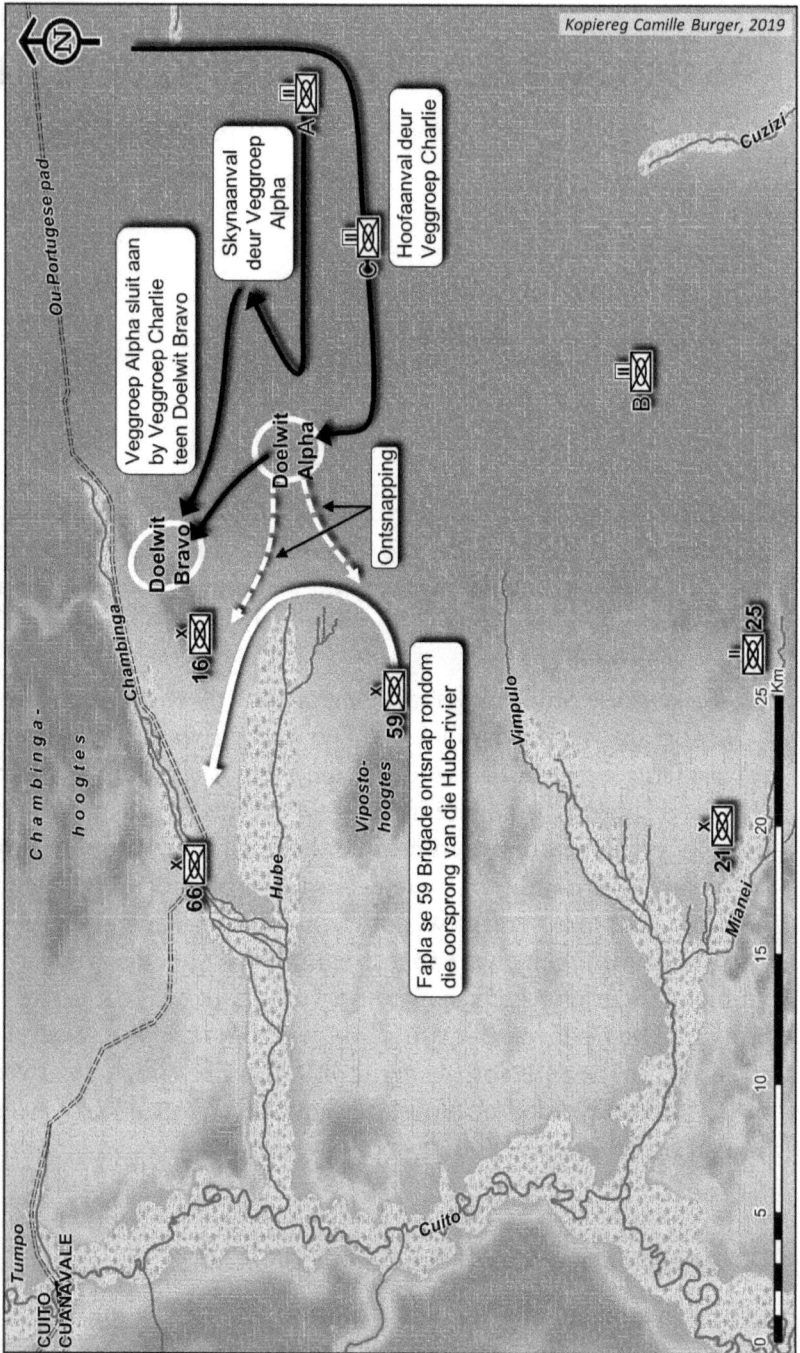

Kopiereg Camille Burger, 2019

Guzizi

Hoofaanval deur Veggroep Charlie

Skynaanval deur Veggroep Alpha

Veggroep Alpha sluit aan by Veggroep Charlie teen Doelwit Bravo

Ou-Portugese pad

Doelwit Alpha

Ontsnapping

Doelwit Bravo

Chambinga-hoogtes

Chambinga

Vimpulo

16

59

Viposto-hoogtes

Fapla se 59 Brigade ontsnap rondom die oorsprong van die Hube-rivier

Hube

66

25

Km

25

21

Mianei

20

15

Cuito

Tumpo

CUITO CUANAVALE

10

5

dagboek van lt. Alexander Kalan, 'n Sowjet-tolk by 16 Brigade, het die brigade op 10 November 547 man (sonder sy 3de bataljon) bevat.[2] 'n Raaiskoot dat die volle brigade 800-900 man sterk was, is dus waarskynlik nie ver van die kol nie.

Die Suid-Afrikaners se taak is enigsins vergemaklik deurdat die twee suidelike Fapla-brigades (21 en 59) nie beduidend van posisie verander het nie. 16 Brigade het wel sowat 20 km noordwaarts geretireer.[3] Persoonlike waarneming deur die waaghalsige artillerie-waarnemer maj. Cassie van der Merwe en radio-onderskeppings het aan die lig gebring dat laasgenoemde brigade nou twee posisies beset het, wat in die Suid-Afrikaanse beplanning bekend gestaan het as doelwit A en doelwit B. Doelwit A is verdedig deur 'n mag met ses tenks (ofskoon 'n situasierapport vlak voor die geveg 13-15 tenks daar identifiseer) en B met 'n heelwat sterker mag, minstens 22 tenks.[4]

In die afwesigheid van bronne oor hoe Fapla die saak gesien het, weet ons niks van die Angolese krygsplan – indien enige – nie. Oor die Suid-Afrikaanse een het ons egter heelwat detail.

Oorspronklik was die idee om Fapla sommer die volgende dag al, 10 November, weer aan te val. Net toe die veggroepe uitbeweeg, het Angolese verkenningsvliegtuie dit egter gesien. Dringende radioboodskappe het heen en weer tussen 16 Brigade en Fapla se operasionele hoofkwartier in Cuito Cuanavale geflits om versterkings aan te vra en dus het Taakmag 10 besluit om die aanval tot 11 November uit te stel.[5]

Die SAW se gevegsontwerp vir 11 November was baie dieselfde as dié vir 9 November, maar met 'n interessante wysiging. Net soos twee dae tevore sou Veggroep B die aandag van die twee Fapla-brigades tussen die Mianei- en die Vimpulo-rivier deur 'n steekaanval aftrek met die doel om hulle te verhinder om 16 Brigade – die hoofteiken – te hulp te snel.[6]

Dit wil lyk of die dag se herontplooiing van Fapla se magte minstens gedeeltelik 'n gevolg hiervan was. 59 Brigade het naamlik effens noordwaarts in die rigting van die Chambinga begin beweeg, vermoedelik om 16 Brigade te help as dit nodig sou wees. 'n Pantserelement is na 2 Taktiese Groep ontplooi as flankmag in die digte bosgebied oos van die Hube-rivier se oorsprong om die brigade se terugtog daarlangs te dek. 'n Vlietende oomblik lank het Ferreira en De Vries daaraan gedink om eers dié pantsermag uit te skakel, maar dit het weens misleidende inligting van Unita deur die mat geval. Leon Marais wou hom – begryplikerwys – eers van die korrekte inligting vergewis.[7]

Dié Fapla-opstelling is eers ná die tyd aan SAW-kant gerekonstrueer. Op die dag self was die vyandelike opstelling "ietwat vaag", in die woorde van Roland de Vries.[8]

Wat die aanval op 16 Brigade betref, was misleiding, asook fisieke en psigiese ontwrigting, weer eens die grondslag. Soos Lambert Smith dit gestel het: "Ons het 'n kans gewaag en gesê as die misleiding een keer kon gewerk het, hoekom probeer ons nie presies dieselfde ding 'n tweede keer nie?"[9]

Ferreira en De Vries het geredeneer dat Fapla, gegewe die ondervinding van 9 November, dié keer die hoofaanval uit die noordooste sou verwag. Dus het hulle besluit om Veggroep A te gebruik om 'n steekaanval uit daardie rigting te doen, en Fapla dan onverwags uit die suide met Veggroep C te slaan. Dit sou voorafgegaan word deur 'n artilleriebombardement op teikens A en B, opgevolg deur 'n aanval deur die SA Lugmag. Inderdaad, verkenning en ander inligtingsbronne het daarop gedui dat 16 Brigade die swaartepunt van sy verdediging na die noordweste opgestel het. Nadat die aanval begin het, sou A terugtrek en as reserwemag vir C optree. Teiken A sou eerste aan die beurt kom, waarna die aanvalsmag hom vinnig sou reoriënteer en die aanvalsas noord sou swaai, verder na teiken B (kyk kaart).[10]

Die geveg van 11 November (fase 1)

In die nag van 10-11 November het Veggroepe A en C hul posisies deur 'n skêrbeweging geruil, met A wat nou suid van die teiken was en C noord. Die aanval moes om 09:00 begin.[11]

So gesê, so gedaan. Om 06:00 was A gereed. Soos twee dae tevore, het die Ratel 90's van 'n afstand met hul kanonne en die Ratel 81's met hul mortiere op die vyand losgebrand, terwyl die artillerie met hul G-5's en Valkiri-MVL'e van verder weg ook hul stem dik gemaak het. Waar hy dit by 61 Meg se posisies aanskou het, het 2lt. Len Robberts, van 61 Meg se pantserkar-eskadron, in sy dagboek aangeteken: "Die aarde dreun behoorlik. Rook kom op op die doelwit. 61 trek terug – groen monsters kom uit die boslyn."[12] 'n Halfuur later het hulle aanskou hoe ses Mirages oor hul koppe swiep en hul dodelike vrag op die Angolese laat val. 61 Meg se manne, nou suidoos, het met opset taamlik lawaai gemaak om die vyand onder die indruk te bring dat dít die rigting van die hoofaanval was.[13]

Die artilleriebombardement was dodelik. Unita het gerapporteer dat die kartetse verwoestend op die teikens gebars het. Drie of vier (die bronne verskil) tenks en 'n BRT-60-pantsermotor is met voltreffers deur die artilleriste aan skerwe geskiet. Angolese MiG's het met hul eie lugaanvalle probeer terugslaan, doeltreffender as gewoonlik. Die bomme het sowat 50 m van Veggroep C se lugafweertroep geval en 'n kanonnier is deur skrapnel in die rug getref.[14] 'n 4 SAI-soldaat, Eric Samuels, het later op Facebook geskryf dat die Ystervark-skutters teruggeskiet en blykbaar een vliegtuig getref het. Hy het gesien dat rook agter uit 'n MiG borrel. Dit het 'n wye draai gevlieg, maar kon nie hoër styg nie, terwyl die ander een weggevlieg het.[15] Vir ander troepe, verder weg, het dit gelyk of die bomme sowat 200 m van hulle ontplof het.[16]

Hiervandaan sou dinge aansienlik moeiliker word. Weens die ruie terrein waardeur Veggroep C moes worstel, was dié mag anderhalf uur laat, waardeur die element van verrassing prysgegee is. Die sig was soms so min as 20 meter.[17] Die idee was om die vyand op teiken A in die flank aan te val. Maar, in die woorde van kmdt. Lambert Smith, het Veggroep C

> die vyand genoeg kans gegee om te sien hier kom nou een helse groot mag uit die suide op hom af. Al wat die ouens toe gedoen het, hulle het uit daardie digte bos uit onttrek, hier in die digte bosse tussen die Hube- en die Chambinga-oorsprong in, en toe afbeweeg en hierso by die Hube-oorsprong in 'n kleiner bossie kom sit. Hulle het op 'n flank

kom sit, sê, sou Veggroep C te lank in daardie bos vertoef,
sou hulle hom uit die suidweste op 'n flank geslaan het.[18]

Die gevolg was toe C uiteindelik teiken A teen 10:45 bereik, hy
geen vyandelike troepe meer daar aangetref het nie. Die stellings
was verlate. In sy nabetragtingsverslag versluier Leon Marais se
kriptiese aanmerking die volle omvang van die probleem: "Die
digte terrein het weer eens 'n beheerprobleem tot gevolg gehad
en daar moes eers herorganiseer word voordat na [teiken] Bravo
beweeg kon word."[19] Lambert Smith sê C het "gedisoriënteer
geraak" en in die bos "rondgedwaal" voordat Taakmag 10 se
hoofkwartier die eenheid beveel het om noord te beweeg in die
rigting van teiken B.[20] In dié digte bos was navigasie 'n haas
onmoontlike taak. Die hele veggroep het slegs 'n enkele voertuig
met 'n primitiewe GPS-stelsel gehad waarmee enigsins akkuraat
genavigeer kon word.[21]

Die geveg van 11 November, fase 2

In dié stadium was die infanterie al ure lank te voet deur die digte
bosse aan die beur en hulle het begin moeg word. Terloops, volgens
Leon Marais het Kat Liebenberg hom persoonlik beveel dat die
infanterie die aanval op doelwitte A en B te voet moes uitvoer.[22]
Dis duidelik dat die generaal, soos gewoonlik, nie veel van die
omstandighede op voetsoolvlak begryp het nie. Die drukkende,
vogtige hitte het ook nie gehelp nie.

Toe het die bevelvoerder van A-kompanie versoek dat sy troepe
'n ruskans kry en Marais het dit toegestaan. Wat Marais nie geweet
het nie – nie kón weet nie – was dat die vyandelike hoofmag binne
trefafstand vir hulle gesit en loer het. Net toe die troepe dankbaar
op die grond neersak, bars die hel los toe die vyand wat van
taamlik naby met alles wat hy het, losbrand. Vir Dolf Bam het
dit gelyk of die Angolese vir sy manne gelê en wag het, maar nie
kon verstaan waarom die Suid-Afrikaners hul beweging gestaak
het nie. Toe, het hy in sy dagboek geskryf, het die Fapla-troepe die
val vroegtydig laat toeklap.[23]

Dit is moeilik om die akkuraatheid hiervan na te gaan sonder bevestigende getuienis van die Angolese kant. Wat wel nie ontken kan word nie, is dat dit in sulke tye is dat die opleiding van troepe sy waarde wys. Ná 'n oomblik of twee van begryplike paniek het maj. (later brig.genl.) André Retief, die tenk-eskadron se bevelvoerder, die inisiatief geneem en 'n vuurgordelaksie beveel – een van die geliefkoosde maniere van die SAW om uit 'n moeilike posisie te kom. Op kort termyn het dit die vyand se vuur enigsins onderdruk, wat die tenks kans gegee het om vorentoe te beweeg.[24]

In dié stadium het Marais verdere – vir hom – ontstellende nuus gekry. 'n Radioberig is onderskep wat daarop gedui het dat Fapla met drie groepe en met meer as 22 tenks op sy mag gesit en wag het. Dit is duidelik dat 16 Brigade intussen versterk is. Marais het gevolglik sy eie pantserkar-eskadron na sy regterflank verskuif om te keer dat die vyand agter hom inglip en hom van agter aanval. Sy tenkafweerpeloton se Ratel 90's is met dieselfde doel op sy linkerflank geplaas.[25]

Opeens het 'n Ratel 20 van A-Kompanie in 'n vyandelike T-54/55 vasgekyk. Net soos by die vorige geleentheid, het die kanonnier, sktr. MJ Mitton, kopgehou, 'n vuurstroom pantserbreekammunisie van naby op die tenk afgevuur en aangehou totdat rook daaruit begin borrel het. Ook dié dapperheid was nie genoeg nie. 'n Tweede T-54/55 het verskyn en die Ratel flenters geskiet. Mitton is ernstig gewond en het later gesterf. Sy kanonnier is ook gewond. Die wrak van die voertuig moes voorlopig op die slagveld gelaat word.[26]

Hierna het 'n ietwat chaotiese maneuvreringsgeveg losgebars met die Suid-Afrikaners wat stelselmatig vorentoe beweeg en bunkers en loopgrawe ingeneem het. 'n Olifant het in 'n mynveld inbeweeg en 'n myn afgetrap, wat een van sy rusperbande losgeblaas het. Onder hewige vuur het 'n paar dapper "tiffies" die tenk aan twee herwinningsvoertuie en nog 'n tenk gekoppel, en die magtelose Olifant uitgesleep om herstel te word. Hiervoor het lt. Tobias de Villiers Vos die Honoris Crux ontvang. Die ander Olifante het intussen die vuur van die vyand onderdruk en sewe T-54/55's uitgeskiet. 'n Ratel het ook 'n myn afgetrap en is bowendien deur 'n Fapla-tenk uitgeskiet.[27] 'n SAW-situasierapport se kriptiese woorde kon nie naastenby die verskrikking van die voorval weergee nie: "1 x Ratel roepsein 12C word uitgeskiet deur 'n vyandelike tenk. Troepe was uitgestap en kanonnier slegs gewond. Die drywer is nog in die brandende voertuig."[28] Twee plofadders is vergeefs gebruik om die mynveld te probeer bres.[29] 'n Plofadder het soos 'n tuinslang gelyk, was gevul met plofstof en het 'n vuurpyl aan die een punt gehad. Dit moes oor 'n mynveld heen geskiet word en dan ontplof in die verwagting dat dit 'n pad deur die mynveld sou skep. Dit was nog 'n eksperimentele stelsel en het selde behoorlik gewerk.

In dié stadium het die Suid-Afrikaners radiogesprekke van Fapla onderskep wat gedui het op die beweging van tenks links van Veggroep C. Oomblikke later is dit bevestig toe die tenkafweerpeloton (Ratel 90's) dringend die aanwesigheid van T-54/55's daar rapporteer. Die linkerkantste Olifant-troep van drie tenks het onmiddellik hul vuur by dié van die Ratels gevoeg en minstens twee vyandelike tenks vernietig.[30]

"Toe verloor ons heeltemal momentum in die geveg," het Lambert Smith hom 'n paar weke later herinner, "en toe begin die hergroepering."[31] In dié stadium – die tyd het intussen tot omstreeks 15:15 aangestap – het die veggroep se ammunisie in elk geval begin min word. Die Olifante het wel nog genoeg gehad. Gevolglik het brig. Fido Smit, opperbevelvoerder van die Suid-Afrikaanse magte in Suidoos-Angola, beveel dat 4 SAI terugtrek, maar dat Veggroep A vorentoe beweeg en by 4 SAI oorneem. Die verwoeste Ratel is in die mynveld laat staan. Mirages het die Angolese troepe aangeval om te keer dat hulle terugtrek en ontsnap.[32]

Dit was egter vergeefs. Veggroep A was slegs 'n taktiese sprong weg van die slagveld, maar in die paar minute wat die formasie nodig gehad het om by die tenks aan te sluit en van C oor te neem, het die Fapla-troepe weer bewys dat hulle soos blits kon beweeg wanneer hul lewe daarvan afgehang het. In die sowat tien minute wat A nader beweeg het om aan te sluit, het die Angolese MiG's verskeie bomme op die Suid-Afrikaanse magte laat val. Almal het die teiken gemis, maar dit het A se momentum heeltemal gebreek. Bowendien was die son al laag teen die horison en die

Suid-Afrikaners wou begryplikerwys nie in die donker op dié moeilike terrein veg nie. Kontak is gevolglik verbreek en die oorblyfsels van 16 Brigade het geretireer.[33] In die dae hierna het dié troepe eers suidweswaarts na hul ou posisies van 9 November teruggetrek en agtergelate toerusting daar vernietig, waarna hulle oor die Chambinga na veiligheid ontsnap het.[34]

Die Suid-Afrikaanse artillerie het wel bloedig wraak geneem deur 'n infanteriebataljon van Fapla wat noord van die brug oor die Chambinga op oop terrein stelling ingeneem het, onder die bomme te steek. Die meervoudige vuurpyllanseerders het 'n volle salvo op die eenheid gevuur en volgens 'n SAW-waarnemer op die toneel is feitlik die hele groep gedood en 'n aantal logistieke voertuie beskadig.[35]

Die gevolge

As 'n mens bloot na die getalle kyk, was die geveg van 11 November weer 'n groot Suid-Afrikaanse oorwinning. Aan SAW-kant het vyf man gesneuwel en 19 is gewond. Twee Ratels het in die stof gebyt en een tenk is lig beskadig, maar herwin en herstel. By Fapla is 394 soldate – veel meer as op 9 November – gedood en 'n onbekende aantal gewond. Bowendien is 14 T-54/55-tenks buite aksie gestel, asook 'n ligte PT-76-tenk, vier BTR-60's, 'n BMP-1, 'n BRDM-2 en 12 logistieke voertuie.[36]

Statistieke sê wel nie alles nie. Die gevestigde mening is dat 16 Brigade, net soos op 9 November, weer eens weggekom het. Was dit werklik die geval?

Die opdrag aan Taakmag 10 was om die brigades oos van die Cuito te vernietig. Dis belangrik om te weet hoe die begrip "vernietig" in militêre sin verstaan word. Dit beteken nie noodwendig "uitwis" nie. Dit beteken die vyandelike mag is sodanig beskadig dat hy nie meer tot koherente, gekoördineerde optrede in staat is nie.

Teen dié agtergrond is dit interessant om te lees hoe die Sowjet-tolk by die brigade, lt. Alexander Kalan, die formasie se toestand op 10 November, die dag ná die eerste geveg, beskryf: "Die brigade het geen brandstof, olie of smeerolie nie en geen ammunisie nie.

Daar is geen watertenks nie. Die wapeninventaris: een BM-21-vuurpyllanseerder, sewe vragmotors, een M-82, vier RPG-7-vuurpylrigters, een AG-17-granaatwerper." Kalan se inligting oor die oorgeblewe uitrusting is waarskynlik onakkuraat, gesien al die tenks en ander voertuie waarmee Veggroep C twee dae later te make gekry het. Nietemin is sy laaste radioboodskap aan sy hoofkwartier veelseggend: "Die moreel van die brigadepersoneel maak dit onmoontlik om offensiewe operasies uit te voer. Sodra die brigade versterk is deur militêre personeel, wapens en ammunisie, sal hy in staat wees om defensiewe operasies uit te voer."[37]

Volgens Kalan se getuienis was die brigade eintlik al ná 9 November se geveg vir alle praktiese doeleindes uitgeskakel. Die tweede geveg van 11 November was eenvoudig 'n bevestiging daarvan. Trouens, 'n mens soek vergeefs na die naam 16 Brigade in Fapla se gevegsorde hierna. Dit lyk of die brigade stilweg onttrek of moontlik selfs ontbind is. Wat beteken dat die doel waarmee die geveg aangegaan is, om 16 Brigade as gekoördineerde en koherente gevegsformasie uit te skakel, wel bereik is. Dit beteken dat ook my eie vroeëre gevolgtrekking, dat 16 Brigade weggekom het,[38] foutief is.

Dit geld nie slegs vir 16 Brigade nie. Op dieselfde dag, 11 November, het die Sowjet-raadgewer by 25 Brigade, lt.kol. Igor Zjdarkin, 'n skerpsinnige akkurate boodskap aan die operasionele hoofkwartier in Cuito Cuanavale gestuur: "Die vyand slaan elke brigade afsonderlik en niks word gedoen om 'n kollektiewe slag te slaan nie. [Let weer op Roland de Vries se beplanning!] Dus sal al die brigades een vir een uitgeskakel word. Daar is min militêre personeel in die gevegseenhede. Bevelvoerders van alle range is bang. Hulle is bang om teenaksies teen die vyand te begin." In sy dagboek het hy daaraan toegevoeg: "Iets wat jy jou nie kan inbeeld nie, gebeur nou. Die Angolese troepe is byna totaal gedemoraliseer; die brigades is gemiddeld op 45% sterkte ... Die Angolese vrees die Suid-Afrikaners soos vuur en as hulle hoor dat hul 'Buffalo' [32 Bataljon se embleem] deel van 'n aanval is, gooi hulle al hul toerusting weg en vlug paniekbevange."[39]

Veggroep A en C was nou voordelig geposisioneer om die

drie suidelike Fapla-brigades in hul noordwaartse terugtog af te
sny. Die volgende week of so is gekenmerk deur dié drie brigades
wat desperaat voortgesnel het om aan die SAW-knyptang te
ontsnap. In die proses het hulle swaar gely. Tussen Julie en
18 November het 1 059 Angolese gesneuwel en is 2 118 gewond.
Fapla het 61 tenks, 84 pantserkarre en 20 artilleriestukke verloor.
Van 9 tot 16 November alleenlik het hy 28 tenks, 10 pantserkarre
en 85 ander voertuie verloor en het sowat 525 van sy manskappe
gesneuwel. Volgens 'n SAW-skatting was daar ná dese slegs 4 000
man en 39 tenks in die Fapla-mag oor.[40]

Soos 'n duidelik getraumatiseerde Sowjet-adviseur by die
Angolese in sy dagboek geskryf het: "Dit is moeilik om te skryf
oor wat in dié laaste twee dae, 16 en 17 November, gebeur het –
jy moes dit regstreeks ervaar het om dit te verstaan. Op hierdie
oomblik verstaan ons nog nie mooi self hoe ons oorleef en uit dié
hel gebreek het nie."[41]

Nietemin, teen 18 November het hul oorlewendes die brug
oor die Chambinga na relatiewe veiligheid oorgesteek. Fapla het
oorleef om verder te veg. Roland de Vries het die fundamentele
rede uitgewys – onvoldoende SAW-magte: "Iets wat vir my soos
'n seer vinger uitstaan, is dat ons inisiatief [en] handelsvryheid
[vryheid om op te tree] verloor het omdat daar net nie genoeg
momentum was nie. Daar was net te min magte beskikbaar en
logistiek het amper op 'n tipe van 'n krisisbasis gefunksioneer."[42]

Johan Louw was dit met hom eens:

> Ons moet van die begin af groot dink en groot doen. As ons
> van die begin af die magte gehad het wat ons nou het toe
> hierdie ouens op die Lomba gesit het, dan was daar nie 'n
> bde [vyandelike brigade] oor nie. Regtig nie. Maar agv ons
> "penny packeting" het die ouens onder ons uitbeweeg. Toe
> hulle [in die geveg van 3 Oktober] omgedraai het, het ons net
> 61 Meg gehad wat nie die job alleen kon doen nie. As ons toe
> al vir 4 SAI en die tk eskdn [tenkeskadron] gehad het, was
> hierdie oorlog lankal verby.[43]

In 'n vertroulike analise van die oorlog se lesse ná die beëindiging van die gevegte was die kommentaar raak: "Dit het in die operasies, veral in Suidoos-Angola, gebeur dat die beskikbaarstelling van magte, wat voorheen versoek en afgekeur was, op 'n later stadium wel gemagtig was. Die persepsie het ontstaan dat die afkeuring van die vorige versoeke nie weldeurdag was nie." Daardeur het, "afgesien van frustrasies, ook 'n mate van onsekerheid by bevelvoerders ingetree oor wat van hulle verwag word". Dit het moreelprobleme laer af veroorsaak. Die kwessie van tenks is spesifiek as voorbeeld genoem.[44]

Verdere debatte

Die Suid-Afrikaners moes vervolgens besluit hoe nou verder. Een faktor wat hul gesprekke agter die skerms beïnvloed het, was dat hulle eenvoudig nie genoeg magte gehad het nie. Veggroep B was 'n gemotoriseerde infanterieformasie, slegs in staat om 'n gemeganiseerde vyandelike mag 'n tyd lank te bind, nie om in 'n ope geveg betrokke te raak nie. Op 12 November het Fido Smit aan Johan Louw geskryf: "Met ons huidige vermoë kan die totale vy[andelike] mag oos van die Cuito-rivier nie vernietig word nie. Minimum van 'n addisionele tenkesk[a]d[ro]n en 'n [ge]meg[aniseerde] vegg[roe]p word benodig." Hy het gewaarsku: "Met die huidige stand van log[istiek], uitr[usting] en pers[oneel] kan die opdrag soos dit nou staan slegs beperk uitgevoer word ..."[45]

Deon Ferreira en Roland de Vries het saamgestem. Op dieselfde dag het hulle Johan Louw laat weet dat 61 Meg "verval het in 'n gedemoraliseerde reserwemag", en dat 4 SAI ná die gevegte van 9 en 11 November "nie meer aggressief offensief aanwendbaar is nie". Daarom sou een opsie wees "die eervolle onttrekking van RSA magte, of begin van 'n nuwe offensief met nuwe magspeile noord van die Chambinga-brug wat Cuito Cuanavale mag insluit".[46]

Die debat is op 18 November in Jannie Geldenhuys se kantoor in die Verdedigingshoofkwartier in Pretoria voortgesit, waar hy, Kat Liebenberg en v.adm. Dries Putter (Hoof van Staf Inligting) die situasie bekyk het. Liebenberg het die bespreking ingelui deur te stel dat die Suid-Afrikaners nou drie opsies gehad het: Om die oorlog te staak en huis toe te gaan; om die situasie tot teen die Cuito-rivier uit te buit; of om Cuito Cuanavale uit die weste te verower.[47]

Geen definitiewe besluit is geformuleer nie, maar 'n enigsins raaiselagtige uitspraak van Geldenhuys is opgeteken: "As Cuito uit die weste verower moet word, moet beplan word om dit met minimum voertuie en maksimum troepe en artillerievuursteun te doen." Dit maak geen sin nie en 'n mens moet jou afvra of die sekretaris wat vir die notule verantwoordelik was, Geldenhuys se woorde behoorlik verstaan het. In die lig van die SAW se onwilligheid om ongevalle te ly sou dit meer sin maak as hy gesê het maksimum voertuie en minimum troepe.[48]

Hoe ook al, Geldenhuys het ook beveel dat vereistes opgestel word wat nagekom moet wees voordat die SAW onttrek. "Dit moet nie noodwendig op 'n datum gebaseer wees nie. Dit kan selfs vir 'n paar weke of maande duur, met aflossings in die lyn van troepe, bv ons kan nie onttrek voor Unita opgelei is in tenks nie. 'n Ander is dat Unita eers herontplooi moet word in die gebied."[49]

Dit lyk of die kern van dié byeenkoms vinnig aan Willie Meyer oorgedra is, wat toe na 10 Taakmag se hoofkwartier gevlieg het om met die offisiere daar te beraadslaag. Sommige het beswaar gemaak teen die druk wat nou vir 'n finale aanval op hulle uitgeoefen word. Lambert Smith, een van die inligtingsoffisiere wat gemeen het so 'n aanval is 'n slegte idee, het 'n paar weke later aan 'n onderhoudvoerder vertel Meyer het gesê die SAW "moet iets finaal doen om te kyk of ons nie met 'n jakkals'trick' of iets die ouens kan kry om wes van die rivier te gaan sit nie. Ek het daardie aand gesê ons kan vergeet van so 'n strategie. So 'n strategie kan nie werk nie. Die vyand, hoewel hy gedemoraliseer is en afgebreek is, moet jy dit laat gepaardgaan met fisieke dade, dan reageer hy." Smit het voortgegaan: "As jy net probeer Komops [kommunikasie-operasies, bedoelende propaganda-grondskreeu en pamflette], dan werk dit nie. Om ook met art[illerie] op die ouens te skiet was op daardie stadium futiel, want die ouens was ordentlik in verdedigingstellings ingegrawe, hulle sit onder die grond. Jy kan uitrusting beskadig wat bo-op die grond is, maar die uitrusting is so verspreid dat dit nie koste-effektief is nie."[50]

Tog is verskeie opsies deurgetrap. Een was om huis toe te gaan; 'n ander – "nog altyd ons beste opsie", volgens Smith – om Cuito Cuanavale uit die weste te vat. In daardie geval "stort alles in duie. Dan is die kop afgesny en dan kan die liggaam nie meer funksioneer nie". 'n Derde was om 'n geloofwaardige bedreiging vir Cuito Cuanavale uit die weste te skep, sonder om die plek te beset, en 'n vierde om Fapla uit sy stellings oos van die rivier te veg.[51]

Op dieselfde dag het Ferreira en De Vries 'n omvattende memorandum geskryf om hul siening uiteen te sit. Die strategiese oogmerk van die operasie, het hulle geskryf, was om Unita lewend te hou om te keer dat Swapo die Kavango en Caprivi infiltreer. Dié oogmerk was nou na hul mening bereik. Teen dié agtergrond het hulle geoordeel dat slegs die alternatiewe om Cuito Cuanavale uit die weste te verower of om heeltemal te onttrek lewensvatbaar was en dat 70% van dié strategiese oogmerk inderwaarheid reeds bereik is. Die Fapla-brigades is reeds in so 'n mate gemoker dat nog 'n offensief nie in die volgende twee jaar nodig sou wees nie.[52] 'n Paar weke later is in 'n inligtingswaardering weer eens tot die gevolgtrekking gekom dat die vyand "will not begin with [a] major offensive until at very least dry season 1988".[53]

As die idee was om Cuito Cuanavale uit die weste in te neem, het Ferreira en De Vries voortgegaan, sou 'n bykomende brigade met 'n tenkregiment nodig wees. Ook sou die vyandelike vliegvelde te Menongue en Lubango geneutraliseer moes word. Dit kon dan as hefboom gebruik word om 'n politieke oplossing te bereik, terwyl die dorp tydelik beset word.[54]

Wat betref die opsie om voort te gaan met die geveg en die Angolese oor die rivier te verdryf, het hulle dit duidelik gemaak dat dit noord van die Chambinga sou moes gebeur, op uiters moeilike terrein en met 'n verdedigende postuur met tenks en 'n netwerk mynvelde. Die Suid-Afrikaanse bewegingsvryheid sou deur allerlei hindernisse gekanaliseer en beperk word, bowendien met uiters beperkte mannekrag. Terselfdertyd sou die vyandelike lugoormag toeneem. "Hierdie opsie," het hulle geskryf, "is nie geskik vir RSA gemeganiseerde magte nie."[55]

Die laaste opsie was dat die veldtog beëindig word en die troepe huis toe gaan,[56] wat natuurlik polities onaanvaarbaar was. Tussen die reëls was hul aanbeveling duidelik 'n operasie wes van die Cuito.

Die generaals het nie dié sienings gesteun nie. Inteendeel, hul mening was dat die instruksie om die Fapla-brigades oos van die Cuito-rivier te vernietig nog nie uitgevoer was nie. Kat Liebenberg het besluit dat die vyand op die Chambinga-hoëgrond aangeval moet word, waar hulle hul nou begin ingrawe en gefortifiseer het.[57]

Richard von Moltke gebruik 'n interessante sin om die besluit te beskryf: "Die idee was om 'n bedreiging vir die FAPLA-magte te skep met die vertroue dat die magte as gevolg daarvan oor die rivier sou terugtrek." Hy vermeld spesifiek dat die inligtingsoffisiere, wat 'n realistieser siening gehad het van die onmoontlike terrein wat nou op die Suid-Afrikaners gewag het, hiermee verskil het, maar dat Liebenberg nie wou luister nie.[58] Met ander woorde: Skiet die hel uit hulle, en hulle sal weghardloop. Nodeloos om te sê, dis nie hoe moderne hoëintensiteitsoorlog werk nie. 'n Mens sou verwag dat 'n generaal dit sal weet.

Die inligtingsoffisiere was inderdaad nie beïndruk nie. Een van hulle, maj. Des Burman, het 'n omvattende inligtingswaardering opgestel van die verdedigingslinies wat Fapla nou op die Chambinga-hoëgrond ingeneem het:

> Those defensive lines are based on natural features like rivers which, together with other terrain restrictions east of Cuito Cuanavale will have an effect on own forces success. Although FAPLA resistance is not expected to be considerable, minefields, registered artillery targets, enemy artillery, availability of armour and abstracts, will have an influence on own forces success.[59]

Hoe ook al, op 21 November het Jannie Geldenhuys, Kat Liebenberg, Dennis Earp, Dries Putter en Willie Meyer na Ferreira se hoofkwartier gevlieg. Hulle het besluit dat inderdaad finaal deurgedruk moet word. Hul formele operasie-instruksie het nie ruimte vir misverstand gelaat nie: "Die vyand wes van die Chambinga-rivier en in die Tumpo-omgewing moet maksimum verliese toegedien word en indien moontlik op die vlug gedryf word oor die periode van 25 tot 27 November." Maar: "Unita is verantwoordelik vir die hoofaanval, ondersteun deur RSA magte." Nadat die vyand verdryf is, moet "beide veggroepe gereed wees om te agtervolg in 'n westelike rigting indien die geleentheid hom voordoen".[60] Let daarop dat die instruksie geen bevel bevat om Cuito Cuanavale in te neem nie.

Terloops, een van die beperkings wat die generaals oorspronklik op die troepe geplaas het, was dat hulle nie die Chambinga-rivier mag oorsteek nie. Dit is nou stilweg laat vaar[61] – nog 'n voorbeeld van "mission creep".

Dit lyk of die generaals nie slegs fisiek ver van die werklikhede van die slagveld was nie, maar ook geestelik. Op die vergadering in sy kantoor op 18 November was nog 'n opmerklike, sommige sou sê naïewe uitlating van Geldenhuys: "Die vyandelike moreel is tans baie laag. Dit moet maksimaal uitgebuit word. Oorweeg dié faktor om Cuito Cuanavale te verower deur grondskree, pamflette en kwelvuuraksies en sonder dat daar noodwendig gevegte moet plaasvind."[62]

In 'n onderhoud het Roland de Vries my vertel wat Geldenhuys op 'n besoek aan die front gesê het: "Man, ons ken mos ons vyand, as ons hom aan genoeg druk onderwerp, sal hulle die pad vat en terug na Menongue vlug."[63] Hy skryf in sy memoires: "I found many a time that the decisions lower down the chain were overridden by either the headquarters of the Army or SADF." Gefrustreerd het hy aan Deon Ferreira gesê: "Dit maak nie saak hoeveel geloofwaardige opsies ons bied nie, dit lyk altyd ... of die kakste opste gekies word."[64]

Fred Bridgland skryf oor dié besluit:

> Time and again, as this book was being researched, these officers ... asked the author to switch off his tape recorder while they gave him their off-the-record opinions of what they had been asked to do. "Fundamentally stupid," said one highly

decorated officer who argued that FAPLA, despite its many shortcomings, had often fought with a degree of determination that South African officers in the field respected.[65]

Die aanval is uiteindelik op 25 November van stapel gestuur. Dit het presies geloop soos die inligtingsoffisiere voorspel het: Die ongelooflik digte bos het vordering eenvoudig onmoontlik gemaak. Ná 'n paar uur moes dit afgestel word. En, glo dit of nie, die volgende dag is 'n tweede poging beveel, met presies dieselfde gevolg.

Vir baie SAW-troepe was dié onnoselheid die laaste strooi. Hul moreel het in duie gestort en muitery het in die lug gehang.[66] Aan die ander kant het die moed van die Angolese troepe, wie se moreel laag was ná die herhaalde pakke slae wat hulle van die Suid-Afrikaners ontvang het, in 'n groot mate herstel.[67] Gelukkig vir hulle het die generaals besluit om vars troepe in te bring, maar nie om die veldtog te staak nie.

Inderwaarheid het verskeie bloedige veldslae nog voorgelê.

Hoofstuk 7

"VERDRYF FAPLA OOR DIE CUITO"

Probeer jouself verplaas in die gemoed van 'n hoë Fapla-offisier in Cuito Cuanavale in dié tyd. Of van 'n Sowjet-generaal in Luanda. Of selfs van die Kubaanse diktator, Fidel Castro, ver weg in Havana. Met groeiende kommer lees jy die verslae van die front in die provinsie Cuando Cubango oor jou kant se nederlae en die vordering van die gehate Suid-Afrikaners. Wat wil hulle bereik? vra jy jou af. Waar gaan dit eindig?

Dit is interessant om Fapla se inligting oor die SAW omstreeks dié tyd te lees. In sy gepubliseerde dagboek het die Russiese lt.kol. Igor Zjdarkin die inligting wat aan hom oorgedra is, neergeskryf: Net suid van die Suidwes-grens, skryf hy, "is 30 000 SAW- militêre personeel gekonsentreer, 400 artilleriestukke van verskillende kalibers, 80 vliegtuie, en die 8ste pantserdivisie". In die provinsie Cuando Cubango "en rondom die dorp Cuito Cuanavale is daar 'n gemotoriseerde Suid-Afrikaanse brigade, die 61ste en 62ste Suid-Afrikaanse bataljon, die 32ste bataljon van die 'Buffalo'-struikrower-huurlinge" – en dan vermeld hy ook vyf Unita-bataljons.[1]

Dit is nie hier die plek om al Zjdarkin se feitefoute te identifiseer nie. Die punt is dat dit 'n persepsie van bedreiging wys wat help verklaar hoekom Fapla oortuig was dat Cuito Cuanavale die doelwit van die oprukkende Suid-Afrikaanse magte was.

Bowendien sien jy, die Fapla-offisier of Sowjet-generaal, die verliessyfers aan jou eie kant. Waarskynlik wyk dit nie ver af van dié wat die SAW deur middel van sy radio-onderskeppings skat nie: Van jou soldate is 3 565 of 49% teen 15 Desember 1987 buite aksie, asook 63 tenks of 75%, en nog sulke syfers.[2]

Tog, al kry jy dalk min of meer akkurate inligting oor die Suid-Afrikaners se slagorde en waar hul eenhede is, weet jy totaal niks van hul strategiese en operasionele oogmerke nie. Wil hulle Cuito Cuanavale inneem? Jy dink jy weet hoe die vyand dink. Hulle is 'n klomp fascistiese, rassistiese, arrogante bliksems. Hul hele ideologie is gebaseer op intrinsieke aggressie, op die vertrapping van swart mense. Nee, hulle gaan nie by Cuito Cuanavale stop nie; die verowering van die dorp is bloot die eerste stap om die hele Angola te onderwerp en die sosialistiese revolusie te ondermyn deur hul marionette – Unita – in Luanda aan die bewind te plaas. Jy dink aan die ou waarheid: Hoop vir die beste; beplan vir die ergste.[3]

Fidel Castro reageer

"In Cuito was daar 'n atmosfeer van intense paniek," het 'n Sowjet- militêre raadgewer by een van die Angolese brigades oor November 1987 geskryf. Die Sowjet- militêre sending "het reeds die planne vir die verskuiwing van ons adviseurs van Cuito na Menongue voorberei ... Die senior Angolese offisiere was volledig gedemoraliseer ..."[4] Inderdaad, die Suid-Afrikaners het 'n radioboodskap onderskep dat Fapla se voorwaartse bevelspos einde Oktober van Cuito Cuanavale teruggetrek is na Nancova, 30 km weswaarts.[5]

Op 14 November, terwyl Fapla onder die Suid-Afrikaanse aanslag gesteier het, het die bevelvoerder van die Kubaanse magte in Angola, *General de División* (generaal-majoor) Arnaldo Ochoa Sanchez, aan Raúl Castro, Fidel se broer, laat weet: "Die situasie in Cuito Cuanavale versleg steeds ... As die moreel en gevegsvermoë van die eenhede nie herstel word nie, is 'n katastrofe onafwendbaar." Hy het aan Raúl geskryf hy het druk weerstaan van lt.genl. Pjotr Goesef, die Sowjet-bevelvoerder in Angola, om Kubaanse troepe na die dorp te stuur, "maar ons kan nie die feit ontken dat ons alles in ons vermoë moet doen om te voorkom dat die dorp in vyandelike hande val nie".[6]

Dit wys die Kubane was minstens daarvan oortuig dat die SAW Cuito Cuanavale in sy visier het.

Die volgende dag het Fidel, pas terug van 'n besoek aan Moskou, 'n spoedvergadering belê om te bespreek wat om aan die dreigende ramp in Angola te doen. In 'n wye bespreking van meer as tien uur, bygewoon deur Fidel self, saam met Raúl, sewe generaals, 'n kolonel en 'n hooggeplaaste burgerlike, Jorge Risquet Valdez, is verskeie verreikende besluite geneem. Volgens Piero Gleijeses was die transkripsie van die vergadering 'n volle 182 bladsye lank.[7]

Uit die Kubane se latere optrede kan afgelei word dat konsensus oor drie basiese besluite bereik is.

Eerstens, Kuba sou uitreik na Amerika en Suid-Afrika om homself as 'n belangrike politieke speler op die veld te vestig sonder wie geen vrede moontlik sou wees nie.

Tweedens sou die val van Cuito Cuanavale nie toegelaat word nie; die wankelende Fapla-verdediging sou verstewig word deur spesmagte na die slagveld te stuur, later aangevul deur 1 500 soldate met tenks, infanterie en artillerie. *General de División* Leopoldo Cintra Frias (algemeen bekend as Polo) sou die operasionele bevel oor die verdediging van die dorp oorneem en Kubaanse offisiere sou die taktiese bevel aan die front behartig. Fidel Castro sou in sy bevelsbunker in Havana self alle belangrike besluite neem. Intussen sou die verdediging van Cuito Cuanavale propagandisties verhef word tot dieselfde vlak as dié van Stalingrad in die Tweede Wêreldoorlog.

In die derde plek sou die ware beslissende geveg, so het Castro besluit, nie by Cuito Cuanavale plaasvind nie. Pleks daarvan sou hy sy elite- 50 Divisie na die suidwestelike provinsie Cunene stuur, waar die SAW swak was en dit nie verwag het nie. Dit sou op 'n reusagtige flankbeweging uitloop.[8]

Militêr en polities was dit sonder meer briljant. Wat 'n mens ook al van Castro se totalitêre ideologiese oortuigings en sy diktatoriale stelsel wil dink, jy moet sy strategiese talent erken. Teen dié tyd het hy klaarblyklik besef sy militêre poging in Angola het vasgeval, soortgelyk aan dié van Amerika in Viëtnam 'n paar jaar tevore. Volgens die lugmaggeneraal Rafael del Pino Diaz, wat 'n paar weke tevore met sy gesin na Amerika gevlug het, het die oorlog tuis steeds ongewilder geword, terwyl niemand militêre voordele wat die moeite werd was, kon wys nie.[9]

Daar is meer as voldoende bewys dat Castro uit die oorlog wou kom; hy wou nie dieper ingesuig word nie. Hy sou dan ook die gaping wat hy hier gesien het, briljant gebruik om hom uit 'n oorlog te kry wat hy andersins móés verloor – terwyl hy terselfdertyd heldhaftig, deugsaam en seëvierend sou lyk.[10]

Maar dit was nog in die toekoms. Intussen was albei kante besig met 'n dodelike skaakspel in die digte bosse tussen die Chambinga-rivier in die suide, die Cuito in die weste en die Cuatir in die noorde.

Die Suid-Afrikaners beplan weer

Operasie Moduler was nou verby. Volgens Deon Ferreira het die troepe in die drie maande op voetsoolvlak meer aksie gesien as baie Suid-Afrikaanse soldate in die hele Tweede Wêreldoorlog.[11] Hulle is dus teruggeneem na die Suidwes-grens, 'n paar dae gegee om te ontspan en toe huis toe gestuur. Vars troepe het uit Suid-Afrika aangekom om hul plek in te neem. Die SAW-oorlogspoging is nou Operasie Hooper genoem. Die organisatoriese struktuur van die mag is terugverander – 10 Taakmag het weer 20 Brigade geword en Fido Smit se divisiehoofkwartier is onttrek. Die nuwe troepe het eenvoudig hul voorgangers se gehawende wapens oorgeneem, ofskoon – verstaanbaar – nie altyd sonder kommer nie.[12]

Dat die Suid-Afrikaners in staat was om hul troepe in lyn om te ruil, honderde kilometers van hul basisse, was 'n merkwaardige organisatoriese en logistieke prestasie. Selfs nog merkwaardiger was dat Fapla hulle toegelaat het om dit te doen. Dit wys presies hoe platgeslaan die Angolese was.

Terwyl Operasie Moduler besig was om klaar te maak, het Kat Liebenberg weer by die Taktiese Hoofkwartier in Rundu opgedaag. Die stafoffisiere daar het verskeie alternatiewe aan hom voorgehou: Om die brug oor die Cuito te vernietig en 'n strooptog wes van die Cuito te organiseer om 'n bedreigingspersepsie vir Cuito Cuanavale te skep; om te onttrek en huis toe te gaan; om die huidige situasie te handhaaf; en laastens om die westelike opsie te neem deur 'n sterk mag wes van die Cuito in te stuur en die dorp van dié kant te verower.[13]

Liebenberg het nie onmiddellik besluit nie. Op 3 Desember het hy in 'n pessimistiese memorandum aangedui hy reken Suid-Afrika sou net vir nog 'n week vryheid van aksie hê voordat internasionale druk die SAW sou dwing om teen die einde van die maand te onttrek. Hy het ook koue water gegooi op planne om die Tumpo-gebied te beset deur "die uitvoerbaarheid van 'n oorwoë aanval op bv. Tumpo in die lig van ons huidige vermoë en die risiko verbonde aan groot aantal verliese" te bevraagteken. Teen dié agtergrond het hy beveel dat die troepe deur middel van maneuvrering en beweging "'n bedreiging" vir Cuito Cuanavale skep, maar beklemtoon: "Moet nie in enige beslissende geveg betrokke raak nie."[14] Niks kon verder oor sy twyfel opgespoor word nie.

Tog was die operasionele instruksie wat Leërhoofkwartier 'n paar dae later aan 20 Brigade uitgereik het glashelder en het op die volgende punte neergekom:

- Skep 'n situasie waarin Fapla nie in staat sal wees om 'n nuwe offensief in 1988 te begin nie.
- Vernietig of verdryf die Fapla-magte oos van die Cuito-rivier.
- Vernietig die brug oor die rivier.
- Ontwikkel die oostelike oewer van die rivier as verdedigingslinie.
- Verminder die SAW-mag drasties om Unita in staat te stel om die posisies oor te neem.

Die volgende belangrike sinne in Liebenberg se riglyne moet beklemtoon word: "Die aanval en verowering van Cuito Cuanavale is nie die primêre opdrag nie. As 'n situasie hom egter voordoen en die situasie daarvoor ryp is, moet dit gedoen word. Dus moet ons gereed bly om situasies te kan uitbuit."[15] Dié woorde sal uiteraard belangrik wees wanneer ons die naoorlogse debat onder politici en akademici in hoofstuk 12 ontleed.

Let daarop dat daar niks is oor 'n oorwoë poging om uit die ooste oor die rivier aan te val en Cuito Cuanavale teen vasbeslote verset in te neem nie. Om die waarheid te sê, hiervandaan vervaag Cuito Cuanavale se belang geleidelik in die argiefdokumente, afgesien van terloopse verwysings soos dié een.

In welke mate politieke oorwegings steeds 'n betekenisvolle rol gespeel het, blyk uit die riglyne wat Jannie Geldenhuys vir Operasie Hooper uitgevaardig het toe hy die taktiese hoofkwartier op die aand van 13 Desember besoek het. Die belangrikste daarvan was "dat die RSA magte in die lig van die internasionale klimaat 'n lae profiel moes handhaaf en maksimaal gebruik moes maak van sielkundige aksies".[16]

Teen die einde van Desember 1987 het kmdt. Craig Harrison, 20 Brigade se nuwe inligtingsoffisier, 'n omvattende waardering oor Fapla se waarskynlike verdediging uitgereik – 'n uitgebreide dokument wat met die hand op 'n knipbord agter in 'n Bevelsratel geskryf is[17]. Dit is die moeite werd om in detail daarna te kyk.

Hy het uitgewys dat die gevegsterrein noord van die Chambinga deur die Chambinga-, die Cuito- en die Cuatir-rivier begrens word. In teenstelling met die terrein suid van die Chambinga het die Suid-Afrikaners nou baie minder vryheid gehad om te maneuvreer. Met Kubaanse offisiere nou in bevel, was die verdediging inderwaarheid baie intelligenter gereël as voorheen. Dit was in twee verdedigingslinies oos van die Cuito georganiseer, met 'n derde op die westelike oewer; met ander woorde, in diepte. Al drie het van noord na suid geloop, min of meer parallel aan mekaar en aan die Cuito. Daarby het die flanke op die riviere gerus en kon dus nie soos voorheen omvleuel word nie. Verder het slim geplaaste mynvelde die SAW-aanvallers se maneuvreringsvryheid aan bande gelê, soos die vyand se lugbeheersing ook gedoen het. Ten spyte daarvan, het Harrison gereken – veels te optimisties, soos geblyk het – dat die vyand in 'n geveg van hoogstens 48 uur verdryf kon word.[18]

Die situasie in die lug het dinge inderdaad baie moeilik vir die Suid-Afrikaners gemaak. Fapa, die Angolese lugmag, het die lug beheers, aangesien sy vliegtuie by Menongue, slegs 'n paar minute ver, gebaseer was. Die SALM-bomwerpers moes vanaf Grootfontein opstyg, sowat 250 km ver, wat beteken het dat hulle hul rieme baie fyn moes sny om die vyand aan te val. Die Angolese MiG's, wat intussen deur Kubaanse vliegtuie aangevul is, het meestal uit vrees vir Unita se Amerikaanse Stinger- skouergelanseerde grond-tot-lug-missiele hoog gebly. Dit het beteken dat hul aanvalle oorwegend onakkuraat was, met min ongevalle by die SAW en Unita tot gevolg. Nogtans, elke keer as die vyand in die lug was, moes die Suid-Afrikaners kragtens hul eie dril halt roep en hulself kamoefleer, wat beteken het dat hulle meestal snags moes beweeg.[19]

In die lig van die beperkte en moeilike terrein en al die probleme wat dit vir die aanvallers geskep het, het Roland de Vries, intussen terug by Lohatlha, later opgemerk:

> The war now started feeling to me like a creeping barrage, similar to what was probably experienced when the front at the Somme became bogged down during the First World War. What I quietly feared was that if we did not do something soon to wrest initiative and mobility from the tightening noose, we would inevitably be drawn into an attrition trap at Cuito."[20]

Dit is presies wat gebeur het. Die terrein het die Suid-Afrikaners inderdaad gedwing om afstand te doen van hul groot voordeel, hul vermoë om 'n mobiele oorlog te voer. Dit was waarin hulle sedert die Anglo-Boereoorlog, byna 'n eeu tevore, uitgeblink het. Nou sou die terrein hulle in 'n reeks frontale aanvalle op 'n goed voorbereide vyand dwing, presies die soort ding waarteen De Vries in sy boek van 1987 gewaarsku het. Ongelukkig het niemand by Verdedigings- of Leërhoofkwartier dit blykbaar gelees nie, of as hulle dit wel gedoen het, het hulle dit duidelik nie verstaan nie.

Die mate waarin De Vries se benadering in senior kringe

verkeerd verstaan is, sou duidelik blyk toe brig.genl. "Junior" Botha my in 2011 kwaai aangeval het omdat ek dit durf waag het om te skryf dat die idees van militêre skrywers soos sir Basil Liddell Hart en Carl von Clausewitz vir moderne mobiele oorlogvoering relevant is. "Die teorieë van hierdie skrywers, en vele ander," het hy geskryf, "is presies dit: teorieë. Dit was nog nooit in 'n werklike oorlog getoets nie. Dit is só ver van die werklikheid verwyder dat dit bloot van akademiese belang is!"[21] (Vertel dit vir die generaals van sommige van die suksesvolste leërs ter wêreld, soos dié van Amerika en Israel, en hoor hoe jy uitgelag word.)

Dit is dié soort houding waarna prof. Annette Seegers in haar boek oor die militêre opset in Suid-Afrika verwys: "From the time of Union, debates about the Department of Defence held that military experience counted for more than intellectual or staff ability. Staff courses and later joint staff courses at the Defence College favoured those with operational experience ... Even for its elite, the SADF thought theory best ignored." [22] 'n Mens sou dit selfs 'n anti-intellektuele houding kon noem. Helmoed-Römer Heitman het byvoorbeeld die SAW van die 1980's verwyt dat hy "a profession [is] which neither reads nor writes".[23]

In die lig van dié soort onkunde wat die hoogste kringe in die Verdedigings- en Leërhoofkwartier in 1988 gekenmerk het, is dit verstaanbaar waarom die frontoffisiere gedwing is om hul mobiele benadering te laat vaar en dit vir 'n suiwer uitputtingsbenadering te verruil. Dit was die regstreekse gevolg van die generaals se besluit om nie wes van die Cuito op te ruk nie, wat die onortodokse, onverwagte benadering sou wees, en om die vyand liewer oos van die rivier aan te durf waar hulle sterk was en dit verwag het. "We had succeeded in painting ourselves and the enemy into a corner," het De Vries geskryf.[24]

Brig.genl. Dick Lord se oordeel was: "Hooper en Packer is haastig aangepak sonder inagneming van alle relevante faktore; beperkings en waarskuwings deur die SALM is geïgnoreer. Die plan was goedgekeur in die hitte van die stryd en ná die sukses met Moduler terwyl die adrenalien vrylik gevloei het. Elke operasie behoort deeglik beplan te word sonder kortpaaie en ongeag die stand van die oorlog."[25]

Operasie Hooper is verder gekniehalter deur die uiters moeilike herbevoorradingsituasie. Per pad was die afstand van Pretoria na Grootfontein 2 268 km. Van daar na Rundu was dit 'n bykomende 258 km, na Mavinga 536 km, en nog 250 km tot by Tumpo. 'n Weldeurdagte logistieke plan is nooit opgestel nie; baie voorrade wat wel gestuur is, was nie noodsaaklik nie en die aanvoer van essensiële voorrade wat dringend benodig was, het weke of selfs maande geduur.[26]

Daar is iets anders waaraan ons reeds geraak het, maar wat verdien om herhaal te word. Daar was eenvoudig te min SAW-magte in die omgewing. Dít ondanks die feitlik blanko tjek wat Jannie Geldenhuys op 29 September van PW Botha ontvang het, maar wat nooit behoorlik benut is nie. In 20 Brigade se oorlogsdagboek lees 'n mens 'n skerp aanklag teen die generaals in Pretoria, wat nooit genoeg magte beskikbaar gestel het om die taak wat van die frontsoldate verwag is uit te voer nie: "Een eskadron tenks is heeltemal onvoldoende vir 'n oorwoë aanval op Tumpo." Hoewel daar in teorie twee eskadrons aan die front was, was die helfte van die voertuie dikwels ondiensbaar weens die onbevredigende logistieke situasie. "Selfs al bly al die tenks diensbaar (meganies), het die bevelvoerder nie die vermoë gehad om te maneuver nie (11 tenks diensbaar)."[27]

Een aspek waarin die SAW uitgeblink het, was om merkwaardig eerlik na sy eie operasies te kyk. Dit verras 'n mens dus nie om in 'n nabetragtingsdokument oor Moduler/Hooper/Packer onder die hofie "Oorhoofse beplanning" te lees nie: "Iets was êrens nie pluis nie en die doel van die op[erasie] nie duidelik of tydens die op gewysig. Aanvanklik was dit minimum betrokkenheid, maar dit het geleidelik gegroei tot grootskaalse betrokkenheid, maar ook nie genoeg om op die regte tydstip die uitklophou toe te dien nie." Dit word gevolg deur 'n sin wat in wese 'n ernstige aanklag teen die Pretoriase generaals was: "Dit blyk nie of daar 'n strategie/beleid tov Unita bestaan nie." En: "Die inl[igtings]waardering is blykbaar nie 'geglo' nie."[28]

Hoe ook al, op 11 Desember, dieselfde dag as Kat Liebenberg

se operasionele instruksie, het Jannie Geldenhuys riglyne vir Operasie Hooper uitgevaardig: Daar was steeds Fapla-magte oos van die Cuito, het hy geskryf, wat beteken het dat die veldtog voortgesit moet word "tot die vyand nie meer 'n bedreiging is nie". Die brug oor die Cuito moes vernietig en die rivier self in 'n "hindernis vir Fapla" omskep word. Die doel is geformuleer in ooreenstemming met die president se besluit einde September "om 'n situasie te skep waar Fapla nie weer in 1988 'n offensief vanuit die Cuito Cuanavale-gebied kan loods nie". Hy het Kat Liebenberg se woorde min of meer herhaal: "Indien die geleentheid ontstaan om Cuito Cuanavale redelik maklik te verower moet daarop beplan word om dit te doen en in die hande van Unita te laat."[29] Dit wys dat dié belangrike voorbehoud algemeen in die SAW se topstruktuur voorgekom het.

Veral die laaste sin in die aanhaling hierbo trek 'n mens se aandag. Ná die oorlog het Geldenhuys aan Fred Bridgland verduidelik dat hy "actually forbade the Chief of the Army (General Kat Liebenberg) to take Cuito Cuanavale. I made just one concession: If our operations so developed that Cuito Cuanavale fell into our lap and we could capture it without fighting, then our troops could occupy it."[30] Natuurlik het Geldenhuys effens kortpad gevat toe hy met Bridgland gepraat het. Sy oorspronklike bevel was nie heeltemal so glashelder as wat hy wou voorgee nie, maar sy woorde aan Bridgland is naby genoeg aan die waarheid.

In elk geval, dit het etlike weke geduur voordat die troepe geakklimatiseer het en gereed was om die oorlog voort te sit. Deon Ferreira en Roland de Vries is uitgeroteer. Kol. Paul Fouché, 'n veteraan-infanteris van verskeie vorige SAW-operasies in Angola, het bevel van 20 SA Brigade oorgeneem, en sy nuwe hoofkwartier het op 7 Desember van Rundu na die front vertrek. Hy het later in 'n onderhoud bevestig sy bevele was "om die Fapla-elemente wat steeds aan die oostekant van die Cuito-rivier was ... oor die rivier na die westekant te stoot, en dan die brug oor die Cuito te vernietig ..."[31]

Dit sou ewenwel tot 29 Desember duur voordat die Suid-Afrikaners gereed was. Fapla het die verposing gebruik om sy stellings oos van die Cuito te fortifiseer en sy voorrade aan te vul. SAW-inligting het gerapporteer dat die aantal vragvlugte wat by Menongue aangekom het, drasties toegeneem het en dat talle nuwe tenks ingevlieg is. 'n Voorraadkonvooi wat Cuito Cuanavale op 3 Desember uit Menongue bereik het, is deur die SALM aangeval, maar ondanks verliese het die grootste deel deurgekom.[32]

"Blaas in die bevelvoerders se nekke"

Toe die SAW eers noord van die Chambinga was, het nog 'n probleem opgeduik. In 'n regstreekse verbreking van die SAW se eie doktrine het die generaals – veral Jannie Geldenhuys en Kat Liebenberg – in selfs die kleinste taktiese besluite van die frontoffisiere begin inmeng. Die vroeër jare van die oorlog en die aanvanklike fases daarvan is gekenmerk deur wat die Duitsers noem *Auftragstaktik* (letterlik opdragtaktiek, in teenstelling met *Befehlstaktik*, of bevelstaktiek). Dit kom daarop neer dat die hoër offisiere die basiese oogmerke bepaal van wat hulle met 'n gevegsplan wil bereik en dat hulle diegene laer af uitlos om die plan binne die grense van wat hoër op besluit is uit te voer.[33]

Roland de Vries het die tradisionele SAW-benadering beskryf:

> The South African combat leaders were afforded a great measure of initiative down to battle group and combat team level. This stimulated independent thought and conduct to a great extent down to ground level. The FAPLA enemy did not have this powerful and flexible attribute. The poor devils had to ask permission for everything and were not allowed to think for themselves.[34]

Voor die groot veldslag van 3 Oktober 1987, toe 61 Meg Fapla se 47 Brigade heeltemal platgeloop en só die Angolese offensief die nekslag toegedien het, het Deon Ferreira en Kobus Smit, bevelvoerder van onderskeidelik 20 Brigade en 61 Meg, sekere belangrike taktiese besluite op hulle eie geneem, sonder om die hoër hoofkwartiere te raadpleeg. Hulle was per slot van rekening op voetsoolvlak aanwesig en het die beste geweet wat om te doen, solank hulle nie buite die generaals se parameters beweeg nie.[35]

Maar teen die tyd dat die SAW die Chambinga noordwaarts oorgesteek en met Operasie Hooper begin het, het dit verander. Die frontoffisiere moes goedkeuring vir hul taktiese gevegsplanne van Geldenhuys en Liebenberg kry en dikwels is selfs dít tot die offisiere se aansienlike frustrasie afgekeur. By die bespreking van die lesse van die veldtog was die ontleders dus reguit: "Bevelvoerders het hierdie aanvaar van planne, op die vlakke wat dit plaasgevind het, ervaar as 'oor die skouer loer' agv 'n gebrek aan vertroue in die betrokke individu as bevelvoerder."[36]

In die nabetragtingsdokument oor Moduler/Hooper/Packer waarna reeds verwys is, kom dié aanklag voor: "Tydens die op[erasie] is afgewyk van die beginsel dat ondergeskikte bev[elvoerder]s redelike handelsvryheid moet hê ('mission type orders')."[37]

Evert Jordaan en François Vrey, dosente aan die Militêre Akademie op Saldanha, kom tot 'n soortgelyke gevolgtrekking: "The SADF made a grave strategic mistake with the close involvement of senior generals in the planning and conduct of operations. The fact that senior generals on the military-strategic level were closely involved in the planning and conduct of tactical mobile operations indicates the absence of an operational level."[38]

Dit het die Suid-Afrikaanse operasies noord van die Chambinga in groot mate bemoeilik.

Hernieude aanvalle op Fapla

Van begin Januarie tot einde Maart 1988 het die Suid-Afrikaners en Unita ses frontale aanvalle op die goed voorbereide Fapla-stellings gedoen, waarvan ons die laaste drie straks sal bespreek. Omdat Jannie Geldenhuys en Kat Liebenberg – en selfs Magnus Malan – voortdurend in die nekke van die frontoffisiere geblaas het, is sommige eienaardige beslissings aan laasgenoemdes opgedwing.

Paul Fouché se oorspronklike plan om Fapla op 2 Januarie aan te val, wat terloops binne die perke van die ongunstige terrein 'n uitstekende plan was, is deur Jannie Geldenhuys in vlamme

131

neergeskiet as "te aggressief" en iets wat te veel ongevalle sou meebring.[39] Hy het Fouché opdrag gegee om meer op "sielkundige aksie" staat te maak en om Unita die spit te laat afbyt. Die plan wat toe aanvaar is, was – daar is geen ander woord voor nie – bedees. Eers sou die artillerie die vyand bestook om hulle te beweeg om te vlug. As dit onvoldoende was, sou die Unita-infanterie aanval, gesteun deur die Olifant-tenks se kanonne. Die bevel was om Fapla se 21 Brigade uit sy stellings te dryf en die brug oor die Cuito te vernietig. Daar was geen verwysing na die oorsteek van die rivier en 'n aanval op Cuito Cuanavale nie.[40]

Uiteraard het die aanval platgeval. Fapla, goed ingegrawe en bevoorraad, het natuurlik nie weggehardloop nie en Unita se aanval is ferm afgeslaan. Geen wonder nie; Unita was immers nie opgelei, toegerus of georganiseer vir 'n konvensionele oorlog van hoë intensiteit nie. Soos verwag kon word, kon dié guerrillamag nie slaag nie en dit was eintlik onbillik om dit van hom te verwag.

Fouché het weer op 13 Januarie geprobeer, dié keer met die twee Suid-Afrikaanse veggroepe op die voorpunt. Weer eens het die amptelike instruksie geen bevel bevat om die rivier oor te steek en Cuito Cuanavale te vat nie.[41] Dié keer is groot sukses behaal en Fapla het in taamlike wanorde teruggeval, maar Fouché het geen reserwe gehad om die oorwinning ná 'n harde dag se gevegte op te volg nie. Dus het hy die verowerde Fapla-stellings, soos die plan was, aan Unita oorgedra, waarna Fapla eenvoudig 'n teenaanval gedoen en die Unita-vegters verdryf het. Dit het beteken dat die vordering van 13 Januarie heeltemal vergeefs was.

Die ontnugterde Suid-Afrikaanse troepe moes aanskou hoe die posisies wat hulle verower het maklik deur die Angolese teruggeneem word. Genl.maj. Willie Meyer, bevelvoerder van die SWA-Gebiedsmag, het met die swak verduideliking gekom dat dit, in die woorde van Fred Bridgland, "sometimes desirable [was] to let an enemy retake a position so that it would be destroyed completely in a later attack"![42]

Die troepe se reaksie op dié absurde siening is nie opgeteken nie. Meyer se ore sou waarskynlik gebrand het as hy dit gehoor het.

Dinge het nou regtig begin eskaleer. Die eerste Kubaanse troepe

– 106 spesmagsoldate en 15 offisiere wat die taktiese bevel oor die Fapla-magte oorgeneem het – het op 5 Desember gearriveer. Op 21 Januarie 1988 het die SAW se radio-onderskeppings daarop gedui dat "minstens een Kubaanse bataljon" onderweg na Cuito Cuanavale was. Teen die einde van dié maand het sowat 1 500 Kubane – pantser, artillerie en infanterie – die Angolese versterk.[43]

Dit het tot 14 Februarie geduur voordat die Suid-Afrikaners, wat te kampe gehad het met ernstige logistieke probleme, weer gereed was. Intussen is Fouché huis toe gestuur om 'n Burgermagbrigade op die been te bring om die oorlog voort te sit en hy is deur 'n eweneens ervare offisier vervang, kol. Pat McCloughlin. Vir die eerste keer het sy manne met 'n Kubaanse pantsermag gebots. Hulle het ervaar dat die Kubane byna domastrant dapper was, maar moeilik om te oorwin. 'n Kubaanse tenkeenheid het 'n teenaanval gelei en is byna uitgewis, maar het genoeg tyd vir die res van die Fapla-mag gewen om terug te trek. Dapper manne, hoe jy dit ook al bekyk.[44]

Teen dié tyd was die enigste stuk grond oos van die Cuito wat nog in Fapla se besit was die kleinerige gebied bekend as die Tumpo-driehoek. Die gedetailleerde bevel wat McCloughlin op 16 Januarie vir verdere operasies uitgevaardig het, het besonderhede vir sekere aksies bevat – wat nie hier relevant is nie – "[t] en einde verdere uitvoering van die oorspronklike opdrag om die vyand oos van die Cuitorivier wes te forseer ..." met geen verwysing na die verowering van Cuito Cuanavale nie.[45]

Aan die Kubaanse en Angolese kant het dinge maar sleg gelyk. Was Cuito Cuanavale op die punt om te val? Op 20 Februarie het Fidel Castro aan genl. Ochoa in Luanda laat weet dit sal 'n "totale ramp" wees as die Suid-Afrikaners na Cuito Cuanavale deurbreek. "As dit gebeur ... sal die politieke en morele gevolge vir Fapla en die Angolese regering verskriklik wees." 'n Dag later het hy weer geskryf van die "verskriklike gevolge vir die militêre en politieke gevolge en moreel wat 'n ramp vir die magte oos van die rivier sou hê ..."[46]

Twee weke later, op 3 Maart, het Castro aan die Sowjetleier Michail Gorbatsjof geskryf dat "die lewe en veiligheid van tienduisende van ons seuns" op die spel was. "Op die spel is nie net die lot van Angola nie, maar ook van die Kubaanse internasionalistiese vegters wat in Angola is." Castro het gevoel 'n Angolese militêre ineenstorting sou die veiligheid van sy troepe in die omgewing bedreig en dat dit selfs moontlik was dat die Suid-Afrikaners die Kubaanse verdedigingslinie tussen Namibe en Menongue kon aanval.[47]

Dit is duidelik dat Castro die Suid-Afrikaanse oogmerke volkome verkeerd begryp het. Hy het gretig die slegs moontlike voornemens aan hulle toegeskryf en kon hom dit eenvoudig nie voorstel dat hulle net beperkte oogmerke gehad het nie. Dit is natuurlik bloot menslik. Meer nog, in die geskiedenis het opponente mekaar dikwels oor en weer verkeerd begryp. Die Suid-Afrikaners het onder dieselfde soort misverstande gebuk gegaan – Chester Crocker, Amerikaanse assistentminister van buitelandse sake belas met Afrika, het geskryf dat "their expertise on the Cubans were the stuff of comic books".[48]

Op 28 Januarie het Jannie Geldenhuys en verskeie ander generaals 20 SA Brigade se hoofkwartier weer besoek. Geldenhuys het verskeie interessante riglyne vir verdere optrede uitgereik. Hy het glashelder bepaal dat die SAW in die lig van die groeiende internasionale druk en druk binne Suid-Afrika self nie te lank in Angola kon bly nie. Maar, het hy voortgegaan, die SAW kon dit nie bekostig om te onttrek as dit sou beteken dat die behaalde voordele geneutraliseer word nie. In die praktyk moes daar aan drie voorwaardes voldoen word voordat die brigade kon terugtrek: Fapla moes na die westekant van die Cuito verdryf word, die rivier moes as hindernis voorberei word en Unita moes in staat gestel word om die verdediging oor te neem, wat in die praktyk beteken het dat hulle opgelei moes word om die verowerde Fapla-tenks te hanteer.[49]

Die laaste gevegte

In die weke sedert die helfte van Oktober 1987 het die Suid-Afrikaanse artillerie, veral die groot 155 mm -G-5-kanonne en, tot einde November, ook die drie selfaangedrewe G-6'e, 'n vreeslike tol in Cuito Cuanavale geëis en groot verwoesting gesaai. Die Angolese lugmag het sy vliegtuie verwyder en hulle na Menongue verskuif. Op 29 November het die SAW 'n radioboodskap dat die situasie in die dorp baie sleg was, onderskep: Alle offisiere bo die rang van kaptein is na Nancova, sowat 30 km wes van Cuito Cuanavale, verskuif.[50]

Op 6 Januarie het radio-onderskeppings deur die SAW daarop gedui dat slegs 330 man van die garnisoen oor was; die res het gedros.[51] Sowjet-adviseurs daar het bitter gespot dat die bombardemente 25 uur uit 24 geduur het. Igor Zjdarkin het byvoorbeeld opgeteken wat op Kersfeesdag 1987 gebeur het:

> Daar was die hele dag 'n geskiet totdat jy fisiek uitgeput was. Toe dit eindelik eindig, het ons na ons geïmproviseerde kombuis gegaan en gevind dat al die kombuisgerei, die breekgoed, die tafel, die seil en die tenk water deur kartetsfragmente deurboor is. Toe ons eindelik besluit om ons verdriet in drank te verdrink, het Sasja Fatjanof skielik aangekondig dat die houer met ons "vuurwater" reg aan die onderkant deur 'n kartetsfragment deurboor is en dat al die voggies uitgeloop het. Dit was te veel! Op daardie oomblik het die brigadebevelvoerder aangekom, gehoor waarom ons so ongelukkig is en aangebied om te help. 'n Soldaat het drank van die brigadebevelvoerder se eie voorraad gebring, en uiteindelik kon ons ontspan.[52]

Een van sy kollegas, kol. W Mitajef, het later aan 'n onderhoudvoerder vertel:

> Ek onthou die bombardemente asof dit vandag was. Een keer was ons aan die ry van die gebied waar die loopgrawe was na die bevelspos, nog in Cuito Cuanavale. Ons ry in die BMP-1 [gepantserde troepedraer] in die bevelspos se sone in, toe 'n kartets skielik ontplof. Die bevelspeloton was aan my regterkant, 22 mense is gedood. Maar in my BMP-1 hoor ek net stukkies skrapnel wat teen die pantser ratel ...

135

Die Suid-Afrikaners het ons met G-5'e en G-6'e dae agtermekaar bestook! Jy het dubbele kartetsontploffings gehad. As daar 'n minus- of plus-ronde was soos die kartets oor jou kop vlieg, hoor jy die eerste gerommel en dan die tweede as die kartets die grond tref. As die twee saamval, is dit "jou" treffer; dit moes bo jou kop of êrens naby ontplof het. Vreeslike klank! So baie granate, en elke dag ... Toe die bevelspos na die bos verskuif het, het hulle [die SAW] die drie oorblywende installasies onophoudelik gebombardeer: die vliegveld, die radar- verkenningskompanie en die eskader lugafweer-verdedigingstelsels.[53]

Einde Februarie het die Angolese regering 'n groep joernaliste per helikopter ingevlieg om die situasie eerstehands te sien. Die besoek het slegs 'n paar uur geduur, maar dit het 'n onuitwisbare indruk op die besoekers gemaak. By die aanvang van die besoek het hul gids, maj. Armindo Moreira, hulle beslis meegedeel: "Ons het julle vandag hierheen gebring om aan die wêreld te wys dat die Angolese leër Cuito Cuanavale steeds beheer. Ons gaan nie toelaat dat die Suid-Afrikaners Cuito vat nie. Ons bly hier en die Suid-Afrikaners sal oor ons dooie liggame moet stap."

'n Amerikaanse joernalis, Karl Maier, het die toneel in dramatiese prosa geskilder:

[A]n eerie zipping sound announces the arrival of a howitzer shell. The earth rumbles as the projectile hits the ground at least 500 yards away and sends a cloud of dust and smoke into the overcast skies. Thirty seconds later comes a second blast, this time just a few hundred yards away. Apparently we have been seen by a South African forward-spotter north-east of Cuito Cuanavale.

All around Angolan soldiers are fleeing to take cover. The driver of our armoured vehicle revs up his engines and beckons us to move quickly. Another shell lands 100 yards away, just across the river, and convinces us that it is time to go ... The Angolan troops urging us to move are not smiling. They know from several months of experience that the spotter on the hill needs less than a minute to call in new co-ordinates and that the artillery strikes with pinpoint accuracy ... They deliver fragmentation shells which can detonate ten yards above the ground, sending thousands of steel shards flying in all directions.[54]

Nog 'n lid van die geselskap, Margaret Knox, het weergegee wat aan haar gesê is: "Cuito Cuanavale has taken on such symbolic as well as strategic value that a loss here for either side would be disastrous."[55] Die Amerikaanse verslaggewer James Brooks, wat die dorp 'n paar weke later besoek het, het dít gesien: "Driving down the main street of Cuito Cuanavale, it is quickly possible to see the effects of six months of steady shelling. Once a picturesque town of stucco houses painted in pastel hues of ochre, aquamarine and eggshell blue, most of Cuito Cuanavale is now in ruins."[56]

Hoe ook al, die SAW sou nou drie laaste pogings aanwend om die taai Tumpo-tameletjie te breek. Dit was duidelik dat Fapla nie sy laaste brughoof op die oostelike oewer van die rivier gewillig sou prysgee nie. Dit was slegs sowat 30 vk km groot,[57] maar takties en simbolies uiters belangrik. Deur vas te klou aan dié stuk grond sou die Kubane en Angolese in staat gestel word om op 'n glorieryke oorwinning oor die Suid-Afrikaners aanspraak te maak.

Die SAW-leiers het herhaal dat daar gekyk word na 'n operasie in drie stadiums: Eers moes Fapla oor die Cuito gedwing word; dan moes die oosoewer van die rivier as hindernis voorberei word; en derdens moes Fapla se voorbereidings om sy offensief in 1988 te hernieu ontwrig word.[58] Ons sal in die volgende hoofstukke in detail hierna kyk.

DIE SAW GESTUIT: TUMPO 1 EN 2

Die eerste van die drie Tumpo-aanvalle het op 25 Februarie plaasgevind. Dis interessant om die presiese bewoording van die instruksie vir dié dag, soortgelyk aan dié vir die ander twee aanvalle, te lees: "20 Bde moet in samewerking met UNITA die vyand in die Tumpo-gebied vernietig en/of wes van die Cuitorivier verdryf en die terrein so spoedig moontlik deur UNITA laat beset."[1] Daar is geen verwysing na die oorsteek van die Cuito-rivier en die inname van Cuito Cuanavale nie.

Nietemin het die Suid-Afrikaners hulle teen dié tyd in 'n hoek ingeverf waar 'n oorwinning feitlik onmoontlik was. Die gevegsterrein was selfs nog beperkter as tot dusver, die moontlikheid om te maneuvreer selfs minder. Dit sou 'n moordende en wrede frontale botsing word, presies die soort waarteen Roland de Vries en alle intelligente militêre skrywers gewaarsku het.

Teen die einde van 1987 het kmdt. Craig Harrison 'n uitgebreide analise geskryf van wat die Suid-Afrikaners kon verwag: "All en[emy] def[ined] localities will be protected by mines ... registered DF [direction finding] tasks, cleared and prepared areas of fire, good overhead cover and the ability to switch def[inition] direction."[2]

Later in die dokument het hy voortgegaan: "The Cuito, Cuanavale, Cuatir and Chambinga rivers provide good natural obstacles used by en[emy] to defend [the] area. Easily covered by fire of direct and indirect w[ea]p[o]ns as well as observation. En[emy] will not relinquish value of these unless credibly threatened." Die Chambinga-hoëgrond noord van die rivier, het hy geskryf, "provide good natural obstacles" en was vol landmyne. Nader aan Tumpo word die bos minder dig, en "allows good log[istical] resup[ply] on internal lines to all brigades". Die sagte grond "allows easy and effective preparation of trenches and bunkers. En[emy] has therefore reduced vulnerability to indirect fire". Harrison se belangrikste gevolgtrekking lui: "Tactically sector East [oos van die Cuito] favours the defender if he can maintain the positions adjacent to the obstacles."[3]

Om die waarheid te sê, 'n ander SAW-inligtingswaardering wat duidelik ook uit dié tyd dateer, stel dit onomwonde: "Vy[and] het die verd[ediging] van Tumpo oor tydperk van meer as 2 maande voorb[erei] met hulp van Russiese adviseurs. Alle moontlike toegangsweë is gemyn en hindernisse met vuur gedek wat direk waargeneem kon word."[4]

Die gevolgtrekking is duidelik: Tumpo sou 'n uiters moeilike teiken word. Die SAW se natuurlike talent vir mobiliteit en snelle bewegings sou geneutraliseer word.

Daar was offisiere, onder wie Deon Ferreira en Roland de Vries, wat steeds druk uitgeoefen het vir 'n opmars wes van die Cuito om die vyand se steelkant. De Vries het later aan my vertel hy het sy oortuigings aan 'n paar senior offisiere genoem. "Uiteindelik het ek besef ek moes my mond hou as ek nog in verdere bevordering belang gestel het."[5] Harrison se eie gevolgtrekking was dat "[t] he thick bush to the SW [south west] makes appr[oach] to CC [Cuito Cuanavale] itself possible concealed against ob[servation] from ground op[erators]."[6] Maar dit sou nie gebeur nie; die Suid-Afrikaanse aanvallers is dus gedwing om op 'n terrein te veg wat die verdedigers sterk bevoordeel en 'n uitputtingsgeveg aan eersgenoemdes opgedwing het.

Dié situasie, wat die SAW al klaar benadeel het, is vererger deur die vyandelike beheersing van die lug. Afgesien van die ongunstige geografiese situasie en afstande, moes die SALM suinig wees met sy onvervangbare Buccaneers en Mirages. Die Buccaneers, waarvan 16 oorspronklik in die 1960's van Brittanje gekoop is, is teen dié tyd deur 'n reeks ongelukke tot vyf verminder. Van die 48 Mirages wat in die 1970's van Frankryk gekoop is, was met die aanvang van Operasie Moduler 41 oor. In die loop van die veldtog is nog twee neergeskiet en een erg beskadig.[7]

In die derde plek was die naaste Suid-Afrikaanse radar by Rundu, wat weens die ronding van die aarde beteken het dat die SALM-vliegtuie onder 24 000 voet "blind" was en nie uit die basis gelei of gewaarsku kon word as vyandelike vliegtuie aan die nader was nie. Aan die ander kant is die Kubaanse en Angolese vlieëniers ruimskoots deur hul eie radar by Menongue daar naby gehelp.[8]

Die gevegsorde

Nadat Fapla ernstig in die Lomba- en Chambinga-gevegte gegaffel is, was hy sigbaar verswak, dus het die Angolese spoedig hul gehawende mag begin herstel deur jong mans te rekruteer, hetsy deur dwang of vrywillig. Dit was onmoontlik om versterkings van elders in die land te bring, want Unita se guerrillaveldtog het voldoende druk uitgeoefen om dit te voorkom.[9]

Ons sal weer eens die stasionering van die Angolese formasies moet bespreek, want dit help om die Suid-Afrikaanse (en die waarskynlike Angolese) gevegsplanne te verduidelik. Gebaseer op radio-onderskeppings en berigte van artilleriewaarnemers, het die SAW drie Angolese verdedigingslinies geïdentifiseer wat van noord na suid parallel met mekaar geloop het. Die eerste twee was oos van die Cuito; die derde op die westelike oewer.[10]

Die buitenste verdedigingslinie het ingesluit 25 Brigade net noord van die Chambinga-oorgang; 59 Brigade noord van 25; en 21 Brigade suid van die Cuatir. In die tweede linie was 'n Fapla-pantsereenheid (die Suid-Afrikaners wis nie of dit 'n volle taktiese groep of slegs 'n tenkbataljon was nie) noord van die samevloeiing van die Chambinga en die Cuito gestasioneer; 66 Brigade in die Tumpo-gebied om die brug oor die Cuito met tot 25 tenks te bewaak (dié formasie is egter spoedig onttrek). Wes van die Cuito is die derde linie deur 13 Brigade gevorm en aangevul deur 'n

Kubaanse bataljon en 'n lugafweerbrigade. Na die suide, van waar Roland de Vries om die Angolese steelkant wou glip, was slegs 'n enkele kompanie. Op die hoë westelike oewer van die Cuito was die kommunistiese artillerie gekonsentreer.[11]

Vergeleke met die Chambinga-gevegte het die Suid-Afrikaanse gevegsorde nie baie verander nie. Taakmag 10 was weer 20 SA Brigade. Die bataljongroepe het weer hul regte name gekry: Veggroep A was weer 61 Meg en C 4 SAI. Veggroep B, met sub-eenhede van sowel 32 as 101 Bataljon, het blykbaar dáárdie naam behou. Soos in die vorige hoofstuk genoem is, is Ferreira se posisie as bevelvoerder van die brigade oorgeneem deur 'n ewe bekwame offisier wat ook sy wortels in gemeganiseerde oorlogvoering gehad het, kol. Paul Fouché, wat op sy beurt later deur Pat McCloughlin vervang is.

Die troepe van Veggroepe A en C is gedemobiliseer omdat hul diensstyd verby was en hul plekke is ingeneem deur splinternuwe soldate wat pas hul eerste jaar van diens en opleiding voltooi het. Die manne van Veggroep B – 32 en 101 Bataljon – het gebly. Die kanonniers in die artillerieregiment is ook met vars troepe vervang. Die troep van drie eksperimentele G-6- selfaangedrewe kanonne is onttrek en nie vervang nie.[12]

Tog, in die praktyk was 20 SA Brigade nou ietwat sterker as Taakmag 10. In laasgenoemde se geval was Veggroep A vir alle praktiese doeleindes uit die geveg. Kat Liebenberg se bevel was immers dat dié veggroep nie weer sonder tenks teen tenks aangewend mag word nie. Aangesien die Suid-Afrikaners slegs 'n enkele tenk-eskadron gehad het, wat permanent aan C afgedeel was, kon A slegs as reserwe dien.

Dit het nou verander. 'n Tweede tenk-eskadron, saamgestel uit Burgermagsoldate van Regiment Pretoria (ná 'n paar weke deur Regiment Malopo vervang), is na die front gestuur. Veggroep A, of 61 Meg, was nou 'n volskaalse veggroep en in staat om tot sy volle potensiaal aangewend te word.[13] B het natuurlik 'n gemotoriseerde infanterieformasie gebly, nie geskik vir oorlogvoering van hoë intensiteit nie, en het dus op sy beste 'n sekondêre rol gespeel.

Gevegsontwerp

Dit is moeilik om Fapla se taktiese denke in dié stadium te deurgrond. Hulle het nou intern hoofsaaklik deur telefoonlyne gekommunikeer, met die gevolg dat die SAW se radio-onderskeppingsvermoë grotendeels geneutraliseer is.[14] Nietemin, volgens een van die min onderskeppings van Fapla se voorwaartse bevelspos na Cuito Cuanavale het die Angolese 'n aanval op Nancova verwag, wes van Cuito Cuanavale, en dus logieserwys op Cuito Cuanavale self.[15] Dit is dus logies dat hul planne bedoel was om dit te voorkom.

Ons weet wel iets van Fidel Castro se denke. Hy het toestemming van Angola se pres. José Eduardo dos Santos gekry om vanuit sy bunker heelpad van Kuba oorkoepelende bevel oor die operasies in die suide van Angola oor te neem. Genl. Ochoa is na Luanda gestuur om met die Angolese te koördineer. Omdat Castro egter teen dié tyd 'n lae dunk van Ochoa gehad het, het hy sy persoonlike keuse, genl. Cintra, gestuur om die Suidelike Front aan te voer. Ochoa is later teruggeroep, van dwelmsmokkelary beskuldig en tereggestel. Cintra het aansienlike ervaring van oorlogvoering in Angola gehad, aangesien hy onder die eerste Kubaanse soldate was wat oorspronklik in 1975 daarheen gestuur is. Hy was aanvanklik by Cuito Cuanavale gestasioneer waar hy bevel oor die verdediging van die dorp gevoer het, maar op 6 Maart is hy na Lubango gestuur om die Kubaanse opmars in die weste na die Suidwes-grens te reël. Meer hieroor in die volgende hoofstuk. Sy plek in Cuito Cuanavale is ingeneem deur *General de División* Miguel Lorente Léon.[16]

Die teenwoordigheid van Kubaanse offisiere en troepe na aan die front het 'n aansienlike verskil gemaak. Een van die Sowjet-tolke by Fapla se 25 Brigade, maj. Alexander Petrowitsj Sergejef, het later onthou dat die Kubaanse instrukteurs "se doel was om hulle gevegsgereed te kry, en hulle het betyds daarin geslaag. Van toe af het ons brigade nie langer paniekbevange by eerste kontak met die vyand gevlug nie. Die Kubane was in staat om die Angolese te dwing om te gehoorsaam en binne 'n kort tyd op te lei. Hulle het elke Angolese bevelvoerder geteister en hulle laat werk."[17]

Gedurende sy getuienis in die hofsaak teen Ochoa sowat 18 maande later het Castro uitvoerig uit sy korrespondensie met die generaal aangehaal en ons insig gegee in hoe hy die taktiese situasie beskou het. Ochoa het blykbaar in Januarie 1988 gemeen die krisis is verby en dat die Suid-Afrikaners op die punt was om hulle te onttrek, maar Castro was glad nie oortuig nie. Inteendeel, hy het nog kragtige Suid-Afrikaanse aanvalle verwag.[18]

Castro se bevele aan Ochoa wys sy militêre insig. Hy was ook reg oor die SAW se planne om weer aan te val; dit het gebeur presies net die dag nadat hy dit teenoor Ochoa voorspel het, 13 Januarie 1988.

Op 14 Januarie het Castro dus besluit om die klein Kubaanse adviesmag by Cuito Cuanavale met 'n taktiese groep bestaande uit 'n bataljon tenks, artillerie en ander wapens te versterk.[19] Op 17 Januarie het hy aan Ochoa geskryf: "Met die versterking van die taktiese groep en die 10de [Fapla]-Brigade is ons nie van plan om die Cuito-rivier na die ooste oor te steek nie."[20] Dit wys dat hy, volkome korrek, tot die gevolgtrekking gekom het dat 'n hervatting van die Fapla-offensief na Mavinga nie suksesvol kon wees nie. Die SAW-inligtingsgemeenskap het kort hierna, op 20 Januarie, bewus geword van die Kubaanse versterkings.[21]

Castro het voortgegaan:

> Die verdedigingslinie oos van die rivier moet verkort word deur die 59ste en 25ste Brigade terug te trek na posisies wat goed gefortifiseer en nader aan die rivier is. Dié twee brigades moet die ooste dek sodat die 8ste Brigade sy taak kan hervat om voedsel te voorsien [deur die konvooie vanaf Menongue te beskerm]. Die huidige posisies van die 59ste en 25ste Brigade is baie riskant, aangesien hulle blootgestel is aan die moontlikheid van 'n deurbraak in die gebied waar die 21ste Brigade gestasioneer was. Ons kan nie voortgaan om daardie risiko's te loop nie.[22]

Later het Castro tot die gevolgtrekking gekom dat die gros Fapla-troepe op die oosoewer van die Cuito-rivier na veiligheid aan die westekant gebring moes word. Op 21 Februarie het 'n duidelik gefrustreerde Castro vir Ochoa gevra waarom sy bevele in dié verband steeds nie nagekom is nie. Slegs twee bataljons van 21 Brigade is na die weste gebring, het hy gekla, terwyl 3 500 Angolese soldate en 'n aansienlike hoeveelheid toerusting steeds aan die oostelike kant was:

> Wat sal gebeur as die vyand môre met 'n kragtige aanval in die rigting van die rivier deurbreek? ... ons voel daar is gebrek aan voorsorg, dat dié in bevel daar nie besef watter verskriklike gevolge 'n ramp met die magte oos van die rivier op die militêre en politieke situasie en moreel sou hê nie, en ons het nie eens 'n paar bote om te doen wat die Britte met hulle s'n by Duinkerken gedoen het nie.[23]

'n Paar gevolgtrekkings lyk hier geregverdig. Castro was duidelik bang dat die Suid-Afrikaners die magte by Tumpo in die pan sou hak, met die gepaardgaande politieke skade van só 'n ramp. Dus wou hy die aantal Fapla-troepe in Tumpo tot die absolute minimum beperk om ongevalle en natuurlik, verlies van aansien, te beperk. Tweedens wou hy die grootte van die Tumpo-gebied wat deur Fapla beset is, beperk om so die Angolese verdedigingslinie te versterk en dit moeiliker vir die SAW maak om deur te breek. Duidelik 'n goeie militêre brein aan die werk.

Meer moet nietemin gesê word en die materiaal daarvoor is te vinde in die vraag hoe die Angolees-Kubaanse gevegsontwerp, gebaseer op hul posisies, deur die Suid-Afrikaners vertolk is. Die amptelike SAW-kroniekskrywer van Operasie Hooper, kmdt. Richard von Moltke, het dit só gesien: "Wanneer die verdedigingsuitleg van die vyand bestudeer word, blyk dit duidelik dat daar beplan is om enige aanvalsmag op 'n afstand te hou sonder om in direkte kontakte betrokke te raak totdat 'n vernietigingsgeveg deur die vyandige tenks gevoer kon word teen 'n aanvalsmag wat alle mobiliteit verloor het."[24]

'n Sowjet-tolk by die Angolese magte het die volgende waarneming gemaak, wat waarskynlik deur die Kubane gedeel is:

144

Die Angolese het 'n groot vrees vir die Suid-Afrikaanse Leër gehad. Selfs voordat 'n Suid-Afrikaanse aanval begin het, het paniek uitgebreek en almal het uiteengespat. Wanneer die Suid-Afrikaners wel aangeval het, het die Angolese al hul uitrusting neergegooi en geretireer. Totdat die Kubane aangekom het, sou die Angolese paniekerig word so gou die skietery begin. Uit 'n brigade van 1 000 man was binne 'n halfuur niemand oor nie. Hulle het eenvoudig almal verdwyn en tenks en voertuie verlate agtergelaat … Wanneer die Suid-Afrikaners aangeval het, het die Fapla-troepe gevlug: Hul vrees vir die Suid-Afrikaners was katastrofies.[25]

Die oplossing was dus klaarblyklik om te voorkom dat die Suid-Afrikaners in die eerste plek kontak met Fapla maak. Die Kubane het vermoedelik teen dié tyd besef dat Fapla regdeur die oorlog elke enkele keer gevou het wanneer hulle met die SAW kontak maak. Gegrond op hoe die Kubane/Fapla hul verdediging gevoer het, kan afgelei word dat hul plan was om die aanvallers deur 'n kombinasie van drie maatreëls op 'n afstand te hou: mynvelde wat slim gelê is, gekonsentreerde artillerie op die hoë wesoewer van die Cuito-rivier en lugaanvalle.

Aan die SAW-kant het Craig Harrison reeds einde 1987 voorsien dat die groter vyandelike getalle en sterk verdediging die Suid-Afrikaners sou dwing "to att[ac]k en[emy] b[riga]des piecemeal in order to achieve equality of forces. In order to achieve superiority of forces [we] will have to phase att[ac]ks; att[ac]k on flanks or rear and/or divide or separate the en[emy]".[26] Nogtans het die beperkte ruimte van die slagveld frontale aanslae, wat regstreeks teen die SAW se doktrine ingedruis het, onvermydelik gemaak.

Harrison het ook 'n fundamentele swakheid van 20 SA Brigade geïdentifiseer wat al van Operasie Moduler gedateer het en nie herstel is nie: "In all attacks, if RSA forces are to maintain a reserve, only one Cbt. Gp. [Combat Group] will be attacking at a time."[27] Dit het die Suid-Afrikaners natuurlik in 'n uiters moeilike posisie geplaas: Hulle kon óf met slegs een bataljongroep aanval, met die risiko dat die aanvalsmag te swak was óf hulle kon met

145

albei bataljongroepe aanval, met die risiko dat hulle op beslissende oomblikke geen reserwe het nie.[28]

Om die waarheid te sê, die Tumpo-driehoek, 'n beperkte gebied van slegs sowat 30 vk km,[29] was hoogs geskik vir die verdediging. Von Moltke het dit so gestel: "In die geheel gesien, was die Tumpo-gebied 'n oorwoë verdedigingstelsel. Alle moontlike toegangsweë vanuit die noorde, ooste of suide is gedek deur infanteriestellings ondersteun deur tenks, tenkafweer en indirekte wapens. Voor al die stellings was teentenk- en teenpersoneelmynvelde gelê wat behoorlik met vuur van direkte en indirekte wapens gedek was."[30]

Tumpo 1, 25 Februarie

Ons het reeds in die breë gekyk na die SAW-aanvalle van 3 Januarie, 13 Januarie en 14 Februarie. Hulle was hoofsaaklik taktiese suksesse, maar kon nie die vyandelike weerstand breek nie. Hulle het wel 'n algemene terugtog uit Fapla se buitenste verdedigingslinie oos van die Cuito veroorsaak. Op 22 Februarie het 20 SA Brigade gerapporteer dat die vyand na sy tweede verdedigingslinie buite Cuito teruggetrek het. Radio-onderskeppings het daarop gedui dat 21 Brigade 'n paar dae vroeër beveel is om na Nancova verder wes te retireer, terwyl 59 Brigade blykbaar oor die rivier teruggetrek het. Daarby was 66 Brigade nou ontplooi tussen Nancova en Hesseca, sowat 10 km noord van Cuito Cuanavale, terwyl een bataljon by Tumpo gelaat is.[31]

Dit het twee implikasies gehad. Eerstens het dit beteken dat Fapla besig was om 'n vierde verdedingingslinie ver wes van die Cuito-rivier te vorm, wat wys dat hulle 'n Suid-Afrikaanse deurbraak en die val van Cuito Cuanavale verwag het. Ten tweede het dit beteken dat die Tumpo-driehoek nou die enigste stuk terrein oos van die rivier was wat steeds in Fapla se hande was. Dit was hier waar die finale drie klimakteriese veldslae in die omgewing van Cuito Cuanavale plaasgevind het.

Ná die geveg van 14 Februarie was die Tumpo-driehoek dus die laaste vyandelike vastrapplek op die oostelike oewer van die rivier. Die operasionele ontwerp wat die SAW ná pres. PW Botha se besoek van 29 September aan 20 SA Brigade se hoofkwartier aanvaar het, was dat die Fapla-brigades óf oos van die rivier vernietig óf weswaarts oor die water verdryf moet word. So lank Tumpo in vyandelike hande was, kon dus nie gesê word dat dié instruksie volledig uitgevoer is nie.

Vir die Kubane en Fapla het die hele veldtog egter yslike simboliese afmetings aangeneem. Veral Fidel Castro, 'n meesterpropagandis, was klaar besig om 'n narratief te skep waarin die "Slag van Cuito Cuanavale" verhef is tot 'n vlak soortgelyk aan die Slag van Stalingrad in die Tweede Wêreldoorlog, 'n simbool van die heldhaftige magte van die lig wat dapper stand hou teen die bose, rassistiese magte van die duister.[32]

Dit is die politiek-militêre agtergrond waarteen die Slag van Tumpo gesien moet word. Maar, soos Willem Steenkamp en Helmoed-Römer Heitman tereg in hul regimentsgeskiedenis van 61 Meg sê, in die lig van die wyse waarop die terrein die verdediging bevoordeel het, "it remains unclear why the South Africans decided to attack Tumpo at all. At best it would be a very difficult undertaking, and there was an alternative – blocking the exit eastwards from Tumpo in such a way that UNITA could prevent any build-up on the east bank for a new offensive ..."[33] Ons weet nou dat Castro geen voorneme gehad het om die offensief te hervat nie; dus was daardie vrees aan die Suid-Afrikaanse kant ongegrond, ofskoon hulle dit natuurlik nie kon weet nie. Bowendien, dit is presies die benadering wat die SAW ná die mislukte derde aanval op Tumpo gevolg het: Hulle het 'n kleinerige mag by Unita gelos om die Kubane en Angolese besig te hou en huis toe gegaan. Dit het goed gewerk.

Die eerste aanval op Tumpo is voorafgegaan deur 'n skermutseling wat 'n waarskuwing vir die Suid-Afrikaners moes gewees het oor die moeilike taak wat op hulle gewag het. Op 19 Februarie is inligting ontvang dat die Angolese drie tenks en 'n infanteriebataljon van 25 Brigade noord van die Dala-rivier ontplooi het. Daar het dié mag 'n noordelike flankbedreiging vir die beplande Suid-Afrikaanse aanval ingehou en dit kon dus nie geïgnoreer word nie. 'n SAW-mag het onmiddellik aangeval en die

Angolese verdryf, maar die dag se gebeure het niks goeds voorspel nie. 'n Olifant en 'n Ratel is deur landmyne beskadig en meer as 30 MiG-lugaanvalle is op die SAW-mag gedoen. Die lugaanvalle het geen skade of verliese meegebring nie, maar omdat die Suid-Afrikaners elke keer moes halt roep en hulself kamoefleer wanneer die MiG's in die lug is, was dit uiters moeilik om momentum te behou. Bowendien is hulle ernstig lastig geval deur die Fapla-artillerie.[34] Agterna gesien, moes dit eintlik 'n belangrike les gewees het, maar dit is blykbaar nie geleer nie.

Die gevegsontwerp vir die eerste aanval op Tumpo is blykbaar opgestel deur kmdt. Mike Müller, bevelvoerder van 61 Meg en in bevel van die aanvalsmag as sodanig. Die teiken was 59 Brigade. Hy wou begin deur die beskikbare 32 Bataljon-kompanies, 230 man onder maj. Tinus van Staden, te beveel om 'n loopgraaf in die vorm van 'n hoefyster te voet in die vroeë oggendure aan te val. Terselfdertyd sou 'n "regular battalion" van Unita die noordoostelike deel van die verdedigingslinie aanval om die aandag van die hoofaanslag weg te trek. Nadat hy die verdedigers van die ooste omvleuel het, wou hy suidwaarts draai en die tweede Fapla-verdedigingslinie aanvat, gesteun deur twee Unita-"bataljons". Aanhalingstekens word gebruik omdat die Unita-eenhede nie regtig as behoorlike bataljons beskou kon word nie; hulle was eerder 'n aanduiding van die grenslose ambisie van die organisasie se leier, Jonas Savimbi.[35]

Verstommend genoeg moes dié plan boontoe deur al die bevel-lae geskop word, met inbegrip van Kat Liebenberg, Jannie Geldenhuys en selfs genl. Magnus Malan, minister van verdediging. Liebenberg het die plan goedgekeur, op voorwaarde dat ekstra aandag bestee word aan die vroeë uithaal van die gevreesde vyandelike 23 mm-kanonne en dat die flankmag versterk word met 'n tenktroep om te keer dat die vyand met tenks inmeng. Unita moes tot die maksimum aangewend word.[36]

Mike Müller het 'n taamlike sterk mag tot sy beskikking gehad: albei tenk-eskadrons (minus 'n troep wat na die flankmag afgedeel is), 'n gemeganiseerde infanteriekompanie, 'n 120 mm-mortiertroep, twee tenkafweergroepe (Ratel 90 en Milanmissiele), 'n lugafweergroep (Ystervark 20 mm en gebuite Sowjet-SA-7- skouergelanseerde missiele), 'n genietroep, en 'n Unita-"bataljon". Die flankmag, onder die bevel van maj. Servaas Lötter, het 'n tenktroep gehad, 'n gemeganiseerde infanteriekompanie (minus 'n peloton), drie 32 Bataljon-kompanies voetsoldate, 'n 120 mm-mortiergroep en twee Unita-"bataljons". 4 SAI was die reserwe. Dié eenheid sou vars bly om op D plus een na die rivier deur te stoot.[37] Die eenheid was onder die bevel van kmdt. Cassie Schoeman, maar op die vooraand van die aanval het hy 'n vermoedelike hartaanval gehad en is uitgevlieg. Sy 2IB het oorgeneem.[38]

Sonder dat die Suid-Afrikaners dit wis, het Castro se aandrang dat die Fapla-verdedigingslinie verkort word, uitgeloop op 'n bevel aan 59 Brigade om oor die Cuito-rivier terug te trek. Dié instruksie is toevallig slegs ure voor die begin van die SAW-aanval gegee.[39] Die gevolg was dat toe die 32 Bataljon-soldate die suidelike hoefyster-loopgraaf bestorm, hulle slegs 'n agterhoede daar gevind het. Dié manne het ook blitsvinnig weggehardloop. Die SAW-soldate het in die lig van 'n lugfakkel uitrusting soos waterbottels, helms en ammunisie sien rondlê, wat die indruk gegee het dat die vyand gevlug het toe hulle die aanvallers hoor aankom. Dit sou die enigste "sukses" van die dag wees.[40]

Dit was nou net ná 05:00. Om 05:50 het die SAW met 'n verwoede bombardement begin. Fapla-kanonne het spoedig geantwoord, maar minstens 'n deel van hul vuur het tussen hul eie troepe beland. Intussen het Mike Müller en die hoofmag noordweswaarts binne die boomlyn opgeruk, langs 'n oop terrein bekend as die Anhara Lipanda. Toe begin die probleme – Müller se eie tenk het 'n myn afgetrap. Hy het na sy Bevelsratel oorgestap.[41] Vantevore het Suid-Afrikaanse spesmagte en genietroepe bekende vyandelike mynvelde noukeurig geïdentifiseer en paaie deur hulle gebaan. Hulle is blykbaar gesien en nadat hulle teruggetrek het, het die Angolese/Kubane eenvoudig nog myne op dieselfde plekke geplant. Dit was dié mynveld waarin die Suid-Afrikaners nou beland het. Dit was 06:46.

Vermoedelik op advies van die Kubane was die Fapla-artillerie

Die SAW word teruggestoot: Tumpo 1, 25 Februarie

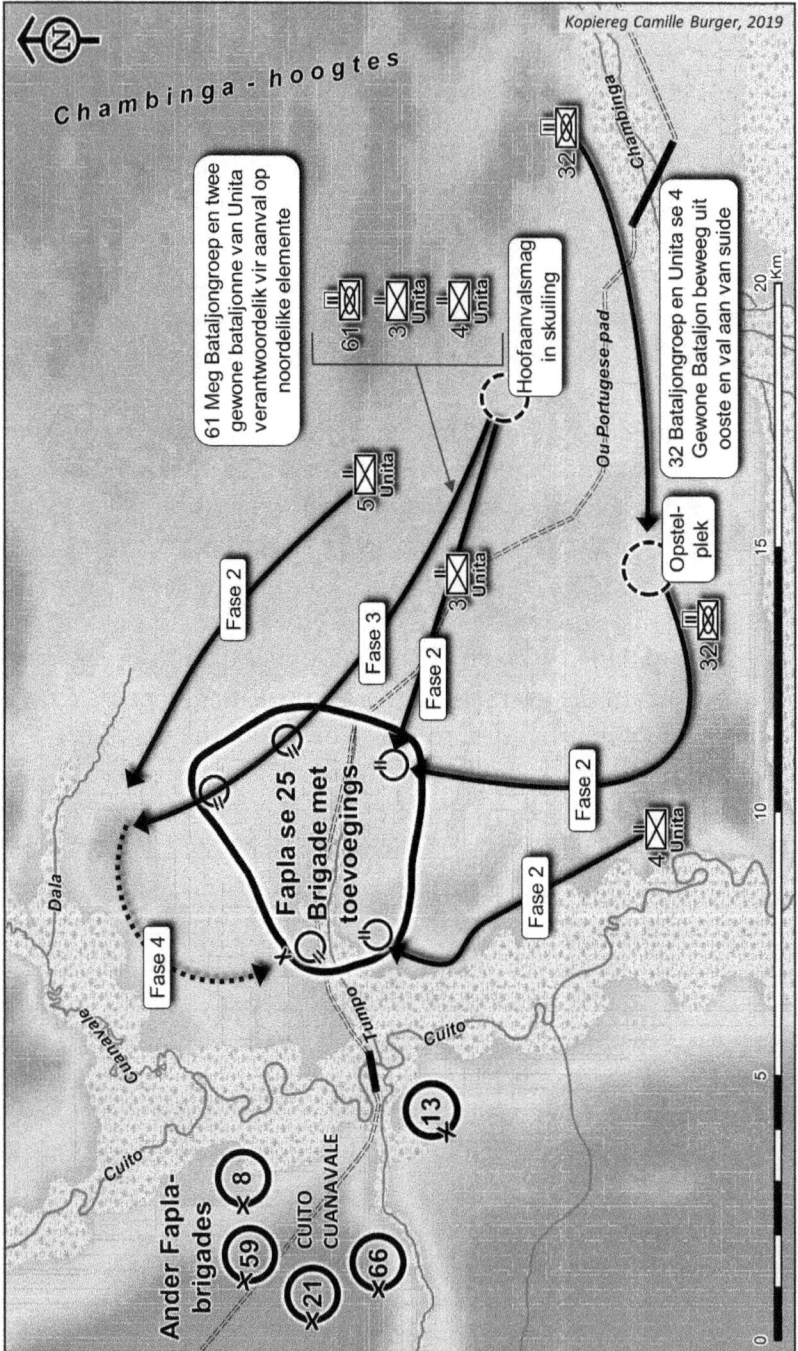

Kopiereg Camille Burger, 2019

Chambinga - hoogtes

Chambinga

61 Meg Bataljongroep en twee gewone bataljonne van Unita verantwoordelik vir aanval op noordelike elemente

Hoofaanvalsmag in skuiling

32 Bataljongroep en Unita se 4 Gewone Bataljon beweeg uit ooste en val aan van suide

Ou-Portugese-pad

Opstel-plek

Fase 2

Fase 3

Fase 2

Fase 2

Fapla se 25 Brigade met toevoegings

Fase 2

Fase 4

Dala

Cuanavale

Tumpo

Cuito

Ander Fapla-brigades

Cuito

13

8

59

CUITO CUANAVALE

21

66

Km

op dié mynvelde gerig. Dus, toe die eerste myne ontplof, het die verdedigers presies geweet waar die aanvallende mag was en het hulle met 'n oorverdowende bombardement laat waai. Daar is gesien hoe Fapla-tenks vorentoe beweeg om die verdedigers te versterk. Om alles te kroon het die vyandelike MiG's die lug in geswerm en die Suid-Afrikaners onder vuur geneem. Saam het dié maatreëls die SAW-opmars in sy spore gestuit.

Die Angolese soldate wat van die mees suidelike stellings teruggetrek het, was nou by die brug saamgebondel – 'n ideale teiken vir die Suid-Afrikaanse artillerie, maar die MiG's in die lug het hulle gedwing om vuur te staak, hul lope te laat sak en hulself te kamoefleer. Die gevolg was dat baie Fapla-soldate die dag oorleef het.

"Daar was nie veel wat ons daaraan kon doen nie," het 'n SAW-offisier later in 'n voorlegging oor die veldtog aan senior offisiere gesê.[42] Volgens die Suid-Afrikaanse offisiere se beskouing van die ander kant se poging in die lug, was baie daarvan bedoel om die SAW-artillerie op te spoor. Dit "het eie magte verhinder om artillerie effektief aan te wend", is in 'n verslag opgeteken.[43]

Müller het nou besluit om die beskadigde tenk te herstel, die mynveld te bres en die opmars te hervat. 'n Plofadder is oor die myne geskiet, maar het weer eens nie ontplof nie. Nege genietroepe, gelei deur lt. Louwtjie Louw, is vorentoe gestuur om dit met die hand te detoneer, maar hulle het gou te make gekry met personeelmyne wat deur die geslepe verdedigers tussen die swaar tenkafweermyne geplant is. Dit het beteken dat dié myne die een ná die ander met die hand gelig en deur natgeswete manne onskadelik gestel moes word, sonder sekerheid dat hulle dit sou oorleef. Nietemin het hulle ná 'n tyd geslaag. Almal is weens hul dapperheid gedekoreer.

Die plofadder het ontplof en 'n pad gebaan waarlangs die eerste tenks nou beweeg het, maar dié wat gevolg het, is deur die vyandelike artillerie en lugaanvalle vertraag. Tog, teen 12:26 was hulle almal deur die mynveld, het hulle hul by die troepe van 32 Bataljon gevoeg en gereed gemaak vir die aanval op die vyandelike hooflinie. Sowat vyf uur was verlore.

Dit was vergeefs. Enkele maande later het Müller aan Fred Bridgland vertel hoe die hel losgebars het:

> Soon we were engulfed by the biggest Fapla artillery barrage of the war. It was bloody hellish. They put down M-46, D-30, BM-21 and ZU-23 fire on us. They knew where their minefield was and they could see us in the edge of the forest. Our G-5s had stopped firing because there were always two, three or sometimes four MiGs in the air and our artillery could not afford to betray their position.[44]

Die mate waarin die SAW-artillerie gekortwiek is, word geïllustreer deur die feit dat die Suid-Afrikaanse kanonne slegs twee van die nege geïdentifiseerde Fapla-artilleriestellings aan die westekant van die rivier kon stilmaak.[45] Die SALM is ook nie in die lug gesien nie. Om 16:15 het die Lugmagbasis Rundu 'n boodskap gestuur dat Mirages op pad was om te kom help, maar geen bron kon gevind word om te bevestig of hulle inderdaad 'n rol in die geveg gespeel het nie.

Terselfdertyd het sommige 32 Bataljon-troepe geel rook gegooi om 61 Meg te laat weet waar hulle is. Dit was onverstandig, want dit het ook hul posisie aan die Fapla-artillerie verraai, wat dit met 'n yslike bombardement beantwoord het. Tog het 61 Meg die opmars in die oopte hervat, maar gou vasgeval in 'n tweede mynveld waarvan Müller niks geweet het nie. Die vyandelike artilleriebombardement het selfs hewiger geword. Minstens nog drie tenks, vyf Ratels en verskeie Ystervark-lugafweer- en logistieke voertuie is beskadig. Een Ratel is heeltemal aan flarde geskiet deur 'n 130 mm-kartets wat die bene van sy bevelvoerder, o.kpl. JJ Botha, afgeruk het. Sy bene is net daar deur dapper mediese ordonnanse geamputeer terwyl die lood om hul ore rondvlieg. Weer eens het die opmars tot stilstand geknars. Die aanvallers kon nie verder nie.

Sktr. Clive Holt, een van 61 Meg se gemeganiseerde infanteriesoldate by die hoofaanvalsmag, het in dramatiese prosa beskryf wat gebeur het:

The lead tank had detonated a mine. Standard procedure kicked in and the entire force stopped, in the middle of an open plain and totally exposed. This was a bad sign, as our approach route had been given to us by a reconnaissance team the night before and we were told that it was a clear path with no mines. Fapla had obviously found the route markers and mined the approach path some time during the night. Commandant Muller [Müller] tried twice to turn the force around and look for an alternative approach path, but both times, another tank hit a mine. It became obvious that we were well into the minefield and in pretty serious trouble.[46]

Hy het vertel hoe dit was om aan die ontvangkant van die Fapla-artillerie te wees:

Within a matter of minutes it became obvious that we had been spotted. An artillery bomb landed just behind our Ratel, and from the noise of the explosion, I knew it was close – too bloody close. Lieutenant Saaiman told me to turn the turret so we could get a look at what was going on.

One of the recovery vehicles was burning about 100 m behind us – a direct hit. Somehow, miraculously, the crew had not been injured and were trying desperately to extinguish their burning vehicle. As we watched, another bomb landed about halfway between the burning wreck and our Ratel. This could mean only one thing: there was an observer in the area who was 'talking in' the artillery fire – and we were his next target.

I was still rotating the turret to its forward position when the next bomb landed almost under our arse. It shook the Ratel, pitching it forward. That was too close for comfort and the lieutenant quickly made an executive decision to move the vehicle, in spite of the fact that we were stalled in a minefield ... Somehow, we made it to shelter under a small tree without incident.[47]

Müller het nou ingesien dit sou malligheid wees om voort te gaan. Hy het per radio toestemming van kol. Pat McCloughlin gevra om terug te trek. McCloughlin se antwoord was dat Müller dekking kan soek, maar dat hy nie te ver moet terugtrek nie. Hy het blykbaar steeds op 'n suksesvolle aanval gehoop, maar om 15:17 het 'n kartets op 'n oop Olifant-luik geval en die bestuurder onthoof. Dit was die laaste strooi. 32 Bataljon en Unita het op eie inisiatief begin onttrek. Müller het weer op 'n onttrekking aangedring en dié keer het McCloughlin ingestem. Teen 18:00 was die mag, wat in spronge teruggetrek het, buite reikafstand. 'n Eienaardige soort vreedsaamheid het die onophoudelike klank van ontploffings vervang.

Die Suid-Afrikaners het die geveg duidelik verloor.

Die afloop van Tumpo 1

Toe die SAW ná die eerste Tumpo-geveg nagaan wat verkeerd geloop het, was die eerste bevinding dat die Suid-Afrikaanse artillerie sy oorheersing verloor het. Die groter reikwydte van die SAW-kanonne – tot 39 km vir die G-5 en 27 km vir die Valkiri-vuurpyllanseerder teenoor die 24 km van die Angolese Sowjet-kanonne – was nie veel werd in dié beperkte taktiese terrein nie. Soos Fred Bridgland dit stel, "[s]uddenly, the Cuban/Fapla artillery, which further south had been ineffective compared with the G-5s because of its lack of range and poor use of forward observers, was on equal terms with the South African artillery."[48] Feit is dat Fapla en die Kubane hul artillerie op die wesoewer van die Cuito gekonsentreer het, waar hulle die hele omgewing kon domineer.

Ander lesse wat die SAW in dié geveg geleer het, het ingesluit:

- Die vyandelike artillerie moes reeds vroeg geneutraliseer gewees het.
- Dieselfde het vir die vyandelike lugbedreiging gegeld.
- Die SAW moes die mynvelde veel vinniger gebres het.
- Daar moes voor die aanval 'n deeglike verkenning van

die toegangsroetes na die slagveld gedoen gewees het om seker te maak dat mynvelde nie onverwags opduik nie.[49]

Helmoed-Römer Heitman het dit só geformuleer:

Analysing the attack, the South Africans readily identified the main problem areas: The enemy's ability to keep fighters in the air continually – 59 sorties during this fighting – and thereby prevent concerted manoeuvre by the mechanised elements, effective artillery support and counter-bombardment; very effective enemy artillery firing from behind high ground against registered or observed targets; and the lack of a means to breach the minefields quickly.[50]

Nog 'n leemte in die SAW was die gebrek aan 'n doeltreffende lugafweervermoë. Teen ongeveer dié tyd is die Suid-Afrikaanse Frans-ontwerpte Cactus-lugafweermissielstelsel (in Frankryk die Crotale genoem), wat vir basisbeskerming bedoel was, onttrek omdat dit nie die harde bostoestande in Afrika kon trotseer nie.[51] Wat oorgebly het, was handgerigte 30 mm- en 20 mm-kanonne en 'n aantal gebuite SAM-7-skouergelanseerde missiele – almal hopeloos onvoldoende.

In 'n naoorlogse besinning het SAW-offisiere erken die vyandelike beheersing van die lug het "'n groot sielkundige invloed op die aanwending en ontplooiing van [Suid-Afrikaanse] magte gehad ... Die feit dat troepe feitlik net die aanwesigheid van die vyandelike lugmag ervaar het, het by hulle die persepsie gelaat dat die SALM nie deelneem aan die operasie nie en hulle in die steek laat."[52]

'n Situasierapport, afkomstig van 61 Meg die dag ná die geveg, waarskynlik deur Mike Müller geskryf of wat in elk geval sy gedagtes weergee, som dit goed op: "Die vyand het eie magte se onwilligheid om met voertuie te beweeg of om artilleriebombardemente uit te voer tydens vyandelike lugmagvlugte maksimaal uitgebuit. Hiervandaan sal eie magte 'n berekende risiko in hierdie verband moet neem om momentum te behou, verrassing te verkry en druk toe te pas op die vyand om sukses af te dwing en die gepaardgaande beperking op personeel- en voertuigverliese."[53]

Die verliessyfers was soos gewoonlik oorwegend in die SAW se guns. Drie Suid-Afrikaners het gesneuwel. Vier tenks is beskadig, maar is herstel; 'n Withings-herstelvoertuig, twee Ratel 20's en 'n Ratel 81 is vernietig en twee Ystervark-voertuie is beskadig.[54] Aan die ander kant sê Heitman SAW-Inligting het later vasgestel dat 172 man by Fapla en tien by die Kubane gesneuwel het. Minstens sewe tenks is vernietig.[55]

Maar statistieke kan lieg. Die Suid-Afrikaners het dié geveg verloor.

Tumpo 2, 1 Maart

Teen dié tyd was die Suid-Afrikaanse soldate byna drie maande aan die front en het hulle aan verskeie veldslae van hoë intensiteit deelgeneem. Hul lewe was hard, van hul kamerade is gewond en ander is dood. Baie was siek met geelsug, malaria of hepatitis en moes uitgevlieg word. Die tyd vir huis toe gaan het genader, maar hul taak was steeds nie afgehandel nie. Die leiers het dus besluit die manne moes nog een poging aanwend voordat hulle huis toe kan gaan.

Die datum vir die volgende aanval is vir 28 Februarie bepaal, maar is tot 1 Maart uitgestel.

Die vyandelike mag was aansienlik kleiner. Net ná die eerste aanval het Suid-Afrikaanse voorwaartse waarnemers 779 Fapla-soldate getel wat reg deur die nag die brug oor die Cuito van oos na wes oorsteek. Die volgende dag het verkenners bevestig dat Fapla sy voorwaartse stellings verlaat en na 'n smal brughoof rondom die brug teruggetrek het. Slegs 'n enkele brigade (25) het oos van die rivier gebly. Aan die westekant is 'n sterk mag gekonsentreer – 8, 13, 21 en 59 Brigade, plus 'n Kubaanse infanterieregiment. Dit beteken dat slegs 800 Fapla-soldate, met vyf tenks en drie BM-21-vuurpyllanseerders, agtergebly het om die Suid-Afrikaners te beveg.

SAW-Inligting het tot die gevolgtrekking gekom dat die vyand op korttermyn die wesoewer as 'n vaste basis wou behou en op mediumtermyn Cuito Cuanavale en die Longa-rivier verder wes as 'n nuwe verdedigingslinie wou ontwikkel. Die verwagting was verkeerdelik dat die vyand heeltemal sou onttrek so gou hul toerusting verwyder is.[56] Dié inligting oor die Fapla-stellings is waarskynlik deur 'n verkenningspan van twee man ingewin wat tot digby 25 Brigade gekruip het, van waar die stellings, toerusting en troepe dopgehou kon word.[57]

Hierdie inligting word in die breë bevestig deur maj. Alexander Petrowitsj Sergejef, 'n Sowjet-tolk by 25 Brigade. Hy sê 'n battery 23 mm-kanonne was saam met 'n Kubaanse tenkeenheid gereed op die oostelike oewer van die Cuito-rivier. "Die diepte van ons verdediging by die rivier was nie meer as 500 tot 600 meter nie, terwyl die volle omvang van hierdie verdediging langs die front nie meer as vyf kilometer was nie. Die hele gebied is verdedig deur nie meer as 800 Angolese nie", onder wie ook 'n paar Kubaanse raadgewers.[58]

Mike Müller sou weer die hoofaanvalsmag lei, wat in 'n taamlik gehawende toestand was. Hy het die twee tenk-eskadrons tot sy beskikking gehad, blykbaar tot 'n enkele eskadron saamgevoeg weens die gebrek aan diensbare tenks; 'n Ratel 90-eskadron en 'n gemeganiseerde infanteriekompanie, albei van 61 Meg; twee gemotoriseerde infanteriekompanies (32 Bataljon), 'n stormpionierseksie, 'n mortierpeloton en twee Unita-"bataljons".

4 SAI sou weer die reserwe vorm met 'n Ratel 90-eskadron, 'n gemeganiseerde infanteriekompanie en 'n mortierpeloton. 'n Ratel 90-troep en 'n gemeganiseerde infanteriepeloton is afgedeel vir 'n klein misleidingsmag.

Weens die ongelooflike verwering van die toerusting het Müller slegs 16 van die 22 Olifante gehad toe die planne gemaak is. Toe die aanval uiteindelik begin, was net 12 tenks en 19 Ratel 90's diensbaar. Om sake te vererger, was die periskope van vyf tenks buite aksie, wat hul gevegsvermoë twyfelagtig gemaak het. Bowendien was slegs 12 van die 16 G-5-kanonne en drie Valkiri-MVL's in staat om aan die geveg deel te neem. Om die waarheid te sê, op die aand van 29 Februarie het Pat McCloughlin Mike Müller twee keer pertinent gevra of hy kans sien vir die geveg, maar Müller was vasbeslote – die aanval sou voortgaan.[59]

Gegewe die beperkings van die klein gevegsterrein was die

plan intelligent. Die eerste aanval 'n paar dae vantevore is uit die suidooste gedoen, dus het dit sin gemaak om dit dié keer uit 'n ander rigting te doen – uit die noordooste. Die enigste probleem was dat die vyand dit blykbaar verwag het. Toe die Fapla-ontplooiing agterna ontleed is, is gevind dat geen magte na die suide gerig was nie. Die oop gebied, die Anhara Lipanda, is volgens Richard von Moltke "waarskynlik as die slagtingsgebied beskou waar 'n aanvalsmag vernietig moes word nadat dit met behulp van mynvelde en indirekte vuur tot stilstand gedwing is".⁶⁰

Aangesien die Suid-Afrikaners goed vir naggevegte opgelei is, was die idee om 'n nagaanval net ná middernag op 1 Maart van stapel te stuur. Ligte infanterie van Unita sou, soos dikwels tevore, voor die SAW-aanvallers beweeg. In laasgenoemde mag was die tenks met 32 Bataljon en bykomende Unita-infanterie geïntegreer. Nadat hulle kontak gemaak het, sou die Unita-vegters na die kante wegsmelt sodat die hoofmag kon deurbeweeg. Dié sou dan aan die noordwestelike einde van die Fapla-verdedigingslinie deurbreek, waarna hy suidwaarts sou swaai en die vyandelike linie oprol. Ten slotte sou die flankmag na die sentrale Tumpo-gebied beweeg om die noordelike mag se suidelike flank te beskerm en die brug oor die Cuito te vernietig. Elemente van 4 SAI – 'n gemeganiseerde infanteriekompanie en 'n Ratel 90-eskadron – sou die vyand in die suidooste probeer mislei. Die res van 4 SAI bataljon sou nie deelneem nie.⁶¹

Die operasie-instruksie het gelui: "20 Bde moet die vyand by die brughoof oos van Cuito Cuanavale vernietig of [tot] wes van die rivier verdryf en daarna die brug vernietig."⁶² Weer eens was daar geen sprake van 'n bevel dat die rivier oorgesteek en Cuito Cuanavale ingeneem moet word nie.

Tog sou die patroon wat met Tumpo 1 begin het in die breë met Tumpo 2 voortgesit word. Murphy se Wet – as iets verkeerd kán gaan, sál dit – is in oortreffende trap bewys.

Ten eerste het die Kubaanse bevelvoerders duidelik die SAW-voorbereidings vir die aanval waargeneem. Op die aand van 29 Februarie, net ure voordat die aanval sou begin, het die hoof-Kubaanse raadgewer by 25 Brigade 'n afdeling genietroepe gestuur

158

om meer myne langs die verwagte Suid-Afrikaanse opmarsroete te plant, net soos die vorige keer. Hulle het hulle in 'n patrollie vasgeloop wat vinnig weggehardloop het. Hulle het gedink dit was Suid-Afrikaners, maar dit kon ook Unita-vegters gewees het. Binne 20 minute het hulle 'n bykomende 150 myne gelê om die 15 000 wat reeds daar was aan te vul.[63]

Die aanvalsmag het op die aand van 29 Februarie bymekaar gekom en begin beweeg, maar teen 01:50 was die mynrollers, wat voor aan die tenks vasgemaak is om myne te laat ontplof voordat hulle die tenks kon beskadig, nog nie daar nie. Die sig was weens harde reën beperk tot 20-30 meter. Dit was 'n hopelose begin. Müller het toestemming gevra om die aanval tot eerstelig uit te stel. McCloughlin het ingestem, op voorwaarde dat die Unita-manne dan óp die tenks gedra word en nie te voet vooruit beweeg nie.[64]

Om 05:45 is die afmarslinie, 5 km oos van die rivier, bereik. Stadig het die aanvallers vorentoe beweeg met al hul sintuie tot die uiterste gespan.

Om 07:30 is spekulatiewe artillerievuur ondervind, maar dit het nie gelyk of die ander kant bewus was van die situasie nie. Teen 09:00 is die eerste loopgrawe bereik. Dit was leeg en die Suid-Afrikaners het hul versigtige beweging in sprong van 100 en later 20 meter voortgesit, beskerm deur die reën en swak sig. Om 10:43 is verdere spekulatiewe vuur, dié keer van mortiere, ondervind. Tog het alles spookagtig en onheilspellend stil gebly.

Toe het dinge vinnig verkeerd geloop. Die reën het opgehou. Die wolke het gelig. Die son het uitgekom. Skielik was die hele SAW-mag in die oopte, heeltemal sigbaar en blootgestel. Binne minute het die MiG's soos woedende bye deur die lug gezoem en hul dodelike vrag laat val. Gelukkig vir die Suid-Afrikaners het dié lugaanvalle sleg vir die vyand begin, aangesien die MiG's aanvanklik hul eie troepe genadeloos gebombardeer en die aanvallers geïgnoreer het. Kort voor twaalfuur het 'n tweede groep MiG's neergedaal, maar weer die Suid-Afrikaners gemis. 'n MiG is óf deur 'n Fapla- 23 mm-kanon óf 'n Unita- skouergelanseerde (Amerikaanse) Stinger-missiel getref en het neergestort.

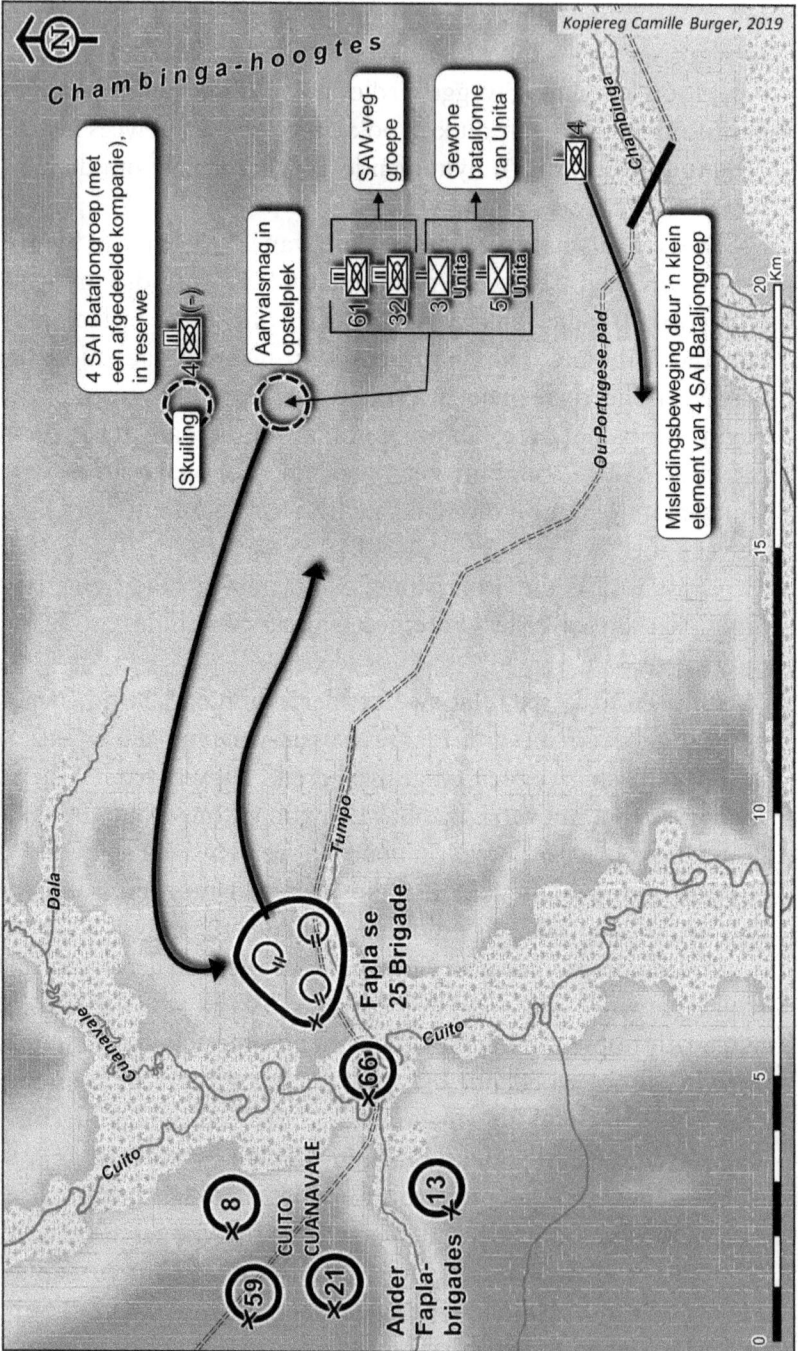

Die SAW word teruggestoot: Tumpo 2, 1 Maart

Toe het die gevreesde Fapla- 23 mm-kanonne uiteindelik die Suid-Afrikaners in hul visier gekry en met 'n muur van vuur op hulle losgebars. Die aanvallers het ietwat suidwaarts geswaai, maar hul opmars voortgesit. Sowat 20 minute later het die aanvallers op terrein gekom wat selfs nog meer oop was en vir 'n wyle gestop om die MiG's kans te gee om pad te gee. Toe dit om 12:50 gebeur, is die opmars hervat. 'n Uur later, nou op terrein sonder enige dekking hoegenaamd, het die mynroller die eerste personeelmyn gedetoneer. Dit was die sein vir die vyand, wat hul kanonne akkuraat op hul eie mynveld gerig gehad het. Dit was binne die minimum afstand van die Angolese M-46 130 mm-artillerie, en dus is die skietery aan die 23 mm-kanonne en 120 mm-mortiere oorgelaat.

'n Paar minute later het die eerste twee tenks op tenkafweermyne geloop. Die Suid-Afrikaners het duidelik 'n sorgvuldig voorbereide slagtingsgebied bereik, aangesien die Angolese nou akkurate vuur uit drie verskillende rigtings op die aanvallers neergebring het. Om sake te vererger is honderde personeelmyne tussen die tenk-afweermyne gevind, wat dit uiters moeilik gemaak het om 'n pad deur die mynveld te baan. Ook het sommige van die tenks met tenkrollers oorverhit en kon nie verder beweeg nie. Müller het ietwat teruggetrek en 'n vuurgordelaksie beveel, met elke moontlike Suid-Afrikaanse wapen wat maksimum vuur op die vyand gerig het. 'n Verwoede geveg het losgebars en 45 minute geduur. Uit die ooste het die Suid-Afrikaanse artillerie ingemeng, effektiewe teenbatteryvuur gelewer en verskeie Fapla-kanonne stilgemaak.

Om 14:28 het die aanvallers vuur uit 'n addisionele flank getrek, en Müller het nog verder teruggetrek. Om 14:50 het die onvermydelike gebeur toe 'n Ratel eindelik deur 23 mm-kartetse getref is. Wonderbaarlik is die Ratel slegs beskadig en niemand is gedood of gewond nie.

Aan die oostekant van die Cuito het die Sowjet-tolk maj. Alexander Petrowitsj Sergejef 'n uitstekende uitsig op die geveg gehad waar hy tussen die Fapla-verdedigers was. Hy het later geboekstaaf dat hy 'n Kubaanse pantsereenheid met 12 tenks wes van die rivier gesien het: "Hulle het op die hoë oewer uitgespring en van naby na die Suid-Afrikaners begin skiet. En hoe het hulle geskiet! Die Olifant-tenks was in volle sig. En die hele Suid-Afrikaanse mag het die vuur uit die bosse geopen. Daar was so baie stof, rook en as dat 'n mens niks kon sien nie."[65]

Teen 15:22 was slegs vyf of ses tenks (die bronne verskil) nog diensbaar. Müller het nou inligting gekry dat tien vyandelike tenks hulle noord van hom vir 'n teenaanval gereed gemaak het. Later het geblyk dat dit slegs twee was. Gebaseer op dié foutiewe inligting, het Müller toestemming gevra om kontak te verbreek en terug te trek. Pat McCloughlin moes eers Kat Liebenberg en Willie Meyer se toestemming kry voordat hy Müller die groen lig kon gee. Terwyl die Suid-Afrikaners onttrek, is nog 'n Ratel deur 'n myn beskadig.

McCloughlin het Müller nou gevra of hy daardie nag 'n nagaanval kon doen, maar die aanvalsmag was in so 'n slegte toestand dat Müller wal gegooi het. McCloughlin het 4 SAI dus beveel om stelling in te neem om 'n vyandelike teenaanval af te skrik, maar daar was geen sprake dáárvan nie.

Daar kan geen misverstand wees nie: Die Suid-Afrikaners het weer verloor. Soos Mike Müller in 61 Meg se oorlogsdagboek geskryf het: "Die vyand is sterk en slim."[66] In 'n situasierapport is die nederlaag erken: "Die aanval op Tumpo op 1 Maart '88 het geen verandering in die vyandelike situasie en ontplooiing meegebring nie." Die vyand het beplan om die Tumpo-brughoof te behou "totdat die situasie onhoudbaar word of totdat die hoof-uitrusting onttrek word".[67]

Tumpo 2: Die nadraai

Ongelooflik, ondanks die heftigheid van die geveg is nie 'n enkele Suid-Afrikaner gedood of gewond nie.[68] Volgens Fred Bridgland het die Angolese meer as 150 man verloor.[69] By die Suid-Afrikaners is twee Ratels beskadig. Dis onbekend wat Fapla aan toerusting verloor het.

Aan die SAW-kant is die Suid-Afrikaanse nederlaag in verskeie dokumente ontleed. In 'n situasierapport onmiddellik ná die geveg word die vyandelike myne en die gebrek aan diensbare voertuie genoem, saam met die rol van "[e]ffektiewe vyandelike 23 mm-vuur".[70]

'n Offisier wat 'n voorligting oor die situasie aan die front gegee het, blykbaar slegs 'n paar dae later, het op die vyand se "gunstige lugsituasie" gewys, op die gekonsentreerde artilleriesteun op die hoë wesoewer, asook die slim geplaaste mynvelde. Dit, het hy gesê, het die Suid-Afrikaners se opmars voortdurend vertraag en gemaak dat hulle momentum verloor het.[71]

Soos gewoonlik is die geveg agterna deur die betrokke offisiere en ander in oënskou geneem. Hul gevolgtrekkings is interessant:

- Die vyandelike mynveld was baie uitgebreider as wat verwag is, want dit het die hele gebied tussen die Cuito- en die Tumpo-rivier gedek. Die tenkafweerwapens was goed geposisioneer en alle moontlike toegangsroetes was gedek. Dit was moontlik om dié wapens vinnig te verskuif om die mynveldgebied in 'n doodsakker te omskep. Die tenks is gebruik as mobiele reserwe of vernietigingsmag as hulle vir 'n teenaanval nodig was.

- Die vyand het verskeie struikelblokke as verdedigings-metode ontwikkel en dit goed met vuur gedek. Veral die aanwending van 23 mm-lugafweerwapens op die hoë grond wes van die Cuito was baie effektief.

- In terugblik was die SAW se indruk dat die Tumpo-verdediging voorsiening gemaak het vir 'n aanval uit enige rigting, behalwe uit die weste. Met die hulp van vroeë waarskuwings kon die mobiele tenkafweerwapens die verdediging aan alle kante op kort kennisgewing versterk. Inderwaarheid het Fapla volgens die ontleding só 'n waarskuwing reeds vroeg in die dag gekry terwyl die Suid-Afrikaners nog aan die opruk was.

- Ten slotte is die mening uitgespreek dat 'n enkele tenk-eskadron hopeloos onvoldoende vir die taak was. Selfs al was al die tenks diensbaar, sou dit steeds nic vir die bevelvoerder moontlik gewees het om te maneuvreer nie. Bowendien het die aanval bevestig dat die Ratel 90 nie die plek van 'n tenk in 'n konvensionele geveg kon inneem nie; dié voertuig kon baie maklik deur 23 mm-kanonne op 'n afstand gehou word.[72]

Hierdie hele ontledingsdokument klink soos 'n aanklag teen die generaals wat die aanval beveel het. Daar was ewenwel een positiewe ontwikkeling, of dan soos dit aan SAW-kant gesien is: In teenstelling met vorige gevegte het die aanvalsmag nie gestop om homself te kamoefleer elke keer as vyandelike vegterbomwerpers in die lug gesien is nie. Dit het gewerk, want die MiG-uitvlugte het geen enkele ongeval onder die Suid-Afrikaners veroorsaak nie.[73] Dit het bewys dat die vyand se lugoorwig dalk oordryf is.

Dit het nie beteken die drama was verby nie. Meer het voorgelê.

DIE SAW VERNEDER: TUMPO 3

Teen dié tyd was die troepe uitgeput. Dit was tyd om huis toe te gaan. Daar is reeds weke tevore voorsiening hiervoor gemaak toe kol. Paul Fouché na Suid-Afrika gestuur is om 'n nuwe brigade op die been te bring om van 20 SA Brigade oor te neem en Pat McCloughlin as bevelvoerder oorgeneem het.

Die aantal beskikbare dienspligtiges wat vir konvensionele oorlog opgelei is, was egter aan die opraak. Gevolglik was die brigade wat Fouché nou op die been gebring het 'n Burgermag-formasie, 82 SA Gemeganiseerde Brigade, formeel deel van 8 SA Pantserdivisie. Dié troepe was dus hoofsaaklik reserviste wat reeds hul aanvanklike twee jaar van ononderbroke militêre dienuplig voltooi het en nou vir beperkte periodes opgeroep kon word. Met dié omruiling het Operasie Hooper geëindig en is dit deur Operasie Packer vervang.

Gevegsorde

Die eerste elemente van die nuwe Suid-Afrikaanse brigade het die front op 5 Maart bereik terwyl dié van 20 SA Brigade begin onttrek het. Op 9 Maart het Pat McCloughlin die bevel aan Paul Fouché oorhandig. Fouché en sy staf het onmiddellik vir die derde aanval op Tumpo begin beplan.[1]

82 SA Gemeganiseerde Brigade was 'n saamgestelde formasie en het uit die volgende bestaan:

- twee tenk-eskadrons (22 tenks van Regiment President Steyn);
- 'n Ratel 90-eskadron (12 pantsermotors van Regiment Mooirivier);
- twee gemeganiseerde infanteriebataljons (70 Ratel 20's, 30 Ratel 60's, sewe Ratel 81's en 14 Bevelsratels van regimente De la Rey en Groot Karoo);
- twee artilleriebatterye (agt 155 mm-G-5's en agt 140 mm-G-2s van Regiment Potchefstroom Universiteit);
- 'n battery van agt 120 mm-mortiere (44 Valskermbrigade)
- 'n battery van agt Valkiri- meervoudige vuurpyl-lanseerders (19 Vuurpylregiment);
- drie gemotoriseerde infanteriekompanies (32 Bataljon); en
- vier Unita-"bataljons".[2]

Daar was ewenwel twee ontwerpfoute in dié mag.

Ten eerste is daar altyd 'n probleem met reserviste wat reeds 'n tyd in die burgerlike lewe deurgebring het. Sommige militêre vermoëns bly behoue, maar die meeste moet opnuut verwerf word – en dit kan slegs deur intensiewe heropleiding reggekry word. 'n Naoorlogse analise van die veldtog toon egter dat die deelnemende offisiere se konsensus was dat daar nie genoeg tyd vir heropleiding was nie. Bowendien, het hulle gemeen, "BM [Burgermag] Konvensionele opl[eiding] is die afgelope jare baie afgeskeep en vir die op[erasie] is BM eenhe[de] aangewend wat nie op standaard was nie."[3]

Die bevelvoerder van die tenks, kmdt. Gerhard Louw, het ook gemeen te min moeite is gedoen om dié reserviste se gevegsgereedheid te verbeter.[4] Dié soldate is inderwaarheid gevra om 'n taak uit te voer waartoe hulle nie in staat was nie.

Tweedens, al was 'n derde tenk-eskadron beskikbaar om 'n behoorlike tenkregiment te vorm, het die generaals besluit om dit nie te mobiliseer nie. Die rede sal 'n geheimenis bly. Dalk het hulle geglo só 'n mag kan nie logistiek gesteun word nie. Hoe ook al, al was die twee tenk-eskadrons as 'n regiment georganiseer, was dit steeds 'n verswakte eenheid. Bowendien, ondanks die feit dat die tenks vars was (die gehawende tenks wat in Operasies Moduler en Hooper gebruik is, is eindelik huis toe gestuur), het die voertuie van een van die eskadrons geen koaksiale masjiengewere gehad nie. Dit het hul vermoë teen vyandelike infanterie beperk.[5]

'n Paar maande later het Gerhard Louw – 'n uitnemende professionele pantseroffisier – 'n paar raak dinge aan Fred Bridgland gesê wat verdien om hier volledig aangehaal te word. Louw het begin deur daarop te wys dat waar die tenks tydens Operasies Moduler en Hooper 'n sekondêre rol gespeel het, hul rol steeds belangriker geword het:

As operations evolved, it became clear that the 'subordinate' tanks were the most effective weapons in the bush that, theoretically, was infantry terrain unsuitable for tank warfare. The enemy fought with tanks and the UNITA infantry couldn't face them effectively. The enemy infantry had the same problem with the Olifants.

As it became clear that our tanks and Ratels were achieving more successes – the armour of the Olifants was not penetrated once by enemy fire – and as our artillery demonstrated its superiority, the South African infantry took a less and less prominent role, especially in view of our orders to keep casualties to an absolute minimum.

But something was wrong with the analysis when 82 Brigade was formed. The Citizen Force units called up did not constitute a full tank regiment, even though it was perceived that the battle would be based on a regiment-led assault. The units called up were structured in the same way as those who had just been withdrawn. I was a whole squadron of 11 tanks short to be able to form a proper regiment. I had no proper regimental HQ, only two infantry battalion HQ structures as provided for 61 Mech and 4 SAI. That made my tactical problems very complicated and involved. I had to form a makeshift regimental HQ with only one tank and with the rest of the staff supplied by a De la Rey Citizen Force infantry battalion. It was frustrating and time-consuming.[6]

Weer eens is die frontmagte beduiwel deur generaals sonder operasionele ervaring wat gemeen het hulle weet beter as die kolonels en kommandante op voetsoolvlak. Reg vanaf die begin van Operasie Moduler het dit duidelik geword dat pantser die sleutel tot oorwinning was, en dat infanterie – hetsy gemeganiseer of gemotoriseer – 'n noodsaaklike maar ondergeskikte rol speel. Selfs by die groot oorwinning van 3 Oktober die vorige jaar langs die Lomba het Ratel 90-pantsermotors as surrogaat-tenks die speerpunt gevorm en die skokeffek gelewer wat met tenks geassosieer word. Gedurende die Chambinga-gevegte is die SAW-magte ook deur die tenk-eskadron gelei. Maar reg van die begin van die operasie was daar 'n eienaardige onwilligheid by die leiers om tenks aan te wend. Aanvanklik het hulle selfs geweier om tenks te laat kom, en toe dit eindelik toegelaat word, was daar altyd te min.

Wat die ander kant betref, het ons nie toegang tot Angolese of Kubaanse bronne nie. Volgens Suid-Afrikaanse inligting het die Fapla-mag op die oosoewer van die Cuito 1 435 man tot sy beskikking gehad. Dit het ingesluit 25 Brigade se hoofkwartier met drie infanteriebataljons, een van 66 Brigade en nog een van 13 Brigade. Die mag het ook 3 Tenkbataljon met 15 tenks ingesluit, maar tien van hulle was ondiensbaar en ingegrawe sodat hulle as statiese artillerie aangewend kon word. B-10- terugslaglose kanonne is tussen hulle geplaas. Die Suid-Afrikaners het voorts die uitbreiding van mynvelde (tenkafweermyne, afgewissel met personeelmyne) rondom die Tumpo-brughoof waargeneem, asook die plaas van genoeg 23 mm-snelvuurkanonne op die flanke, sodat die aanvallers blitsvinnig in kruisvuur vasgevang kon word.[7] Hoe jy ook al daarna wil kyk, dit was 'n buitengewoon moeilike doelwit.

Na die weste was daar 'n groot mag op die hoë rivieroewer. Dit het ingesluit 13 Brigade om die dorp Cuito Cuanavale self te verdedig, versterk deur elemente van ander brigades, plus 'n Kubaanse mag. Dié oewer, waarvandaan die hele gebied bestryk kon word, het ook die gekonsentreerde artillerie gehuisves. Dit het ingesluit verskeie batterye van D-30-kanonne (122 mm), M-46-kanonne (130 mm), BM-21- (122 mm) en BM-14- veelvoudige vuurpyllanseerders (140 mm). Om te voorkom dat die Suid-Afrikaanse voorwaartse artilleriewaarnemers die noordelike gebied tussen die Cuito- en die Cuanavale-rivier gebruik, is 'n bataljon van 36 Brigade daar geplaas. Na die suide is 'n bataljon van dieselfde brigade gestasioneer om teen 'n Suid-Afrikaanse opmars wes van die rivier te waak. Verder wes het 59 Brigade die aanvoerroete na Menongue beset.[8]

Gevegsontwerp

Die oorkoepelende bevel aan 82 SA Gemeganiseerde Brigade was drievoudig: Maak die oostelike oewer van die Cuito van alle vyandelike magte skoon; ontwikkel die oosoewer as 'n struikelblok vir enige vyandelike aanval; bemagtig Unita om die stellings oor te neem; en verminder die SAW-mag drasties. Met ander woorde, gaan huis toe en drink 'n bier.[9]

In 'n onheilspellende waardering het die ingeligte inligtingsoffisiere egter gewaarsku dat die vyandelike stellings vir alle praktiese doeleindes onneembaar was. Die waardering het gelui: "Met die verdere opbou van geskut op die Wes-oewer is dit duidelik dat hierdie geskut tot sy maks[imum] aangewend sal word ter verdediging van Tumpo en sal enige aanval op Tumpo deur GM [Geallieerde Magte] hewige art[illerie]vuur trek. Dit moet verder aanvaar word dat al hierdie geskut geregistreerde take sal hê om mee effektiewe vuur te kan lewer."

In die waardering is ook geskryf: "Dit word weer eens beklemtoon dat Fapla nie van plan is om die Oos-oewer en Tumpo logbasis sonder meer prys te gee nie; Fapla poog dus om maks[imum] beskerming vir homself en maks vertraging en verl[ies]e vir GM te bewerkstellig dmv. mynvelde, ondersteun deur art[illerie]vuur vanaf die Wes-oewer en lugsteun."[10]

'n SAW-situasierapport het voorts gewaarsku: "Die area tussen die Dala-rivier en die Tumpo-rivier bevat verskeie mynvelde op die waarskynlikste opmarsroetes ... Los myne is ook in die gebied sowel as in die omgewing van [die] Anhara Lipanda in die ooste. Teenpersoneel- sowel as teenvoertuigmyne word gebruik."[11]

Met ander woorde, die Suid-Afrikaners het nie verwag dat die vyandelike taktiek om die SAW te verhinder om hoegenaamd kontak met Fapla te maak, sou verander nie, behalwe dat dit moontlik verfyn sou word. Ons sal straks sien hoe dié taktiek inderdaad tot nadeel van die aanvallers verfyn is.

Gegewe die beperkings van die situasie, was die Suid-Afrikaners se gevegsplan min of meer die beste waarmee hulle vorendag kon kom. Die geveg sou begin met misleidingsbewegings deur 32 Bataljon en Regiment Groot Karoo by die vyandelike stellings suid van Tumpo. Dan sou die twee tenk-eskadrons en gemeganiseerde infanterie langs die rand van die Dala-vloedvlakte in die noorde beweeg in 'n poging om óm die verdedigers se flank en in 25 Brigade se rug te kom, om die vyand uiteen te laat spat, die brug in te neem en dit te vernietig. Hulle sou gesteun word deur die gemeganiseerde infanterie van Regiment De la Rey. Terselfdertyd is van Unita verwag om die Fapla-magte wes van die Cuito lastig te val om te keer dat hulle die verdedigers te hulp snel.[12]

Nietemin, die feit bly dat die hoof-as van die aanval presies dieselfde as die vorige een sou wees. Dit is 'n fout wat kandidaatoffisiere by alle militêre akademies geleer word om te vermy, en 'n mens sou van generaals verwag dat hulle dit ook weet. Jare tevore het die Britse strateeg sir Basil Liddell Hart 'n paar reëls geformuleer. Onder hulle was dié: "Choose the line (or course) of least expectation"; "exploit the line of least resistance"; "do not throw your weight into a stroke whilst your opponent is on guard"; en "do not renew an attack along the same line (or in the same form) after it has once failed".[13]

Teen die einde van sy lewe het Liddell Hart sy bydrae tot die teorie van oorlogvoering met dié twee punte opgesom: "The first is that in the face of the overwhelming evidence of history no general is justified in launching his troops into a direct attack upon an enemy firmly in position. The second, instead of seeking to upset the enemy's equilibrium *by* one's attack, it must be upset *before* a real attack is, or can be successfully, launched."[14] Liddell Hart se boeke was bekend by die Militêre Akademie, maar vermoedelik het dit nie indruk gemaak op die kadette wat later generaals geword het nie.

Kol. Roland de Vries het Liddell Hart se benadering gedeel. In die Lomba- en Chambinga-gevegte het die SAW dié beginsels getrou nagekom. Hierdie laaste aanval druis egter volledig in teen elke rasionele taktiese benadering waaraan 'n mens kan dink.

Gerhard Louw was baie ongelukkig daaroor. Hy het brig. Eddie Webb, voorsitter van 'n raadgewende SAW-groep, gevra om die plan se opperste stommiteit aan Kat Liebenberg te verduidelik. Genl. Constand Viljoen, Jannie Geldenhuys se voorganger as hoof van die weermag, het ook laat blyk dat hy gedink het dit is 'n slegte plan. Paul Fouché het gevoel hy "is gesnoeker weens vorige beperkings en die taktiese situasie. Ek was bekommerd oor die oninspirerende plan en die feit dat ek my infanterie moes agterlaat." Liebenberg, is later gesê, se antwoord was – glo dit of nie: "Hoekom vorm jy nie die tenks en infanterie in 'n uitgebreide linie op en beweeg al skietende voorwaarts totdat die vyand na die ander kant van die rivier oorsteek nie?"[15]

Kol. Jan Breytenbach het die aanvalsplan "regtig dwaas" genoem.[16] Toe Gerhard Louw die slagveld van Cuito Cuanavale weer in Mei 2018 besoek, het dit hom weer opgeval in watter mate die Suid-Afrikaanse generaals, wat die kitaar geslaan het, gelei is deur hubris en tonnelvisie "wat aanleiding gegee het tot die vernederende poging van [Operasie] Packer. Van die hoë grond op die wesoewer lê die slagveld soos 'n diorama voor jou, tot voordeel van die verdediger. Tumpo 3 was 'n aksie waarvan die SAW se reputasie nooit herstel het nie."[17]

Liebenberg en Geldenhuys is albei sedertdien oorlede. Hulle het sonder twyfel baie goeie militêre eienskappe gehad, maar insig in moderne mobiele gemeganiseerde oorlogvoering was nie een daarvan nie.

Uit die Angolees-Kubaanse perspektief gesien, was dit baie belangrik om die Tumpo-driehoek te behou. Daarmee kon hulle 'n brughoof oos van die Cuito behou en dit onmoontlik vir die Suid Afrikaners maak om die rivier oor te steek en Cuito Cuanavale te beset. Dit is waar dat die Suid-Afrikaners geen sodanige planne gehad het nie, maar die Angolese/Kubane het nou eenmaal gemeen dat dít is wat die Suid-Afrikaners wou doen.

Hoe ook al, dis duidelik dat die Kubaanse bevelvoerder sy kant van die geveg sorgvuldig beplan en daarmee 'n oorwinning waarskynlik gemaak het nog voordat die eerste skoot geval het. Blykbaar het die Kubaanse generaals Liddell Hart (en Roland de Vries!) beter as hul Suid-Afrikaanse eweknieë verstaan.

Die geveg

Soos gewoonlik is die geveg voorafgegaan deur allerlei soorte druk van die Suid-Afrikaanse generaals op die frontoffisiere. Kat Liebenberg het druk op Fouché uitgeoefen om Unita-vegters soveel moontlik aan te wend, aangesien hy nie verliese by 32 Bataljon wou hê nie.[18] Bowendien het Fouché D-Dag weens hoofsaaklik logistieke knelpunte uitgestel, maar Willie Meyer het dit duidelik gemaak hy is nie beïndruk nie. Hy het Fouché laat weet dit gee die vyand kans om sy verdediging te verbeter en dat die internasionale situasie vinnig tot Suid-Afrika se nadeel versleg. Hy het 82 SA Gemeganiseerde Brigade gevra om D-Dag vorentoe na 20-22 Maart te skuif. Uiteindelik is op 23 Maart besluit.[19]

Die aanval is ingelui deur 'n SALM-bomaanval op 19 Maart op vyandelike stellings naby die Longa om die aandag van Cuito Cuanavale af te trek. 'n Mirage F1AZ met kapt. Willie van Coppenhagen as vlieënier is egter deur vyandelike lugafweervuur getref en het neergestort. Van Coppenhagen het gesneuwel.[20]

Die derde en laaste aanval op Tumpo het vroegoggend op 23 Maart begin met 'n lugaanval deur drie SALM-Mirages wat 25 Brigade probeer bombardeer het, maar die weer het akkuraatheid onmoontlik gemaak en die aanval is afgelas.[21]

Dinge het reeds begin skeefloop terwyl die SAW-magte na die afmarslyn beweeg het. Die gidse het verdwaal, wat 'n aansienlike vertraging beteken het.

Die misleidingsbeweging van 32 Bataljon het om 03:55 begin.[22] Tipies het die Fapla-soldate net ná 06:00 gevlug, maar weer was dit die enigste Suid-Afrikaanse sukses van die dag. Min of meer alles wat kón verkeerd loop, hét.

Om mee te begin het die voertuig met die mynrollers wat aan die tenks vasgemaak moes word om paaie deur die mynvelde te baan, omgeslaan en was dus buite aksie. Regiment De la Rey, met slegs een mynroller, het versigtig vorentoe beweeg. Die vyand se kanonne het begin bulder, maar in dié stadium sonder gevolg. Nietemin het die onervare manne van Regiment President Steyn in alle windrigtings uiteengespat en Gerhard Louw het al sy dae gehad om hulle te kalmeer en weer 'n sekere orde te herstel. Weens die bewolkte lug was daar geen MiG's nie.

Toe het dinge drasties verkeerd geloop. Om 08:35 het Regiment President Steyn se tenks in die eerste mynveld ingery, met heelparty ligte infanteriste van Unita bo-op die voertuie. Hulle het dit eers besef toe 'n Olifant twee personeelmyne detoneer. Die vyandelike artilleriebombardement het hewiger geword, maar was steeds oneffektief. Daar was 'n paar Unita-ongevalle.

Louw het sy enigste operasionele mynroller vorentoe beveel en dit het vinnig 'n tenkafweermyn afgetrap, soos die bedoeling was. Maar hier het die verfynde Kubaanse taktiek begin vrugte afwerp. Sonder dat die Suid-Afrikaners dit geweet het, is die vyandelike myne, wat al klaar behoorlik kragtig was, met 130 mm-artilleriekartetse versterk en so in ontsagwekkende vernietigingswapens omskep. Die ontploffing was so kragtig dat die Olifant se agterste veerstelsel heeltemal vernietig is, met die gevolg dat sy onderstel plat op die grond gelê het en herwinning onmoontlik was.

Louw het twee plofadderspanne vorentoe geroep. Weer eens het dié eksperimentele stelsel teleurgestel; weer eens moes dit met die hand tot ontploffing gebring word. Nogtans is 'n pad gebaan, en teen 12:30 het die Suid-Afrikaners – sy dit ná 'n vertraging van 'n volle vyf uur – hul opmars hervat. Een tenk-eskadron het oor die pad beweeg, maar die stof wat deur die plofadder opgeskop is, het die presiese posisie van die aanvalsmag aan die verdedigers verraai. Hulle het met 'n stroom artillerie- en 23 mm-vuur laat waai. Teen dié tyd was vier Suid-Afrikaanse tenks beskadig, maar drie is suksesvol herwin. Tog het die aanvallers voortgebeur, totdat hulle in 'n tweede

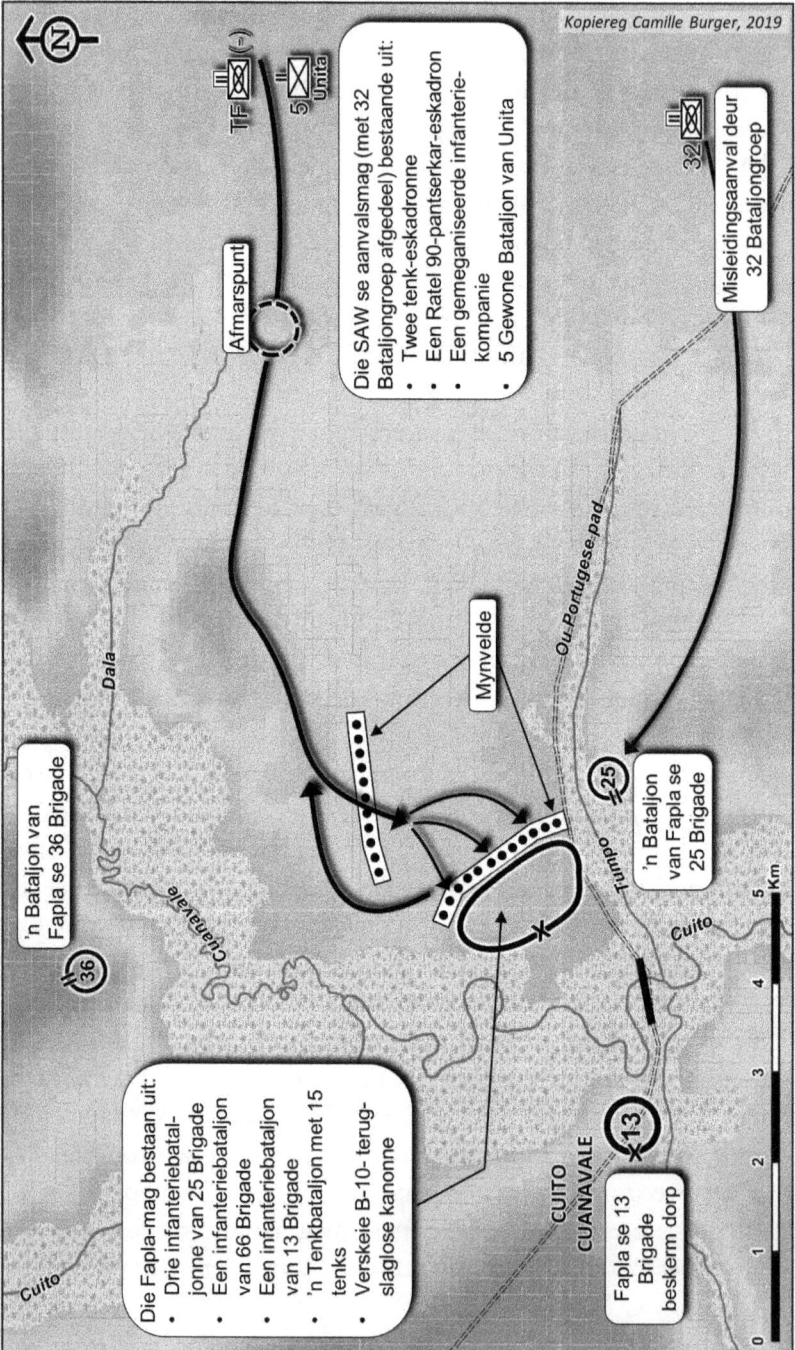

Die SAW verneder: Tumpo 3

Kopiereg Camille Burger, 2019

TF(-)   5 Unita

Afmarspunt

Die SAW se aanvalsmag (met 32 Bataljongroep afgedeel) bestaande uit:
- Twee tenk-eskadronne
- Een Ratel 90-pantserkar-eskadron
- Een gemeganiseerde infanterie-kompanie
- 5 Gewone Bataljon van Unita

32 Misleidingsaanval deur 32 Bataljongroep

'n Bataljon van Fapla se 36 Brigade

Mynvelde

25 'n Bataljon van Fapla se 25 Brigade

Ou-Portugese-pad

Dala

Cuanavale

36

Tumpo

Cuito

Die Fapla-mag bestaan uit:
- Drie infanteriebataljonne van 25 Brigade
- Een infanteriebataljon van 66 Brigade
- Een infanteriebataljon van 13 Brigade
- 'n Tenkbataljon met 15 tenks
- Verskeie B-10- terug-slaglose kanonne

Cuito

CUITO CUANAVALE

13 Fapla se 13 Brigade beskerm dorp

0 1 2 3 4 5 Km

174

mynveld gestruikel het. Die vuur was só hewig dat Louw ietwat moes terugtrek en skuiling soek in 'n effense laagte waar die vyandelike vuur hulle nie kon bereik nie, in elk geval nie met direkte vuur nie.

Bowendien het die wolke teen dié tyd weggetrek en binne 'n kort tyd was die lug vol MiG's. Soos met die eerste twee Tumpo-gevegte het dit beteken dat die Suid-Afrikaanse artillerie grotendeels die swye opgelê is. Die MiG's het egter teen 14:13 onttrek.

In een van die SAW-situasierapporte word droogweg gesê: "Vyandelike artillerievuur [is] nou intens en akkuraat."[23] Dié woorde dra egter nie naastenby die volledige afgryslikheid van wat hier gebeur het, oor nie. Fred Bridgland haal Gerhard Louw aan:

> By now the enemy seemed to be throwing everything towards us, including phospherous bombs. Out of the corner of my eye I saw missiles whistling over our heads. They had BM-14s and BM-21s [Louw het later gesê hy onthou die BM-21's maar nie die BM-14's nie[24]] firing horizontal rocket salvos at us from the opposite bank. Fortunately all the rockets landed in front of the tanks and the rocket boosters and motors tumbled over our heads and caused no losses. It was a big noise, of course, lots of noise and so much smoke and dust that I could barely see my tanks.
>
> Mortar shells landed all over the place and 23 mm slugs crashed through the sound barrier. We were in danger of being well and truly pinned down in a sea of mines ...[25]

Kol. Fred Oelschig, SAW-skakeloffisier by Unita, het 'n werklik afskuwelike weergawe gegee van wat met dié beweging se vegters op die tenks gebeur het: "Ongelukkig het hulle [die aanvalsmag] reguit in 'n baie sterk verdedigingstelsel van Fapla vasgery, met baie goed geplaaste ZPU 23 mm-kanonne ontplooi. Die kruisvuur van hierdie wapens het deur die ontblote Unita-soldate gesny en hulle het ontsettende verliese gely. Daarna het gruwelstories uitgekom van Unita-lyke wat in die tenks se loopvlak beland het, met grusame gevolge. Ongeveer 400 lyke is toe in 'n massagraf begrawe."[26]

Dit kon nie só voortgaan nie. Teen 14:21 het die bevel gekom om te onttrek, maar nog twee Olifante was nou al deur die versterkte myne beskadig. Ondanks alle pogings het hulle vasgesit. Een kon darem uitgetrek word. Die ander een, sonder sy veerstelsel en met sy onderstel op die grond, moes agtergelaat word. Tydens die onttrekking is nog 'n tenk deur 'n allemintige ontploffing geskud en moes ook in die steek gelaat word. Teen 17:20 was die mag terug by die voorste versamelgebied waar hulle begin het.

Paul Fouché het nou toestemming van Kat Liebenberg gevra, ook teenwoordig, om die drie agtergelate tenks met artillerievuur te vernietig om te keer dat die vyand hulle in besit neem, maar Liebenberg het dit verbied. Hy het bepaal dat die tenks die volgende dag herwin word. Hy het nie besef dat die Angolese onmiddellik vorentoe sou beweeg en die terrein beset nie. Die een Olifant wat beweeg kon word, is verskeep om as trofee aan die wêreld te wys, die bewys van die SAW se vernederende nederlaag. Liebenberg het dit op 'n skinkbord aan hulle gegee.

Bridgland se gevolgtrekking is volkome korrek:

> The loss of the Olifants was a classic example of one of the major blemishes of the SADF campaign – the failure of the generals, whether or not from political pressure, to respect fundamental SADF doctrine that battlefield initiative should rest with the field commanders free from interference by higher officers. It was failure to respect this doctrine, and not any failure of the fighting men, that delivered South Africa's Olifants to its enemies.[27]

Om die waarheid te sê, slegs 'n paar dae ná hierdie geveg is gerapporteer dat die een Olifant wat beweeg kon word in 25 Brigade se linie ingesleep is. Volgens 'n SAW-situasierapport is die ander twee "blykbaar gemyn en verdedigende posisies rondom hulle ingeneem".[28]

Tumpo 3: Die nadraai

In 82 SA Gemeganiseerde Brigade se oorlogsdagboek het 'n onbekende offisier die volgende opmerkings onder die opskrif

"My indrukke van die poging" neergeskryf, sonder datum, maar blykbaar kort ná die derde aanval:

1. Was die inligtingsrapport volledig saamgestel?
2. Is al die mynvelde aangedui/gewaardeer?
3. Was die posisie van die 23 mm-stelle bekend of was EM [Eie Magte] bewus van die groot aantal 23 mm's wat in grondrol aangewend kon word?
4. Was die teenwoordigheid van die BM-21's en M-46's bekend is hul vermoëns mbt die betrokke terrein en die hindernisse (mynvelde) korrek gewaardeer?
5. Vy[and] het die verd[ediging] van Tumpo oor tydperk van meer as 2 maande voorb[erei] met behulp van Russiese adviseurs. Alle moontlike toegangsweë is gemyn en hindernisse met vuur gedek wat direk waargeneem kon word.
6. Vy[and] het nie eens van eie t[en]ks gebruik gemaak nie, daarom ook so min op oosoewer. Verd[ediging] was daarop ingestel om aanval in te trek tot by mynvelde en dan met art[illerie] en 23 mm's aanslag te lewer. Dit moes gewaardeer gewees het.[29]

Sowel Paul Fouché as Gerhard Louw sê hulle was nie vir dié idees verantwoordelik nie.[30] Hoe ook al, dit is duidelik dat daar 'n yslike verskil was tussen die frontoffisiere en die generaals wat hulle vir kort tye besoek en dan na hul lugverkoelde kantore in Pretoria en Windhoek teruggevlieg het. Die eenvoudige feit is dat al drie aanvalle op Tumpo, maar veral die laaste een, sleg bedink is. Onmoontlike eise is aan die offisiere en troepe in die aanvalsmagte gestel.

Hierdie laaste debakel was ook die laaste geveg in die veldtog. In 'n naoorlogse ontleding lees 'n mens: "Weens verskeie redes, byvoorbeeld die kostedoeltreffendheid van die operasie, is besluit om die aanvalle af te breek. Mynvelde is om die FAPLA/Kubaanse magte gelê waarna 'n baie klein SAW-element in die gebied agtergelaat is ter ondersteuning van UNITA terwyl die res van die

SAW/SWA GM uit die gebied onttrek het."[31]

Nêrens is daar enige dokumentêre bewys dat die Suid-Afrikaners 'n poging wou aanwend om die rivier oor te steek en Cuito Cuanavale in te neem nie. As dit hul plan was, waarom het hulle soveel moeite gedoen om die brug op te blaas? Inteendeel, hul bevele was kategories om Fapla oos van die rivier te vernietig, of anders om hulle oor die rivier na die weste te dryf. Dan moes die rivier gefortifiseer word, Unita met tenks vir konvensionele oorlogvoering opgelei word, waarna die Suid-Afrikaners vir 'n welverdiende ruskans huis toe kon gaan.

Roland de Vries se kritiek is vernietigend: "Why, oh, why did we ever allow ourselves to get bogged down in the enemy's killing ground and minefields east of Cuito Cuanavale in early 1988? This came at the price of forfeiting the mobility on which the success of our battles in southeast Angola depended."[32]

In die laaste paragraaf van sy kroniek van Operasie Hooper is kmdt. Richard von Moltke ook skerp krities oor die SAW-opperbevel:

> Waarskynlik die belangrikste les wat tydens Operasie Hooper geleer is, was dat die beginsels van oorlogvoering wat aan militêre studente en bevelvoerders geleer word, onteenseglik waar is. Indien die vyand se verdediging van Tumpo aan die beginsels van verdediging gemeet word, sal daar min fout te vinde wees met die wyse waarop dit nagevolg is. Die vraag is egter of die beginsels (en dus voorvereistes) vir 'n suksesvolle aanval in die geval van Tumpo in alle gevalle deur eie magte nagevolg is en, indien dit onmoontlik was, waarom daar ten spyte daarvan met aanvalle voortgegaan is?[33]

In 'n naoorlogse SAW-ontleding was die gevolgtrekking hard: "Die direkte benadering is voortdurend gevolg. Die vyand is herhaaldelik frontaal aangeval – in hul slagtingsgebied. Tumpo, byvoorbeeld, is drie keer uit dieselfde rigting aangeval en langs dieselfde benaderingsroete, ten spyte van die bedreiging op die wesbank van die Cuito."[34]

Hoofstuk 10
TAKTIESE ANALISE

In die loop van dié boek het ons ses verteenwoordigende veldslae tussen die SAW en Fapla tydens Operasies Moduler, Hooper en Packer behandel. Die eerste drie is oortuigend deur die Suid-Afrikaners gewen, die laaste drie het hulle sleg verloor. In dié hoofstuk wil ons die redes probeer identifiseer.

Hoe word veldslae gewen? Anders gestel, hoe – en belangriker, hoekom – word hulle verloor? 'n Mens kan ongetwyfeld talle redes aanvoer, en heelparty boeke en professionele militêre verhandelings is daaroor geskryf. Jy kan tereg faktore belig soos relatiewe getalle en kwaliteit van die vegters en hul toerusting, militêre doktrine en struktuur, opleiding, terrein, die weer, ensovoorts. Alles goed en wel. In die laaste instansie hang alles egter af van die vraag of die bevelvoerders 'n aantal eenvoudige beginsels van oorlogvoering nagekom het. Dié wat die meeste beginsels nagekom het, sal waarskynlik wen; dié wat dit nie doen nie, sal waarskynlik verloor.

Beginsels van oorlogvoering

Wanneer jy albei kante se taktiese hantering van 'n veldslag evalueer, benodig jy 'n min of meer objektiewe maatstaf, anders kan jou eie subjektiewe voorkeur 'n onbehoorlike invloed op die gevolgtrekking uitoefen. Die gebruik van algemeen erkende beginsels van oorlogvoering kan só 'n maatstaf wees. Soos Mao Zedong geskryf het: "Alle militêre wette en militêre teorieë wat in die vorm van beginsels is, is die ondervinding van vorige oorloë wat opgesom word deur mense in die verlede of in ons eie tyd. Ons moet dié lesse ernstig bestudeer. Hulle is met bloed gekoop en is 'n erflating van oorloë uit die verlede."[1]

Met ander woorde, moenie neersien op teorie teenoor die praktyk, soos sommige SAW-offisiere geneig was om te doen nie.[2] Militêre teorie is bloot die sistematiese analise van die praktiese ervaring van geslagte voor ons. Soos die vermaarde Pruisiese militêre teoretikus Carl von Clausewitz die verhouding tussen teorie en praktyk geformuleer het: "[S]oos baie plante slegs vrugte dra as hulle nie te hoog groei nie, so moet die blare en blomme van teorie in die praktiese kuns gesnoei word en die plant digby ervaring, sy eintlike grond, gehou word."[3] Met ander woorde, behoorlike teorie moet in die praktyk toegepas kan word, anders is dit nutteloos.

Deur die eeue het verskeie militêre denkers oorlogvoering tot eenvoudige reëls probeer reduseer. Die antieke Chinese militêre filosoof Sun Tzu[4] het interessante spreuke opgeteken, maar hulle moet in 'n groot mate vir die moderne leser verduidelik word. Net so oud is die geskrifte van die Romeinse offisier Vegetius. Nader aan ons eie tyd het die Franse maarskalk Maurice de Saxe, die Pruisiese koning Frederik die Grote, die Franse keiser Napoleon Bonaparte en die Franse maarskalk Antoine de Jomini probeer.[5] Clausewitz word hoofsaaklik onthou vir sy skrywes oor die aard van oorlog as sodanig en sy verhouding met die politiek.[6]

Die eerste 20ste-eeuse poging om 'n aantal beginsels van oorlogvoering te formuleer, is dié van die Britse genl.maj. JFC Fuller, een van die vaders van moderne gemeganiseerde oorlogvoering. Hy het ses beginsels op grond van 'n studie van Napoleon geïdentifiseer: die doelwit, massa, offensief, sekerheid, verrassing en beweging.[7] Een van sy intellektuele kamerade, sir Basil Liddell Hart, het agt verskillende beginsels van die operasionele kuns geformuleer: Pas jou doel by jou middele aan; hou jou doelstelling altyd in gedagte; kies die lyn of rigting wat die minste verwag word; buit die lyn van die minste weerstand uit; maak seker dat jou plan en ontplooiing buigsaam is en by die omstandighede kan aanpas; moenie aanval terwyl jou opponent dit verwag nie; en moenie 'n aanval herhaal langs dieselfde roete of in dieselfde vorm nadat dit 'n keer misluk het nie. Die laaste een is natuurlik in die laaste drie aanvalle op Tumpo opvallend deur die Suid-Afrikaanse generaals geïgnoreer.[8]

Liddell Hart se reëls sou mettertyd uit eie reg groot intellektuele gewig kry, maar dit was Fuller se formulering van die beginsels van oorlogvoering wat die grondslag sou vorm van verskeie weermagte se ontwikkeling van dié beginsels in hul eie doktrines. So aanvaar die Britse Verdedigingsdoktrine (2014) tien beginsels, naamlik die seleksie en behoud van die doelstelling; behoud van moreel, offensiewe aksie; sekerheid; verrassing; konsentrasie van krag; verstandige aanwending van mag; buigsaamheid; samewerking; en volhoubaarheid.[9] Die VSA erken nege soortgelyke beginsels: doelstelling, offensief, massa, verstandige aanwending van mag, sekerheid, verrassing en eenvoud.[10]

In die jare tagtig het die SAW 14 beginsels van oorlogvoering erken.[11] In sy boek oor oorlogvoering in Afrika identifiseer en bespreek genl.maj. Roland de Vries hulle só:[12]

- *Selection and maintenance of the aim*: Carefully considered so as to determine the true aim – well-formulated, clear, concise, unambiguous, decisive and binding. The execution should lie within the grasp of those entrusted with achieving the end-result. Once the vision is clear, the "how to" will be invented as matters develop.

- *The critical principle – concentration of effort*: Concentration of one's forces at the decisive point and time; the concentration of strength against weakness – all in one, conceptually, physically, psychologically and sensory – to be there first with the most.

- *The regulating principle – the economical use of force*: The sensible application of military capability, including cost, space and time considerations, in relation to the intermediate objectives and the achievement of the required end-results. This implies that own forces would be capable of sustained resilience – the ability to bounce back, with the whole always bigger than the parts.

- *The force-multiplying principle – unity of command:* The cohesive and binding power of dynamic command and leadership in attaining unity of effort at each organisational level tempered by sound judgement, responsibility, team-work and mentorship – an unbroken chain of mutual trust, respect and understanding.

- *The victory principle – manoeuvre:* The baseline here is to seek and maintain the initiative and thus your freedom of action by any means possible. Place the enemy on the horns of a dilemma. Use agility, mobility. Flexbility of mind and the clever utilisation of combat power to achieve the mission.

- *The élan/audacity principle – offensive action:* Aggressiveness tempered with initiative creates opportunities that can be grasped with the aim of winning engagements and battles so as to win the war. Set the terms of the battle by your actions.

- *The integration of effort principle – co-operation:* The unvarying quest to achieve interdependence, team-work, mutual support, spontaneous co-operation and shared responsibility. At the lowest level, it implies combined arms integration and the decentralisation of control.

- *The 'setting the pace' principle – flexibility:* Acting faster than the enemy. This is the ability to meet changing situations rapidly, tempered by mental agility and the ability to improvise.

- *The physical and psychological shock principle – surprise:* Mystify, mislead and surprise by means of agility and creative conception. Hit the enemy in his centre of gravity. Simultaneously attack the enemy's sensory, physical and psychological assets – pre-emption, disruption and dislocation are the name of the war-fighting game.

- *The 'keep our secrets secret' principle – security:* Deny information to the enemy and create conditions on the battlefield that will foster and promote own forces' initiative and freedom of action; so that the mission can be achieved more freely.

- *The 'finger on the pulse' principle – intelligence:* Maintain information security and situational awareness at every level within the sensory, physical and psychological spheres of warfare. Avoid being surprised by the enemy at all costs.

- *The 'aces-high' principle – maintenance of reserves:* Adequate reserves should be planned for and maintained at each appropriate level of warfare. Reserves allow commanders to influence the battle at the most opportune moments. This also makes it possible for soldiers to be reinforced when so required, provides comfort and positively influences morale. At times reserves allow the weary and stressed-out to be relieved and to rest. Reserves provide the substance to maintain momentum and exploit opportunity.

- *The enabling principle – logistical support:* This principle implies that a sound balance exists between the teeth and the tail. It embraces both the physical and moral components of warfare within the spheres of logistics and administration. If support is adequate and appropriate, mission accomplishment is made possible.

- *The final principle – maintenance of morale:* This principle is based on Napoleon's dictum that 'morale is to the physical as three is to one'. The principle of morale implies engendering *esprit de corps* by caring for your people and being successful on the field of battle. The principle embraces tenacity, resilience and confidence in yourself and the others you are fighting with. Its strenghts manifest themselves through high discipline, sound leadership, excellent training, skill at arms and comradeship.

Ons gaan nou dié beginsels op die ses veldslae onder bespreking probeer toepas – dié van 3 Oktober 1987 en 9 en 11 November 1987, 25 Februarie 1988, 1 Maart 1988 en 23 Maart 1988 – in tabelvorm. Ons sal dit doen gedagtig aan 'n belangrike waarskuwing van wyle brig.genl. George Kruys, nog 'n offisier wat diep oor sy beroep nagedink het:

> In the application or use of the principles of war, it must be understood that they are not meant to be interpreted as rigid and dogmatic commandments. They should be used creatively taking real conditions into account. The principles must be seen as considerations to be kept in mind by commanders when they plan and carry out operations. They can be used as a check list of topics whilst war gaming and operation and must be applied to the specific time and conditions of the situation. They should help the commander to choose the best options according to conditions.[13]

Laat ons nou kyk hoe die opponerende magte gevaar het in die ses veldslae in die soeklig. In die tabelle hieronder word 'n punt aan albei kante vir elk van die beginsels toegeken. (Uiteraard kan ander navorsers binne redelike perke ander punte toeken.)

Analise – konvensionele beginsels van oorlogvoering

DIE SLAG VAN DIE LOMBA, 3 OKTOBER 1987
(9-punt skaal: 1 slegste; 9 beste)

	Beginsel	SAW	Fapla
1	Handhawing van die doel	9	3
2	Konsentrasie van poging	8	4
3	Ekonomiese gebruik van mag	8	4
4	Eenheid van bevel	9	3
5	Maneuver	9	4
6	Offensiewe aksie	9	1
7	Samewerking	8	2
8	Buigsaamheid	8	4
9	Verrassing	8	3
10	Sekerheid	8	2
11	Inligting	8	1
12	Handhawing van reserwe	7	2
13	Logistieke steun	7	2
14	Handhawing van moreel	7	1

Dit gee 113 punte aan die SAW teenoor die 36 vir Fapla. Uiteraard moet die punte nie gesien word soos dié wat in 'n eksamen gegee word nie; die idee is bloot om 'n algemene indruk te gee van hoe die twee kante teenoor mekaar gevaar het. Só kan gesien word dat die Suid-Afrikaners die geveg uitstekend gehanteer het, vergeleke met hoe die Angolese foute op flaters op mistastings gestapel het. Ons sal dieselfde metode op die ander veldslae toepas en dan tot interessante gevolgtrekkings kom.

DIE EERSTE SLAG VAN DIE CHAMBINGA, 9 NOVEMBER 1987

	Beginsel	SAW	Fapla
1	Handhawing van die doel	9	3
2	Konsentrasie van poging	7	3
3	Ekonomiese gebruik van mag	7	3
4	Eenheid van bevel	9	4
5	Maneuver	9	4
6	Offensiewe aksie	9	1
7	Samewerking	8	2
8	Buigsaamheid	8	4
9	Verrassing	8	3
10	Sekerheid	8	2
11	Inligting	8	1
12	Handhawing van reserwe	6	3
13	Logistieke steun	7	2
14	Handhawing van moreel	7	1

In dié geval ontvang die SAW 110 punte teenoor Fapla se 36. Weer eens, al benader 'n mens dit nie soos 'n rigiede eksamenpunt nie, illustreer dit wel dat die SAW baie beter as Fapla gevaar het.

DIE TWEEDE SLAG VAN DIE CHAMBINGA, 11 NOVEMBER 1987

	Beginsel	SAW	Fapla
1	Handhawing van die doel	9	3
2	Konsentrasie van poging	7	4
3	Ekonomiese gebruik van mag	7	3
4	Eenheid van bevel	9	4
5	Maneuver	9	4
6	Offensiewe aksie	9	1
7	Samewerking	8	2
8	Buigsaamheid	8	4
9	Verrassing	5	4
10	Sekerheid	7	2
11	Inligting	7	1
12	Handhawing van reserwe	6	3
13	Logistieke steun	7	2
14	Handhawing van moreel	7	1

Die tweede Slag van die Chambinga kom dus neer op 105 punte vir die SAW en 38 vir Fapla. Hier vaar die Suid-Afrikaners marginaal minder goed, maar dit verklaar steeds waarom hulle dié geveg ook loshande gewen het.

TUMPO 1, 25 FEBRUARIE 1988
Nou begin dinge verander:

	Beginsel	SAW	Fapla
1	Handhawing van die doel	6	8
2	Konsentrasie van poging	7	7
3	Ekonomiese gebruik van mag	7	7
4	Eenheid van bevel	9	9
5	Maneuver	5	n.v.t
6	Offensiewe aksie	9	n.v.t.
7	Samewerking	6	8
8	Buigsaamheid	6	8
9	Verrassing	2	9
10	Sekerheid	3	9
11	Inligting	4	8
12	Handhawing van reserwe	7	7
13	Logistieke steun	7	9
14	Handhawing van moreel	4	7

Skielik lyk dinge heel anders. Fapla, nou onder Kubaanse bevel, kry 96 punte teenoor die SAW se 82.

TUMPO 2, 1 MAART 1988

	Beginsel	SAW	Fapla
1	Handhawing van die doel	6	8
2	Konsentrasie van poging	6	8
3	Ekonomiese gebruik van mag	6	8
4	Eenheid van bevel	9	8
5	Maneuver	6	n.v.t.
6	Offensiewe aksie	9	n.v.t.
7	Samewerking	8	8
8	Buigsaamheid	6	8
9	Verrassing	2	9
10	Sekerheid	2	8
11	Inligting	6	7
12	Handhawing van reserwe	7	8
13	Logistieke steun	7	8
14	Handhawing van moreel	6	8

Hier vaar die SAW ook sleg. Hy kry slegs 86 punte teenoor die 96 vir Fapla en die Kubane.

TUMPO 3, 23 MAART 1988

	Beginsel	SAW	Fapla
1	Handhawing van die doel	7	8
2	Konsentrasie van poging	6	8
3	Ekonomiese gebruik van mag	6	8
4	Eenheid van bevel	7	8
5	Maneuver	5	n.v.t.
6	Offensiewe aksie	9	n.v.t.
7	Samewerking	8	8
8	Buigsaamheid	3	8
9	Verrassing	2	9
10	Sekerheid	2	8
11	Inligting	3	7
12	Handhawing van reserwe	6	8
13	Logistieke steun	7	8
14	Handhawing van moreel	4	8

Weer eens vaar Fapla en die Kubane aansienlik beter as die SAW – 96 punte teenoor 75.

Analise

In dié studie het ons vir elk van die veldslae 'n tabel geskep met die beginsels van oorlogvoering wat in die tyd van die Grensoorlog deur die SAW erken en aan sy offisiere geleer is. Dit is soortgelyk aan dié wat deur ander suksesvolle weermagte in die wêreld erken word.

As jy na almal kyk, sien jy 'n merkwaardige ontwikkeling. In die tabelle word die 14 beginsels van oorlogvoering onder mekaar gelys. Van links na regs is daar 'n skaal, met 1 wat dui op 'n beginsel wat glad nie nagekom is nie, tot by 9, wat beteken dat die beginsel volkome nagekom is. Daar is aparte tabelle vir die SAW en Fapla/Kubane vir elkeen van die ses veldslae wat behandel is. Die mate waarin die twee kante die beginsels nagekom het, word met 'n syfer aangedui.

Vir die eerste drie gevegte, dié aan die Lomba en die Chambinga, is die SAW se syfers uitstekend. Dié van Fapla is veel swakker. (Om regverdig te wees, die SAW se punte is marginaal swakker vir die tweede Chambinga-geveg, maar dis maar effens.)

As 'n mens verder na die Tumpo-gevegte kyk, verander die prentjie dramaties. Opeens is dit Fapla, nou saam met die Kubane, wat goeie punte kry en die Suid-Afrikaners wat druip.

Nogmaals, 'n mens moet tabelle soos dié nie gebruik asof hulle eksamenpunte is nie. Enige geveg is 'n grusame, bloedige affêre waarin daar dikwels geen tyd is om dinge koelweg te deurdink en oor alternatiewe te debatteer nie. Dikwels moet bevelvoerders byna oombliklik op onvoorsiene omstandighede reageer. In dié proses sal foute begaan word; dis menslik. Die chaos, vrees, vermoeidheid en slaapgebrek en die – in mindere of meerdere mate – voortdurende tekort aan akkurate inligting kan nie eenvoudig in 'n kliniese tabel vasgevat word nie.

Tweedens het geen bevelvoerder ooit beheer oor alles nie. Daar sal altyd iets wees wat hy nie kan beheer of uitbuit nie. En moenie vergeet nie, in 'n boek soos dié is agternakennis perfek!

Die tabelle verklaar nogtans iets. Hulle illustreer hoe die Suid-Afrikaners die eerste drie gevegte uitstekend beplan en uitgevoer het, terwyl hul opponente byna alles verkeerd gedoen het. Hulle illustreer ook hoe die SAW uitgesak het in die drie Tumpo-aanvalle, en hoe goed die Kubaanse verdedigingsbeplanning gewerk het.

Feit is dat die Suid-Afrikaanse generaals 'n ernstige fout begaan het deur in die eerste plek op die Tumpo-aanvalle aan te dring. Dis nie asof hulle nie kon geweet het wat op hulle wag nie. Hulle is uitdruklik in verskeie inligtingsverslae gewaarsku dat die terrein die verdediging grootliks bevoordeel, dat die vyand die hoë grond op die wesoewer van die Cuito vir sy gekonsentreerde artillerie sou gebruik, dat mynvelde die aanvallers sou laat vasval, dat die vyand se artillerie en sy verwoestende 23 mm kanonne oorvleuelende vuurrigtings sou hê, dat lugaanvalle dinge baie moeilik sou maak en dat die SALM nie in staat sou wees om betekenisvolle hulp te gee nie. As hulle hul verwerdig het om die verslae te lees, sou hulle geweet het.

Dit lyk egter of die generaals tonnelvisie gehad het. Die houding onder die generaals van einde November tot reg by die laaste Tumpo-aanvalle was: Hulle het nog net een stamp nodig. Toe daardie "laaste stamp" nie werk nie, het dit nóg 'n "laaste stamp" geword, en nóg een en nóg een.

As die generaals die beginsels van oorlogvoering wat hulle waarskynlik as kandidaatoffisiere geleer is, nagekom het, sou hulle besef het daar was eenvoudig geen manier waarop enige aanval op die Tumpo-terrein, so voordelig vir die verdediger, kon slaag nie – in elk geval nie met die hopeloos onvoldoende mag wat dit moes doen nie en nie sonder die aansienlike verliese wat hulle begryplikerwys wou vermy nie.

Aan die ander kant het die Angolese die veldtog begin op 'n manier wat nie anders as slordig, amateuragtig en onbekwaam beskryf kan word nie. Hulle het al struikelend tot by die Lomba gevorder, waar hulle deur 'n hoogs professionele en takties verwoestende leër platgeloop is. Tydens hul noordwaartse terugtog is hulle erg gegaffel deur 'n Suid-Afrikaanse mag onder leiding van uiters bekwame bevelvoerders wat diep oor hul beroep as soldate nagedink het.

Dit is geen wonder dat Fidel Castro gesien het 'n ramp is aan die kom en dat sy eie offisiere sou moes oorneem nie. En hét hulle oorgeneem! Veral genls. Leopoldo Cintra Frias en Miguel Lorente Léon het die verdediging van Cuito Cuanavale uitstekend beplan. Hulle is gehelp deur die inmenging van die Suid-Afrikaanse generaals wat telkens slegte keuses aan die woedende veldoffisiere opgedwing het. Hoogs bekwame bevelvoerders soos Roland de Vries, Paul Fouché, Jan Malan en Gerhard Louw maak geen geheim van hul kritiek op die generaals se inmenging nie.

Hierdie is nie die plek om die morele aspekte van albei kante in die oorlog te behandel nie. Dit is ook nie die plek om te gis oor wat kon gebeur het as dié of daardie generaal dié of daardie ander keuse gemaak het nie. Wat gebeur het, het gebeur en is in

192

die annale van die geskiedenis opgeteken. Wat die historikus kan en moet doen, is om die gebeure so akkuraat moontlik weer te gee en om te ontleed waarom dit so gebeur het en wat die gevolge was.

Natuurlik het die oorlog nie met Tumpo 3 geëindig nie, dit was eenvoudig die laaste geveg in die provinsie Cuando Cubango en van 'n belangrike fase in die oorlog. Hierna het die SAW 'n klein mag by Tumpo gelaat om 'n volle veggroep te simuleer en die Angolese besig te hou. Die meeste SAW-troepe is na SWA teruggetrek.

Maar Fidel Castro was nie heeltemal klaar nie. Selfs terwyl die opponente mekaar by Tumpo beloer het, het hy sy 50ste Divisie, veronderstel om 'n elite-formasie te wees, van Kuba na Angola gebring en hulle ver wes van die Cuito Cuanavale-slagveld laat ontplooi. Dié mag het daarna met 'n baie aggressiewe houding suidwaarts na die SWA-grens opgeruk om die Suid-Afrikaners te intimideer.

Ons weet nou dat Castro met die Sowjets ooreengekom het dat die grens na SWA nie oorgesteek sou word nie. Verskeie SAW-inligtingswaarderings het dan ook tot die gevolgtrekking gekom dat 'n Kubaanse inval onwaarskynlik was, maar daar was geen manier waarop die besluitnemers in Suid-Afrika dit seker kon weet nie.

Net versigtigheidshalwe is 'n gemeganiseerde divisie – die sterkste mag wat die SAW sedert 1945 op die been gehad het – gemobiliseer. Planne is deur Roland de Vries opgestel om enige invalsmag suidwaarts in 'n slagtingsbied in te lok, voordat hulle in 'n kragtige teenoffensief in die pan gehak sou word. 'n Aantal hewige botsings het plaasgevind waarin die twee kante ewe veel gegee as ontvang het. Castro het kennis geneem van die Suid-Afrikaanse verdedigende maatreëls.[14]

Nogtans, op strategiese en operasionele vlak was die mars na die SWA-grens 'n uitstekende skuif. Castro was eintlik op soek na 'n pad uit die oorlog terwyl dit lyk of hy die oorwinnaar is, en hierin het hy briljant geslaag. Terselfdertyd het dit die Suid-Afrikaners behoorlik laat konsentreer. Albei kante het in die afgrond gekyk en nie gehou van wat hulle sien nie. 'n Kompromisvrede was die gevolg: Suid-Afrika het uit SWA onttrek en die nuwe Namibië se onafhanklikheid erken en die Kubaanse magte het uit Angola padgegee.

In dié proses het die ses veldslae wat in dié boek behandel word, saam met ander 'n belangrike rol gespeel om 'n diplomatieke oplossing teweeg te bring.

Lesse

Wat kan ons leer uit die ses veldslae wat in dié boek ontleed word? Kom ons neem die lesse een vir een.

Opleiding en dissipline

Dit is 'n militêre spreekwoord dat hoe meer sweet in opleiding gestort word, hoe minder bloed op die slagveld vloei. Dit was baie duidelik by die Lomba en Chambinga. Die SAW-deelnemers was uitstekend opgelei deur baie goeie instrukteurs en hul gevegsinstinkte is verder in voortdurende oefeninge verskerp terwyl hulle by 61 Meg en 4 SAI voor die begin van Operasie Moduler gedien het. Op sowel 3 Oktober as op 9 en 11 November het hulle presies geweet wat om te doen en hoe om dit te doen, danksy die meestal streng maar regverdige leierskap van hul offisiere. Hul gevegsdissipline was uit die boonste rakke.

Behoorlike opleiding en dissipline lei tot die nodige kundigheid wat op alle vlakke van die militêre hiërargie geskep moet word. Daardie kundigheid lei tot drie dinge: Vertroue word in die bevel-as geskep; die verskillende wapens word geïntegreer in die mate dat die span (61 Meg) meer is as die somtotaal van die afsonderlike subeenhede; en samewerking en moreel word gebou. Dit is die kundigheid, integrasie en samehang van 'n mag wat dit moontlik maak vir 'n tegnologies minderwaardige groep om 'n groep met veel beter tegnologie te oorwin.[15]

Aan die Angolese kant is die soldate dikwels in diens gedwing. Hulle was swak opgelei, is sleg deur hul offisiere behandel en het nie mooi geweet waarvoor hulle veg nie. Nadat hulle op 3 Oktober verras is, het hulle paniekbevange gereageer, toe herstel en ná 'n

194

paar uur se geveg teen die einde van die dag opnuut in paniek verval. Hul gebrek aan opleiding en dissipline was regstreeks vir baie van hul ongevalle verantwoordelik.

Een Sowjet-raadgewer by Fapla, kol. Wjatsjeslaf Mitajef, het opgemerk: " Die Angolese hoor geweervuur en hardloop. Hulle is nie regtig dapper soldate nie. Die Angolese was verskriklik bang vir die Suid-Afrikaners. Toe ons in die 16de was, het die 21ste en 47ste Brigade aan 'n drie maande lange offensief van Cuito Cuanavale na Jamba deelgeneem en baie Angolese het eenvoudig weggehardloop as die Suid-Afrikaners opruk."[16]

Les nommer een: Moenie besnoei op opleiding en dissipline nie. Die troepe sal dit begryplikerwys haat, maar op die slagveld is dit onontbeerlik.

Voorafbeplanning

Dikwels kan gevegte gewen word selfs voordat die eerste skoot val. Liddell Hart het oor die operasionele kuns, wat hy strategie genoem het, soos die gewoonte destyds was, geskryf: "*Its purpose is to diminish the possibility of resistance,* and it seeks to fulfil this purpose by exploiting the elements of *movement* and *surprise* [sy kursivering]." Verderaan het hy oor 'n militêre leier se taak geskryf: "Hence *his true aim is not so much to seek battle as to seek a strategic* [operational] *situation so advantageous that if it does not of itself produce the decision, its continuation by a battle is sure to achieve this.* In other words, dislocation is the aim of strategy [operational art]; its sequel may either be the enemy's dissolution or his easier disruption in battle" (sy kursivering).[17]

Sun Tzu het dit selfs sterker gestel: "Daarom is diegene wat elke geveg wen, nie regtig vaardig nie – diegene wat ander se leërs sonder gevegte magteloos maak, is die beste van almal." En: "Daarom wen 'n seëvierende leër eers en soek dan 'n geveg ..."[18]

Deon Ferreira en Roland de Vries het die skuiwe voor die geveg uitstekend bestuur. By die Lomba het Ferreira eers twee keer 47 Brigade uit sy bosvesting suid van die rivier probeer dryf, maar toe hy sien die posisie kan nie ingeneem word nie, het hy wyslik verdere pogings gestaak. Dié besluit is ook beïnvloed deur die feit dat die brigade geïsoleer was van sy susterformasies noord van die rivier en dat hy basies 'n flou makou was.

Ferreira het dus 'n gekonsentreerde artillerie- en lugbombardement beveel om 47 Brigade stelselmatig te verswak en terselfdertyd sy voorraad te laat opraak. Hy het geweet die brigade kon nie daar bly nie. Vroeër of later sou hy móés beweeg. Danksy die SAW se uitstekende radio-onderskeppingsdiens het hy 'n taamlik goeie insig in die Angolese bevelvoerders se denke gehad. So gou die brigade begin beweeg, sou hy op terrein kom wat baie geskikter was vir die SAW se mobiele taktiek.

So het dit inderdaad gebeur. 47 Brigade, reeds verswak voordat hy sy beboste wegkruipplek verlaat het, was oorwonne voordat die eerste skoot op die oggend van daardie noodlotsdag, 3 Oktober 1987, geklap het. Om Liddell Hart en Sun Tzu te kombineer, Ferreira het 47 Brigade hulpeloos gemaak vóór enige gevegte; daarna was die oorwinning verseker deur die voortsetting van militêre optrede.

Op soortgelyke wyse het Roland misleiding by die Chambinga gebruik. Eers het hy 16 Brigade geïsoleer deur 21 en 50 Brigade in die suide te bind. Toe het hy die Angolese twee keer mislei deur hul aandag na die teenoorgestelde kant te trek as die een van waar hy werklik aangeval het. Daardeur het hy die Suid-Afrikaanse getalleswakheid omskep in 'n krag op die punt van aanval. Hy het onsekerheid en selfs paniek in die gemoedere van die Fapla-leiers gesaai en sodoende hul gevegsvermoëns verminder.

Gedurende die Tumpo-gevegte is die bordjies in 'n mate verhang. Genls. Cintra en Lorente het daarin geslaag om te keer dat Fapla se swakheid 'n beslissende faktor word. Met hul mynvelde wat slim gelê was, gekonsentreerde artillerie op die oorheersende wesoewer van die Cuito en bevel in die lug, het hulle die SAW-aanvalsmag verhinder om hoegenaamd kontak met die verdedigers te maak. Daardeur is die SAW se krag geneutraliseer. Dit alles is duidelik lank voor die tyd beplan, met die gevolg dat dié gevegte in effek gewen is voordat 'n enkele skoot geskiet is. Daarby het die flaters van die Suid-Afrikaanse generaals perfek in die kaarte van die Kubane gespeel.

Les nommer twee: Bestuur jou geveg vooraf baie versigtig, byna soos 'n skaakspel. Weet wat jou vyand doen en beplan. Weet wat jou vyand se kwesbaarhede is. Wen voordat 'n skoot geskiet word.

Vind die vyand se swak punt

Nadat hy twee keer deur 47 Brigade teruggedruk is, het Deon Ferreira die formasie in sy eie vet laat braai. Maar die oomblik toe hulle in die oopte kom, het hy hulle in hul kwesbare regtervleuel geslaan. Hy het hulle heeltemal verras en sodoende Bok Smit in staat gestel om die Fapla-verdedigers regdeur die geveg op die agtervoet te hou.

Op soortgelyke wyse het Roland de Vries die Chambinga-gevegte bestuur deur die vyandelike oorwig deur misleiding en ontwrigting te neutraliseer. Fapla is heeltemal verras deur die onverwagte rigting van sy aanvalle.

Aangesien Cintra en Lorente by Tumpo op die verdediging was, was hulle nie in staat om die inisiatief te neem nie; dit het in die Suid-Afrikaners se hande gebly. Maar die Kubane het daarin geslaag om dié voordeel te neutraliseer en om te keer.

Les nommer drie: Wanneer jy in staat is om die inisiatief te neem en te behou, vermy die vyand se sterk punte en buit sy kwesbaarhede uit, terwyl jy terselfdertyd jou eie swakhede vermy en jou sterk punte benut. Pak die vyand aan waar hy swak is en dit nie verwag nie. Moenie met hom veg op terrein wat hý gekies het nie, maar waar die terrein jóú bevoordeel. Verras die vyand net waar jy kan.

Bevel en beheer

Die Slag van die Lomba is 'n uitstekende voorbeeld van same-werking tussen die operasionele bevelvoerder (Deon Ferreira) en die taktiese bevelvoerder (Bok Smit). Die gevegsplan is deur albei saam en saam met hul stafoffisiere bedink. Die laaste kontak tussen Ferreira en Smit was om 02:00 op 3 Oktober. Hoewel Smit Ferreira deur die dag per radio ingelig gehou het, is daar geen aanduiding dat Ferreira in enige stadium ingemeng het nie. Selfs die besluit om die geveg te onderbreek en twee keer terug te trek om die Ratels se voorraad aan te vul, het Smit op sy eie geneem.[19]

Dit was in ooreenstemming met die SAW se gevegskultuur, waarvolgens taktiese besluite op 'n laer eerder as 'n hoër vlak geneem word. 'n Operasionele hoofkwartier sal tipies besluit waar, wanneer en teen wie om te veg en wat die basiese buitelyne van die geveg moet wees. Maar iemand soos Ferreira het geweet dat wanneer die geveg eenmaal begin het, hy die leisels aan Smit moes oorhandig en hom sy ding laat doen.

By die Chambinga het basies dieselfde gebeur. Inligting is aan Leon Marais deurgegee, maar origens het hy sy eie besluite geneem. By Tumpo was dit egter asof die plaaslike SAW-bevelvoerder heeltemal ontmagtig is, aangesien die generaals selfs in die mees triviale taktiese sake ingemeng en hul vryheid van optrede grotendeels beperk het.

Aan die ander kant is dit uit die onderskepte Fapla-radio-boodskappe duidelik dat die Angolese leiers ook steeds in hul taktiese bevelvoerders se nekke geblaas het. Nadat die Kubane oorgeneem het, het Castro ook ingemeng, maar daar moet gesê word dat sy bevele meestal van goeie taktiese insig getuig het. In die afwesigheid van die volledige korrespondensie tussen hom en Cintra en/of Lorente weet ons nie in welke mate hy hulle die vryheid gegun het om die geveg volgens hul eie insigte te voer nie.

Die militêre skrywer Robert Leonhard identifiseer twee soorte bevel en beheer.

Die eerste is bekend as "directive control", of in SAW-taal "mission command": "The idea is that in order to exploit opportunities and the initiative of subordinates, the commander should confine his operations order to explaining the mission and his intent regarding the enemy. Including only such details as are absolutely necessary to coordinate the actions of subordinates, he should allow his subordinates the freedom to figure out *how* to accomplish the task, rather than oversupervising each step of the operation."[20]

Die tweede is "detailed control", waar, skryf hy, "the subordinate leaders are given very little room to decide their own courses of action. They are expected, not so much to innovate, but rather to carry out the specific orders of the commander relentlessly."[21]

In teenstelling met die algemene oortuiging was die Duitsers tradisioneel glad nie rigied oor hul bevel en beheer nie. Hulle het Leonhard se "directive control", wat hulle *Auftragstaktik* genoem het, baie suksesvol beoefen. Dit is ook deur die SAW oorgeneem. Daarteenoor was "detailed control" – *Befehlstaktik* – kenmerkend van die Sowjet-leër. Omdat die Sowjet-weermag die adviserende dryfkrag agter Fapla was, het dié kultuur ook die Angolese leër deursuur. As 'n mens kyk na die radioboodskappe wat voor en tydens die Slag van die Lomba onderskep is, kry jy die besliste indruk dat die Angolese hoofkwartier by Cuito Cuanavale die hele tyd oor die skouers van 47 Brigade se leiers geloer het.[22]

Gedurende die Tumpo-gevegte het die Suid-Afrikaanse generaals in selfs die kleinste taktiese beslissings ingemeng. Hulle het die frontbevelvoerders byna geen ruimte vir onafhanklike inisiatief gegee nie. Hulle het die SAW se eie militêre doktrine in dié opsig heeltemal geïgnoreer en die prys daarvoor betaal.[23]

Les nommer vier: Vestig 'n verstandhouding van vertroue tussen die bevelvoerders op verskeie vlakke. Nadat die hoër hoofkwartier die basiese rigting van die geveg uiteengesit het, los die taktiese bevelvoerders op voetsoolvlak om hul eie inisiatief te ontplooi, solank hulle binne die ooreengekome parameters bly. Laat hulle hul besluite onafhanklik neem; aangesien hulle op die toneel is, is hulle die beste in staat om sake te beoordeel.

Die element van verrassing

Dinge kon potensieel vir die Suid-Afrikaners sleg verkeerd geloop het toe hulle teen die volle 47 Brigade by die TMM-brug bots, pleks van slegs die voorhoede wat hulle verwag het. Dit is nie bekend of die SAW-bevelvoerders dit oorweeg het om die aanval te kanselleer nie, maar hulle het waarskynlik minstens daaraan gedink. Dit is egter logies om te aanvaar dat hulle oortuig was dat hulle aan alle ander voorwaardes vir 'n oorwinning voldoen het.

199

Dus het hulle die stang vasgebyt en voortgegaan.

Ook by die Chambinga was daar oomblikke wat die SAW-bevelvoerders se senuwees beproef het, maar hulle het geweet hulle het die inisiatief en die verrassingselement en het dus voortgegaan. By Tumpo was daar geen sprake van verrassing nie. Die aanvalle is lank vantevore as 't ware geadverteer en die Angolese en Kubane het 'n uitstekende idee gehad van waar en wanneer dit sou plaasvind.

Les nommer vyf: As jy vir 'n algehele verrassing sorg, as jy die inisiatief het, as jy die vyand in 'n kwesbare posisie aanval, is die kanse goed dat jy sal slaag. Dit is regdeur die geskiedenis geïllustreer. Andersyds, as jy nie die vyand kan verras nie, is dit waarskynlik die beste om glad nie die geveg te begin nie.

Die instrumente om die taak uit te voer

Toe die Suid-Afrikaanse regering die politieke besluit neem om in die Angolese Burgeroorlog in te meng en te keer dat Unita uitgeknikker word, is die besluit hoeveel magte om te gebruik, volkome korrek, aan die SAW-leiers oorgelaat. Die eerste fase van Operasie Moduler is egter met 'n hopeloos onvoldoende mag aangepak. 20 SA Brigade was gelykstaande aan twee eenhede van bataljongrootte, vir maksimum buigsaamheid in drie veggroepe gemeng, en 'n artillerieregiment – 'n mag van 2 609 man. Teenoor hulle was daar vier Fapla-brigades met sowat 6 000 man. Belangriker nog, die Suid-Afrikaners het altesaam 32 Ratels gehad wat geskik was om teen tenks te veg: 12 Ratel 90's in Charlie-eskadron, 61 Meg; 8 Ratel 90's in die tenkafweerpeloton, 61 Meg; 8 Ratel 90's in die tenkafweer-eskadron, 32 Bataljon; en 4 eksperimentele Ratel ZT3's met missiele in die tenkafweer-eskadron, 32 Bataljon. Aan die ander kant het die vyand sowat 80 T-54/55-tenks gehad, weliswaar verouderd, maar steeds meer as voldoende teen die Ratels.[24]

Selfs ná die koms van die tenk-eskadron en 4 SAI was die Suid-Afrikaners steeds aansienlik swakker as die Fapla-magte.

'n Mens moet die vraag stel, selfs al moet dit in onakademiese woorde geformuleer word: Welke soort militêre malligheid was dit om só 'n onvoldoende mag teen só 'n oorweldigende oormag te slinger – en dan nog te verwag dat hulle moet wen? Tog: Hulle het nie bloot gewen nie; hulle het die vyand volkome vergruis. In dieselfde trant, die SAW se magte in al die ander gevegte was volkome onvoldoende as 'n mens kyk wat van hulle verwag is. 'n Mens vra jou af waarop dit sou uitgeloop het as bevelvoerders van 'n swakker kaliber as Deon Ferreira, Roland de Vries, Pat McCloughlin en Paul Fouché gedurende die veldtog in bevel van die Suid-Afrikaners was.

Les nommer ses: Nadat jy besluit het wat jy met 'n veldtog of geveg wil bereik, gee aan jou bevelvoerders op voetsoolvlak die instrumente wat hulle nodig het. Ofskoon 'n mens respek moet hê vir die Suid-Afrikaners en hul oorwinnings, moet 'n mens ook insien hoe naby aan 'n katastrofe hulle gekom het, veral by die Lomba en Tumpo. Dat dit nié gebeur het nie, kan nie aan die SAW-generaals toegeskryf word nie.

HOE MOET ONS DAN DIE "SLAG VAN CUITO CUANAVALE" BESKOU?

Die laaste fase van die Grensoorlog – die veldtogte van 1987-1988 in die Angolese provinsies Cuando Cubango en Cunene – is vol misverstande, verkeerde persepsies en selfs volstrekte leuens. Die rede is eenvoudig dat politiek en politici altyd die voorrang kry bo feite. Laat ons dus dié hoofstuk gebruik om verskeie vrae oor dié fase in die oorlog te bespreek. Laat ons ons deur die feite lei, nie deur politiek of ideologie nie. Terselfdertyd moet ons natuurlik besef dat dit volkome legitiem is om teenoorgestelde vertolkings te gee en gevolgtrekkings te maak, solank ons dit doen op grond van verifieerbare feite pleks van veronderstellings.

Was daar ooit 'n "Slag van Cuito Cuanavale"?

Sommige mense – onder wie verskeie deelnemers in 1987-1988 – ontken dat daar ooit 'n "Slag van Cuito Cuanavale" was.

Brig.genl. Junior Botha, wat in 'n stuk geskryf het dit was "nooit die SAW se oogmerk" om die dorp in te neem nie, kom tot dié gevolgtrekking: "Die 'Slag van Cuito Cuanavale' was eenvoudig 'n fabrikasie in die koppe van 'n paar verwarde en onervare mense wat onder druk was."[1]

Jannie Geldenhuys het saamgestem. "Die beslissende gevegte in die suidweste van Angola het in die gebied van die

Lomba-rivier plaasgevind, en nie by Cuito Cuanavale nie."[2]

Die Britse joernalis Fred Bridgland, skrywer van 'n uitstekende boek oor die gevegte by Cuito Cuanavale, het in Maart 2018 op 'n seminaar van die Royal Institute of International Affairs in Londen gesê:

> We're gathered here to reflect upon something that barely happened. There was hardly any fighting for Cuito Cuanavale. The "battle" for the small town was almost entirely myth: it was a battle that took place largely in the propaganda imagination of one side, elevated by relentless repetition into some eternal truth.
>
> It was an early example of fake news, and it has become fake history.
>
> For the sake of accuracy, this seminar would be better titled The Battle of the Lomba River, a spot far to the southeast of Cuito Cuanavale. But, as Oscar Wilde has observed, the truth is rarely pure and never simple.[3]

Al diegene aan die ander kant van die draad verwys weer sonder uitsondering na die Slag van Cuito Cuanavale. 'n Lys sou verskeie bladsye lank wees.

Laat ons die saak sonder emosie en objektief ontleed, sonder om kant te kies of politieke propaganda te pleeg.

Op een vlak is dit verstaanbaar waarom sommige wegskram van die naam Slag van Cuito Cuanavale of selfs ontken dat daar só 'n veldslag was. Die naam is op stuk van sake deur die Kubane en Angolese gegee. Die rede daarvoor was, minstens deels, polities. Cuito Cuanavale lê net oorkant die Cuito-rivier teenoor die Tumpo-driehoek, waar die laaste drie SAW-aanvalle in hul spore gestuit is. Tumpo, baie na aan Cuito Cuanavale, was dus die plek waar Fapla aanspraak kon maak op die enigste taktiese sukses wat hy ooit teen die SAW gehad het.

Ter verdediging van die Suid-Afrikaners kan geredeneer word dat die terrein Fapla sterk bevoordeel het. Die ander kant van die munt is egter ewe waar: Die Suid-Afrikaners het met die aanvalle voortgegaan, selfs al het verskeie swaargewigte aan hul kant daarteen gewaarsku.[4] Militêre logika vereis immers dat jy nie 'n geveg aangaan op terrein wat deur die vyand uitgesoek is nie, tensy jy absoluut daartoe gedwing word.

Die punt is dat elke eerlike benadering sal erken dat die SAW in die Tumpo-driehoek nie met eer uit die stryd getree het nie. Dit is dus verstaanbaar dat die Kubane en Angolese die kans sal aangryp om die hele veldtog tussen Augustus 1987 en Junie 1988 die Slag van Cuito Cuanavale te noem.

In die proses ignoreer hulle natuurlik hul swaar nederlae aan die Lomba, tussen die Lomba en die Chambinga en noord van die Chambinga. Terselfdertyd verkies die Suid-Afrikaners om die Lomba- en Chambinga-gevegte te beklemtoon en dié by Tumpo te onderspeel. Albei benaderings berus op politieke oorwegings en albei is verkeerd.

Wat moet ons die gevegte dan noem? Een benadering sou wees om tussen die drie fases te differensieer en dit die Slag van die Lomba, die Slag van die Chambinga en die Slag van Tumpo te noem. Vanuit 'n akademies-historiese perspektief sou dit die akkuraatste wees, maar soos ons weet, wanneer akademiese en politieke perspektiewe bots, sal die politiek altyd wen.

Bowendien is die naam Slag van Cuito Cuanavale teen dié tyd só verskans dat dit onmoontlik is om dit uit te roei. Ek het self 'n kort boek geskryf met die titel *The Battle of Cuito Cuanavale: Cold War Finale 1987-1988*.[5] 'n Goeie soldaat weet om nie 'n geveg aan te gaan wat hy nie kan wen nie. Kom ons gee dié een toe. Soos Shakespeare sê: "What's in a name?"

Hoe sterk was die opponerende magte?

Hoe sterk was die SAW-mag in Angola nadat die versterkings aangekom het? Volgens Jannie Geldenhuys was daar nooit meer as 3 000 man nie, 'n getal wat deur Roland de Vries en in 'n amptelike naoorlogse analise herhaal is.[6] Andersyds vermeld Piero Gleijeses 'n onderhoud van Jannie Geldenhuys met die Franse dagblad *Le Figaro* waarin die getal 5 000 genoem word[7] en Chester Crocker het dit op 4 000 geskat.[8] Sonder bronvermelding het die ANC later beweer daar was 6 000 Suid-Afrikaners in die gevegte,[9] terwyl die Jamaikaanse akademikus Horace Campbell beweer daar was "meer as 9 000".[10]

Kom ons kyk kortliks na die kwessie. Teen einde Augustus, voordat 61 Meg oor die grens gestuur is, was daar 1 568 Suid-Afrikaanse soldate in die provinsie Cuando Cubango. Voordat die versterkings in Oktober aangekom het, het dit tot 2 609 man aangegroei.[11] 4 SAI en die tenk-eskader het 1 036 man gehad[12] en die G-5-battery 74.[13] Hierby moet gevoeg word die personeel van 'n bykomende Valkiri-vuurpylbattery en troep, asook 'n ekstra 120 mm-mortierbattery. Dit beteken dat die totale SAW-mag in Angola waarskynlik iets meer as 4 000 man was.

Natuurlik is die Suid-Afrikaners aangevul deur Unita, wat verskeie "regular"- en "semi-regular"-bataljons ontplooi het. Unita het self die Suid-Afrikaners in kennis gestel dat hy 10 000 gewapende vegters in sy geledere het. Ingeligte SAW-offisiere was van mening dat dié syfer erg oordrewe was, en dat Unita dalk nie meer as 5 000 man gehad het nie. Ná die oorlog het die SAW Unita se sterkte amptelik op net meer as 6 000 man gestel.[14] Dit beteken dat die SAW/Unita-alliansie waarskynlik sowat 10 000 man tot sy beskikking gehad het.

Aan die ander kant het ons gesien dat Fapla die offensief met agt gemeganiseerde brigades begin het. In die Angolese leër was die brigade die basiese formasie met veelvuldige wapens. Omdat die Angolese formeel volgens die Sowjet-voorbeeld georganiseer was, was hul brigades aansienlik kleiner as dié van die SAW. In die SAW, soos sy voorouer in Brittanje, sou 'n brigade teoreties uit drie eenhede van bataljongrootte bestaan, of sowat 3 500-4 000 man. Die meeste Suid-Afrikaanse oorgrensoperasies is aangepak met ad hoc-formasies van brigadegrootte, wat vir die geleentheid saamgegooi en onmiddellik daarna ontbind is. 20 SA Brigade in Cuando Cubango was 'n tipiese voorbeeld.

Andersyds was die Fapla-brigades elk meestal sowat 1 500 man sterk. Dit beteken dat die offensief afgeskop het met 'n mag van sowat 12 000 soldate, ondersteun deur artillerie, 'n sterk lugafweervermoë en sowat 80 tenks.[15] Natuurlik was die Angolese in Fapla baie beter met swaar wapens toegerus as hul Unita-eweknieë. In die loop van die veldtog is verskeie Fapla-brigades – veral 16 en 47 – ernstig seergemaak, maar versterkings het die getalle teruggebring tot min of meer waar dit begin het. In Desember 1987 en Januarie 1988 is Fapla met nog 1 500 Kubaanse troepe versterk.[16]

Wat was die verliese aan alle kante?

Omdat die bronne verskil, sal altyd hieroor geredeneer word. Jannie Geldenhuys sê 31 Suid-Afrikaners het gedurende Operasies Moduler, Hooper en Packer gesneuwel,[17] maar dit kan nie reg wees nie. In mediese dokumente van die SAW word dié getal inderdaad genoem, maar dit geld slegs vir Operasie Moduler, wat in Desember 1987 geëindig het.[18] Roland de Vries sê daar was omtrent 47 gesneuweldes, maar hy tel die 12 SAW-lede by wat in Operasie Excite in die provinsie Cunene aan die einde van die oorlog gesneuwel het.[19] My eie telling, wat slegs Moduler, Hooper en Packer insluit, is 42.[20] 'n Toekomstige navorser sal 'n definitiewe getal moet vasstel. In 'n omvattende oorsig ná die einde van die oorlog was die gevolgtrekking dat "sowat 780" Suid-Afrikaanse soldate in die hele oorlog gesterf het – met ander woorde, van 1966 tot 1989.[21]

Aan die ander kant plaas Geldenhuys die getal gesneuweldes aan Fapla en Kuba se kant op 4 785.[22] Dit word sterk deur 'n Russiese akademikus, dr. Gennadi Sjoebin, betwis. "The 'confirmed figures' of Geldenhuys," skryf hy, "consist of FAPLA losses counted mostly by UNITA. These UNITA figures were usually about 35 to 40 times higher than the reality."[23]

Volgens Geldenhuys is Fapla se verliese egter meestal deur die SAW se uitstekende radio-onderskeppingsdiens in die veld opgetel.[24]

Wat Unita betref, is geen akkurate syfers gehou van hoeveel van sy lede in die gevegte gesterf het nie.[25] Af en toe kry 'n mens 'n glimp. Byvoorbeeld, in die geveg op 11 September 1987, een van die botsings tussen Fapla en die SAW/Unita, is agt lede van die SAW en 40 Unita-vegters dood.[26] Unita het self geskat dat sowat 1 000 van sy vegters die lewe gelaat het tussen Junie en 4 Oktober 1987, die dag nadat die SAW Fapla se 47 Brigade aan die Lomba byna uitgewis het.[27] Op 'n perskonferensie het Jonas Savimbi, Unita se leier, genoem dat 155 dood en 662 gewond is in die gevegte tot 13 November 1987.[28] Volgens kol. Fred Oelschig, is sowat 400 Unita-lede op 23 Maart 1988 dood, toe die laaste en derde Suid-Afrikaanse aanval op Tumpo afgeslaan is.[29] Roland de Vries skat Unita het sowat 1 500 man in die hele veldtog verloor.[30]

Soos Gerhard Oosthuizen skryf: "Grondige navorsing in die Suid-Afrikaanse Nasionale Weermag-Dokumentasiesentrum te Pretoria het bevestig dat genoemde argeloosheid rakende UNITA-verliese, ook 'n perspektiwiese siening rakende UNITA se bydraes, 'n algemene tendens in SAW-geledere was. UNITA-verliese is by die hoogste uitsonderinge vermeld."[31]

Hoe het dié magte teen mekaar opgeweeg?

Kom ons stel dit reguit: Fapla was nie 'n goeie leër nie. Hy was goed toegerus met moderne tenks, pantservoertuie, artillerie- en infanteriewapens wat deur die Sowjetunie verskaf is; hy was ook goed volgens Sowjet-voorbeeld gestruktureer, maar sy gevegsvermoë was gebrekkig. Roland de Vries, wat Fapla goed leer ken het, al was dit vanaf die opponerende kant, stel dit só:

> FAPLA's military concept throughout the 1980s was based on rigid Soviet military doctrine: it demanded an attritionist (or positional) approach. This concept can best be seen in the static defence tactics they and the Cubans used along the line of the Cuito River between December 1987 and August 1988 … The result in Angola was a style of warfare which was rigid and deliberate, with slow-moving formations, cumbersome command-and-control systems and decision-making processes which were slow at best, with the practitioners most comfortable when burrowed into the ground, secure in the deceptive feeling of comfort and power conferred by their blind faith in their great amounts of military hardware.[32]

Unita was 'n goeie guerrillaleër. In die Angolese Burgeroorlog het hy goed gevaar in die tipiese moker-en-vlug-taktiek wat 'n mens in 'n insurgensie verwag. Fapla kon nooit 'n antwoord daarop vind nie. Maar Unita was geen doeltreffende konvensionele leër nie. Hy was nóg toegerus nóg gestruktureer nóg opgelei as 'n konvensionele mag. Dit kon gesien word in die gevalle waar die Suid-Afrikaners Unita-vegters vorentoe gestoot het om die spit van 'n aanval af te byt. Hulle het sonder uitsondering misluk en moes deur die SAW "gered" word. Geen wonder nie dat Unita se rol in die veldtog sekondêr was, selfs al was daardie rol onontbeerlik.

Die SAW was natuurlik goed opgelei en toegerus vir gemeganiseerde mobiele oorlogvoering. Takties was die Suid-Afrikaners uitstekend. Daar is geen enkele voorbeeld waar Fapla kon standhou teen enige aanval waar hulle teen die Suid-Afrikaners te staan gekom het nie. Die frontoffisiere was meestal sterk en soms briljant.

Operasioneel en strategies was die Suid-Afrikaanse vermoëns (en hier praat ons hoofsaaklik van sommige generaals) gemeng. 'n Generaal soos Jannie Geldenhuys, hoof van die SAW, het uitstekende talente op die vlak van die politiek en veiligheidstrategie gehad. Terwyl hy in die laat 1970's bevelvoerende generaal in SWA was, het hy die teeninsurgensieoorlog daar uitstekend gehanteer en 'n groot rol gespeel om die oorlog om te draai. Gedurende die onderhandelings met die Angolese en Kubane in 1988 was hy met sy goed ontwikkelde politieke aanvoeling die regte man op die regte plek; maar wanneer dit by konvensionele operasies gekom het, het hy en Kat Liebenberg, hoof van die leër, ernstige foute begaan.

In die eerste maande van 1987 het hulle toegelaat dat die situasie met hulle weghardloop. Die inkrementele wyse waarop die SAW ingesuig is, het al die lesse geïgnoreer wat die SAW eksplisiet ná Operasie Savannah in 1975-1976 geleer het toe die Suid-Afrikaners diep in Angola ingedring het. Dit het beteken dat die Suid-Afrikaanse betrokkenheid stadig, chaoties en, eerlik gesê, amateuragtig ontwikkel het. Nadat hulle in die oorlog ingesuig is, het hulle ook swak operasionele oordeel aan die dag gelê deur die vyand aan te vat waar dié sterk was, oos van die Cuito-rivier, pleks van in die weste, waar hy swak was.

Geldenhuys se redenasie dat hy nie die oorlog wou eskaleer bo Suid-Afrika se beperkte oorlogspotensiaal nie, het as sodanig groot meriete, maar dit moet nogtans bevraagteken word: Eerstens, gesien die feit dat 4 SAI en twee tenk-eskadrons ingebring is sonder dat die oorlog te veel geëskaleer is, waarom is hulle nie van die begin af aangewend nie? Tweedens, PW Botha se bevel van 29 September 1987, om die vyand só hard te slaan dat hy nie sy jaarlikse offensief in 1988 kon herhaal nie, het op sigself by implikasie 'n aansienlike eskalasie beteken. As jou politieke hoof wys hy is gewillig om die oorlog in 'n sekere mate te eskaleer, waarom dan weier om genoeg versterkings in te bring om die bevel behoorlik uit te voer? Immers, een van die grootste redes waarom die gevegte tussen die Lomba en die Chambinga nie op die verlangde vernietiging van die Fapla-brigades uitgeloop het nie, was presies omdat die SAW nie genoeg magte gehad het nie. Die generaals het die bal hier lelik laat val.

Die lengte van die veldtog

Daar moet op grond van twee feite nagedink word oor watter invloed die lengte van die veldtog op die resultaat gehad het.

Die eerste is dat die Suid-Afrikaanse regering teen Augustus 1987, toe die veldtog begin is, diep in die moeilikheid was. In die townships was 'n volskaalse rebellie aan die gang. Ofskoon die regering teen dié tyd die orde min of meer herstel het, kon dit slegs met 'n harde hand gebeur, wat nie gehelp het om die hart en verstand van die swart bevolking te wen nie. Internasionaal was Suid-Afrika meer as ooit tevore geïsoleer. Sanksies het seergemaak, ook op militêre vlak. Die ekonomie het gesukkel.

Feit is dus dat Suid-Afrika se nasionaal-strategiese situasie vereis het dat 'n veldtog relatief kort moes wees. Die land kon geen uitgerekte, grootskaalse betrokkenheid in Angola bekostig nie.

Pres. PW Botha het dit besef. Volgens Jannie Geldenhuys het Botha hom "minstens twee keer ernstig vermaan dat ons moet klaarmaak en terugkom ... Hy wou nie 'n 'Viëtnam' gehad het nie.

Ons moes ons missie uitvoer en uit Angola onttrek."[33]

Tog het die veldtog uiteindelik ses volle maande geduur, van Augustus 1987 tot einde Maart 1988. Dit het gevolge gehad – en dit bring ons by die tweede feit: Die SAW se oorgrens-operasies in Angola sedert 1978 was altyd kort, meestal nie langer as 10-14 dae nie. Dit het beteken dat logistieke probleme beperk was, want die formasies wat Angola binnegeval het, kon die meeste van hul voorrade saamvat. Dit was anders toe Moduler in al sy intensiteit in September 1987 losbars. Die feit dat die veldtog uiteindelik ses maande geduur het, het ingehou dat die SAW te make gekry het met 'n situasie waarvoor hy glad nie voorberei was nie en dit het veral op logistieke vlak negatiewe gevolge gehad.

In 'n oorsigdokument oor die veldtog, gedateer einde Mei 1988, is daar 'n sin waarop nie uitgebrei word nie, maar wat 'n taamlik implisiete aanklag bevat: "Volgens beleid en doktrine doen die SA Leër net 'blitzkrieg'-ops oorgrens, is 'n maksimum tydperk van 30 dae neergelê en word log[istieke] en ander beplanning hierop gebaseer. Huidige ops is stadig en uitgerek en duur maande."[34] En: "Logistiek het gewerk (in party gevalle net-net), maar was nie werklik 'n stelsel nie."[35]

In 'n onderhoud met Richard von Moltke het 'n offisier verantwoordelik vir tenk-logistiek, kmdt. A Brosens, as voorbeeld genoem dat die tenks se rusperbande elke 1 000 kilometer vervang moes word. "Ons het 1 500 km met daardie 'tracks' gery, dit moes al op 1 000 km geruil gewees het, maar toe het ons nie voorraad nie. Die 'tracks' is oor die 70 ton wat nou per pad van agter vorentoe moes beweeg het. Dit is die rede hoekom dit eers later opgesit is." Om vir die gebrek aan rusperbande te vergoed moes die logistieke troepe improviseer deur self in die veld die penne te maak wat die skakels van die bande aanmekaar hou."[36]

Ná die oorlog is 'n verband tussen die eskalasie van die oorlog en die SAW se onvoldoende vermoëns gevind: "As gevolg van die eskalering van die konvensionele operasies is die bestaande logistieke infrastruktuur ... buite sy vermoë getaak en is versterkings op 'n ad hoc-basis ... toegevoeg."[37]

In 'n onderhoud begin 1988 het Roland de Vries saamgestem

en die gedagte verder ontwikkel: "Log[istiek] het tydens hierdie op[erasie] nie werklik tot sy reg gekom nie. Ons vermoë was net te min. Ek dink 'n groot probleem met hierdie operasie, dit is my persoonlike sienswyse, maar ek sal dit ook vir enigiemand sê, is die feit dat die op amper in modules beplan is. Nou praat ek van die hoogste vlakke. Namate die opdrag telkens verander is, het log nooit die geleentheid gekry om werklik by te kom nie."[38]

Die inligtingsoffisier kmdt. Lambert Smith het selfs verder gekyk: "Ek dink die belangrikste les wat ek self uit hierdie operasies geleer het, en ek hoop dit word in 'n positiewe gees aanvaar, is die feit dat ons nie gerat is vir 'n konvensionele oorlog nie. As ek 'n mening kan waag, dan sal ek sê in die toekoms, as ons so iets beplan en wil doen, moet daar 'n b[riga]de of 'n div[isie] geïdentifiseer word wat moet deelneem. Daardie ouens moet kom en hulle moet hier saam met ons in die beplanningsiklus insit."[39]

Die kommentaar van Richard von Moltke lyk ook relevant: "Die knelpunte wat voorgekom het, kan veral toegeskryf word aan die feit dat die operasie nie aanvanklik beplan is om die afmetings aan te neem wat dit wel gedoen het nie ... Een situasie het die volgende situasie bepaal. Anders as byvoorbeeld Operasie Protea, was dit nie 'n operasie wat lank voor die tyd in besonderhede beplan is en as sodanig uitgevoer is nie. Dit het groot eise aan die bevelvoerders en hulle stawwe en aan die ondersteuningsdienste gestel."[40]

Hoe ook al, feit is dat die SAW in 1987-1988 nie behoorlik voorberei of toegerus was vir 'n ses maande lange veldtog honderde kilometers van sy basisse en op buitengewoon moeilike terrein nie. Dat dit só uitgerek geraak het, was die regstreekse gevolg van sekere beslissende besluite van die generaals in Pretoria – teen die wense en dikwels tot die uiterste frustrasie van die frontoffisiere.

Oorlog en politiek

'n Belangrike tema in dié studie is die wyse waarop oorlog en politiek tydens Operasies Moduler/Hooper/Packer vermeng is. Van Clausewitz het ons geleer dat oorlog 'n voortsetting is van politiek met ander middele. Hy het gemeen politieke interaksie tussen state "stop nie as gevolg van oorlog nie, word nie in iets anders verander nie, maar dat dit op sigself voortbestaan ... Stop politieke interaksie met die uitruil van diplomatieke notas [om oorlog te verklaar]? Is oorlog nie bloot 'n ander manier om hul denke neer te skryf en uit te druk nie?" Dan volg dié treffende beeld: "Dit [oorlog] het dalk sy eie grammatika, maar nie sy eie logika nie."[41]

Bowendien sal die politieke doelstelling die hele aard van die oorlog bepaal: "Hoe kleiner die offer wat ons van ons opponent eis, hoe kleiner kan ons verwag sal sy inspanning wees om ons dit te ontsê. Hoe kleiner dit [die vyand se inspanning] is, hoe kleiner sal ons s'n wees. Verder, hoe kleiner ons politieke doel hoe minder is die waarde wat ons daaraan heg en des te makliker sal ons bereid wees om dit te laat vaar: Dus *hoe kleiner sal ons inspanning om dié rede wees.*" (Clausewitz se kursivering.)[42]

Dit is belangrik. Hoe beperkter die oorlogsdoel, hoe meer word oorlog en politiek verweef. In 2006 het Jannie Geldenhuys in 'n onderhoud aan my gesê dat politieke oorwegings in die Koue Oorlog – en hy het die Grensoorlog as deel van die Koue Oorlog beskou – baie swaarder as in vorige oorloë geweeg het. Byvoorbeeld, in die Tweede Wêreldoorlog het pres. Franklin D Roosevelt die eenvoudige bevel aan die Geallieerde bevelvoerder in Europa, genl. Dwight Eisenhower, gegee: "Conquer Europe!" Geldenhuys het voortgegaan:

> Dit is wat ek bedoel met 'n absolute instruksie. Daar is geen beperkings op daardie instruksie nie. In die Koue Oorlog het die politici nie alleen beperkings op jou geplaas nie; hulle het jou 'n sterk verminderde instruksie gegee. Enigiets wat nie só 'n absolute instruksie is nie, sien ek as 'n beperkte instruksie. In vorige wêreldoorloë en konvensionele oorloë was dié soort bevel taamlik algemeen. Maar ná die Tweede Wêreldoorlog het daardie soort absolute instruksie eintlik verdwyn en is vervang met beperkte instruksies. Dit plaas onmiddellik die "beperkte instruksie" wat ek na bewering in Angola gevolg het, in 'n ander lig. Ek sê nie beperkte instruksies is

verkeerd nie. Hulle kan verkeerd wees, maar hulle kan ook reg wees. As jy na die Grensoorlog verwys, kan jy van die Koue Grensoorlog praat, of in die algemeen van BI-oorloë (Beperkte Instruksie-oorloë). In dié omgewing moet 'n mens jou beoordelingskriteria verander.[43]

Dié faktor het 'n duidelike invloed gehad op die SAW se optrede op die slagveld. Uit die inleiding tot die Suid-Afrikaanse intervensie aan Unita se kant was dit duidelik dat 'n moontlike eskalasie van die Grensoorlog verby Suid-Afrika se beperkte oorlogsvermoëns 'n belangrike beperking in die generaals se gemoedere was. Dit was regstreeks verantwoordelik vir die inkrementele wyse waarop hulle in die konflik ingesuig is. Dít het beteken dat die SAW-troepe in die eerste fase van Operasie Moduler moes klaarkom met magte wat buitensporig en onbehoorlik klein was. Dat hulle desondanks daarin geslaag het om Fapla by die Lomba te stuit en die Angolese 'n gedugte loesing te gee, sê iets van die SAW se meerderwaardige taktiese en operasionele doktrine, en die kwaliteit van sy offisiere en troepe se opleiding. Dit het ook gehelp dat die frontlinieoffisiere op beslissende oomblikke die polities geïnspireerde beperkings wat die generaals aan hulle opgelê het, geïgnoreer het.

Politieke beperkings, volgens alle aanduidings nie soseer van PW Botha afkomstig as van Jannie Geldenhuys en Kat Liebenberg nie, het 'n beduidende rol gespeel. Dit het daartoe gelei dat die Suid-Afrikaanse troepe in die tweede fase van die operasie 'n aansienlik sterker Fapla moes aanvat. Ook hier was die uitstekende opleiding van die troepe, saam met die kwaliteit van aanvoerders soos Deon Ferreira en Roland de Vries, verantwoordelik vir merkwaardige sukses.

Maar waar Ferreira, De Vries en hul bevelvoerders van veggroepe tot in die tweede helfte van November 1987 dikwels die generaals se operasioneel-politieke beperkings geïgnoreer en gedoen het wat hulle gemeen het nodig was, het politiek nader aan die einde van die maand oorlog begin inhaal. Toe het die generaals oor die skouers van frontoffisiere soos Paul Fouché en Pat McCloughlin begin loer en in weerwil van die SAW se eie militêre doktrine selfs in die kleinste taktiese beslissings ingemeng.

Dit was een van die belangrikste faktore wat tot die laaste drie nederlae van die SAW in die Tumpo-driehoek gelei het.

Dit is heeltemal verstaanbaar dat politieke of veiligheidstrategiese oorwegings 'n betekenisvolle rol in die veldtog gespeel het, maar 'n mens kry die indruk dat die generaals se bedeesdheid op hul eie vertolking van die politieke beperkings gegrond was. Hulle is nie deur PW Botha teruggehou nie; inteendeel.

Wou die Suid-Afrikaners Cuito Cuanavale beset?

Dit is natuurlik die miljoendollarvraag. Ons het reeds die uiteenlopende aansprake gesien: Die Suid-Afrikaners ontken dit; die ander kant bevestig dit aggressief.

'n Sowjet-raadgewer by Fapla het dit só gesien: "Hulle wou Cuito Cuanavale dadelik inneem, om deur sy verdedigingstellings te bars en dit te oorrompel en die Angolese na Luanda te laat vlug. In werklikheid het die Kubane die hele oorlog gewen. Hulle het, nie sonder rede nie, gesê: 'Die verdediging van Cuito Cuanavale is vir ons wat Stalingrad vir julle was.' Dit was 'n uiters betekenisvolle veldslag."[44]

Aan die ander kant kan ons kyk na die mening van Junior Botha wat by die Suid-Afrikaanse leërhoofkwartier in Pretoria nou betrokke was by die beplanning. Ná die oorlog was hy absoluut kategories: Hy het 'n uitdaging gerig aan "enige individu ... om 'n geloofwaardige dokument voor te lê waarin Leërhoofkwartier vir die magte onder die Hoof van die SA Leër se bevel ... die opdrag gegee het om Cuito Cuanavale te verower. Dit was, in hierdie operasies, nooit die bedoeling gewees nie."[45]

In die loop van dié boek is verskeie dokumente inderdaad voorgelê waarin die besetting van die dorp bepleit word. Dus is Botha se ferm ontkenning onsinnig, veral aangesien hy in 'n posisie was om van beter te weet. Beteken dit dan dat die SAW Cuito Cuanavale *wel* wou ineem?

Helaas, die waarheid is nie eenvoudig nie. Die rol wat Cuito Cuanavale in die ontwikkeling van die SAW se strategiese, operasionele en taktiese beplanning gespeel het, het verander namate die situasie ontwikkel het. Buiten 'n paar wilde planne reg aan die begin, in die eerste maande van 1987, het die inname van die dorp absoluut geen rol gedurende die eerste fase van Operasie Moduler gespeel nie. Toe was die idee eenvoudig om die Fapla-offensief te stuit.

Maar nader aan die einde van September, toe dit duidelik word dat die offensief verslaan sou word, het dit verander. Cuito Cuanavale verskyn nou in verskeie dokumente as 'n doelwit wat ingeneem moet word. Dit moet egter in die regte perspektief gesien word.

Eerstens het geeneen van dié dokumente die status van duidelik beplande operasionele instruksies gehad nie. Dit was memorandums en boodskappe waarin senior SAW-offisiere oor die pad vorentoe gedebatteer het. Die debat het 'n duidelike rigting ingeslaan ná pres. PW Botha se besoek aan 20 SA Brigade se hoofkwartier op 28-29 September 1987, toe hy 'n teenoffensief goedgekeur het. Sy bevel, om Fapla só hard te slaan dat die Angolese nie hul jaarlikse offensief in 1988 kon herhaal nie, het die grense van die debat bepaal. Soos 'n mens uit verskeie bronne kan aflei, was hy in elk geval nie teen die inname van Cuito Cuanavale nie, maar hy het die operasionele planne, volkome korrek, in die hande van die SAW-leiers gelaat.

Die groot vraag wat nou die SAW-leiers se gemoedere besig gehou het, in elk geval tot diep in November, was: Welke roete kies ons in die teenoffensief? Ruk ons wes van die Cuito-rivier op en neem Cuito Cuanavale as 't ware deur die agterdeur in? Of val ons die Fapla-brigades aan waar hulle is, oos van die rivier? As ons die tweede benadering kies, wat moet ons finale doelwit wees? Cuito Cuanavale self, of slegs die oostelike oewer van die Cuito-rivier?

Gebaseer op die dokumente in die SANW-Dokumentasiesentrum en die getuienis van geloofwaardige ooggetuies is die antwoord duidelik: Die westelike opmars is verwerp ten gunste van een in die ooste. Met daardie beslissing verdwyn Cuito Cuanavale as 'n doelwit wat aangeval moet word feitlik heeltemal uit die dokumente. Bowendien, as 'n mens die SAW se mobiele doktrine in ag neem, moet dit duidelik wees dat die Suid-Afrikaanse frontoffisiere – Deon Ferreira, Roland de Vries, Pat McCloughlin en Paul Fouché – geen belangstelling in die besetting van die dorp as sodanig gehad het nie. Hul belangstelling was suiwer takties: Die besit van Cuito Cuanavale sou hulle in staat gestel het om die vloei van voorrade na die Fapla-brigades oos van die Cuito stop te sit. Dit sou die einde van die veldtog gewees het. Ook sou die ontsegging van die landingstrook vir Fapla, en die ontwrigting van die vyand se bevel en beheer deur die inname van hul voorwaartse hoofkwartier in die dorp, dinge baie makliker vir die Suid-Afrikaners gemaak het.[46]

Eerlikheidshalwe, daar is sekere uitsonderings in die dokumente. In die eerste twee, respektiewelik deur Jannie Geldenhuys en Kat Liebenberg, word die frontoffisiere gemagtig om 'n aanval op Cuito Cuanavale te *beplan* (nie uit te voer nie!), op voorwaarde dat die dorp sonder 'n groot geveg val. Dié moontlikheid het natuurlik nooit gematerialiseer nie. In die derde dokument, deur Liebenberg, is die bewoording dubbelsinnig, maar as dit saam gelees word met 'n vierde wat op dieselfde dag opgestel is, lyk dit of daar na die moontlike inname van Cuito Cuanavale verwys word as deel van 'n teoretiese toekomstige operasie. Al dié dokumente is in Oktober opgestel.

In die tweede helfte van November word die laaste pogings aangewend om die SAW-leiers te beweeg om Cuito Cuanavale uit die weste in te neem. In die dokumente word geswyg oor die uitkoms, maar op grond van wat werklik gebeur het, moet die gevolgtrekking wees dat dié voorstel 'n vroeë dood gesterf het.

Van hier af is alle operasionele instruksies eksplisiet en ten volle ooreenstemmend: Die doel van die operasies noord van die Chambinga, Operasies Hooper en Packer, is om – indien moontlik – die Fapla-magte te vernietig; of indien nie, hulle oor die Cuito-rivier na die westekant te verdryf. Dan moet die rivier as hindernis voorberei word en Unita moet in konvensionele taktiek opgelei word, veral om die T-54/55-tenks wat van Fapla gebuit is te hanteer. Dan kan die Suid-Afrikaners huis toe gaan.

Niks meer nie; niks minder nie. Nadat die roete van die teenoffensief bepaal is, is daar eenvoudig geen bevel om Cuito

Cuanavale uit die ooste of vanuit enige rigting te verower nie. Dus is die stelling wat 'n mens dikwels van die Kubane, die MPLA, die ANC en linksgesinde akademici hoor, eenvoudig feitelik verkeerd. Van politici moet 'n mens miskien so iets verwag, want die spesie homo politicus is nie bekend vir sy gewetensvolle najaag van die waarheid nie. Maar akademici wat dieselfde doen – veral omdat baie min van hulle hul moeg gemaak het met die lastige gewoonte om (voldoende) argivale navorsing te doen – is 'n ander saak.

Nog 'n relevante faktor: As die Suid-Afrikaners regtig Cuito Cuanavale vanuit die ooste wou inneem, waarom sluit die meeste van hul operasie-instruksies die vernietiging van die brug oor die rivier in? Waarom sou hulle in Augustus 1987 'n spesmagte-operasie uitgevoer het om dit inmekaar te laat stort? Waarom sou die SALM die moeite gedoen het om 'n H2- "slim" bom begin Januarie te gebruik om dit te vernietig? Dit maak eenvoudig geen sin nie.

Dan is daar die bewering wat 'n mens ook hoor dat die inname van Cuito Cuanavale bloot die inleiding sou wees tot 'n veldtog om Menongue te vat, om na die Angolese middelland deur te stoot en uiteindelik om Luanda te verower en die MPLA met Unita te vervang. Daar is baie getuienis dat die Suid-Afrikaanse regering en die SAW beslis *verkies* het dat Unita die magshefbome in Luanda beheer,[47] maar geen getuienis dat hulle inderdaad sulke *planne* gehad het nie. Die SAW het eenvoudig nie die vermoë vir so iets gehad nie en die politici en generaals het dit geweet. Soos Roland de Vries aan my gesê het:

> Dis amper lagwekkend as ek daaraan dink – dink net aan die internasionale druk op Suid-Afrika, en intern in ons eie land, as ons sulke grootskaalse operasies daar begin het. In geen stadium was daar enige beplanning om meer mense te mobiliseer om betrokke te wees in grootskaalse gevegte of om die oorlog te eskaleer nie. Vir my is dit dwaas om te dink dat enigiemand dit kon oorweeg het of om te dink dat dit ons doel was. Jy praat van totale mobilisasie. Ek sou sê jy het 'n minimum van drie volle divisies nodig. En jy het 'n lugmag nodig wat húl lugmag kan uithaal. Jy sou 'n massiewe

logistieke poging moes ingesit het. Jy sou jou Burgermag moes opgeroep het. Ons het nie daardie vermoë gehad tensy ons 'n volskaalse mobilisasie begin het nie.[48]

Dit sou ook verkeerd wees om die destydse ekonomiese beperkings op Suid-Afrika buite rekening te laat. Andreas Velthuizen se analise lui:

Between 1980 and 1989 the growth of the gross domestic product (GDP) averaged around one percent, well below South Africa's non-white population growth rate of almost 3 percent a year and far below the 5 percent economic growth rate needed to provide jobs for the 200 000 to 300 000 blacks entering the job market annually. Large and growing military expenditure, the administration of Namibia, foreign debt to be repaid between 1989 and 1991, the fall in the price of gold and a continuing outflow of capital with the resulting dwindling of the value of currencies were immediate and serious economic constraints. These economic issues left the government with little budget flexibility and the critical need for foreign investments in softening of repayment terms, and put the South African leadership under pressure to restore a favourable investment climate by reducing tensions caused by military involvement in Angola and Namibia.[49]

Nietemin is dit 'n feit dat die Kubane die propagandaoorlog loshande gewen het. Selfs voordat die gevegte beëindig is, het Fidel Castro noukeurig 'n narratief begin skep waarvolgens sy heldhaftige magte – en Fapla, natuurlik – 'n gloriaryke oorwinning behaal het oor die gemene, rassistiese Suid-Afrikaners. Op 21 Maart 1988 het hy aan die Sowjet-diplomaat Anatoli Adamisjin gesê: "Vra die Amerikaners: As die Suid-Afrikaners so magtig is ... waarom kon hulle nie Cuito inneem nie? Hulle het vier maande aan die deure van Cuito Cuanavale gehamer. Waarom was die leër van die meerderwaardige ras nie in staat om Cuito te vat nie, wat verdedig word deur swartes en mulatto's van Angola en die

Karibiese gebied? Die magtige Suid-Afrikaners ... het hul tande teen Cuito Cuanavale gebreek ... en hulle is gedemoraliseer."[50]

Een Suid-Afrikaner wat besef het Castro wen die propagandaoorlog, was Geldenhuys. Maar, soos hy ná die oorlog verduidelik het, hy het Castro doelbewus dié oorwinning gegun:

> Ek het net geglo 'n mens moet hom 'n uitweg gee, anders gaan hy nooit padgee nie. Daarom het ek ná die eerste verklarings oor hoe ons die Kubane opgedons het, opgehou om die Kubane en Russe se neuse daarin te vryf. Dit sou myns insiens nie help om die Kubane te ontbloot nie. Hulle moes 'n uitweg gegee word om te onderhandel en pad te gee uit Angola sonder dat dit in skande was. Daarom moes ons maar vir die oomblik verdra hoe Castro se propagandamasjien verkondig dat die Suid-Afrikaners padgegee het en nie in staat was om Cuito Cuanavale in te neem nie. Die feit dat ons nooit beplan het om Cuito in te neem nie, het net nie geloofwaardig geklink teen daardie propaganda nie.[51]

Ná die oorlog het die offisiere betrokke by die SAW se amptelike oorsig oor die oorlog se lesse nie heeltemal saamgestem nie:

> In die Sesde Militêre Streek [Cuando Cubango] is die dorpie [Cuito Cuanavale] wat nooit vir die geallieerdes 'n primêre teiken was nie, deur die vyand tot simbool van operasionele en politieke oorwinning verhef ... Die vyand het daarin geslaag om die uitslag van die gevegte by die Lomba-rivier en oos van Cuito Cuanavale so te verswyg en verdraai dat dit hulle 'n geweldige propagandavoorsprong gegee het ... Intydse mediadekking aan suksesse is die enigste manier om uitslae te bevestig. Mediaverteenwoordiging so ver moontlik voor verseker "warm" nuus. Latere veldtogte (in die media) om te bewys dat die SAW oorwin het, is nie nuuswaardig nie; derhalwe totaal ongeloofwaardig.[52]

Nietemin, kom ons gee die laaste woord aan Chester Crocker

met sy vraag hoe die gevegte by Cuito Cuanavale 'n heroïese Kubaanse legende geword het.

Sy antwoord lyk in die kol: "By proclaiming to a credulous world that the town of Cuito Cuanavale – a town under MPLA control since 1976 – was the 'prize' over which the entire campaign was fought, and then by crowing when you have managed not to lose it. Defining the adversary's agenda and the stakes of the battle was a Cuban art form. The South Africans were no match for Castro in the battle of perceptions."[53]

DIE POLITIEKE EN AKADEMIESE DEBAT

Die sogenaamde Slag van Cuito Cuanavale was die kulminasie van die Grensoorlog. As sodanig het dit die fokuspunt geword van die openbare debat oor wie eintlik die oorlog gewen het.[1]

Selfs voordat die gerommel van die wapens in 1988 stil geword het, het die Kubaanse diktator Fidel Castro 'n narratief begin skep van 'n fantastiese sege oor wat hy gesien het as die rassistiese wittes uit die suide. In Mei 1988, terwyl 'n SAW-vegspan nog 'n groter veggroep in die omgewing van Cuito Cuanavale gesimuleer het en terwyl Suid-Afrikaanse en Kubaanse soldate mekaar nog in die suidelike Angolese provinsie Cunene probeer doodmaak het, het Castro 'n belangrike toespraak voor die spitsberaad van die Organisasie vir Onverbonde Lande in Havana gehou. Triomfantelik het hy aan die gehoor gesê:

> Die geveg en sy uitkoms is van historiese belang. Meer as ses maande is verby en hulle is ver van die inname van Cuito Cuanavale en hulle sal nie in staat wees om Cuito Cuanavale in te neem nie. Daar is 'n totale verandering in die magsewewig. Dit is baie belangrik om hiervan te weet met die doel om 'n vraag te beantwoord waaraan baie mense dink: Waarom wil Suid-Afrika onderhandel? Suid-Afrika wil onderhandel omdat hy teen 'n baie sterk mag veg, een wat hy nooit êrens tevore teengekom het nie. Dit is nie 1975 nie ['n verwysing na die eerste SAW-inval in Angola]. Die vyand

221

is geen enkele kans gegun nie. As hulle Cuito Cuanavale ingeneem en die konsentrasie troepe uitgewis het, watse soort onderhandelings sou ons gehad het? Ons sou moes sit en die voorwaardes wat hulle aan ons oplê, aanvaar het. Maar dit was onmoontlik – alles het verander.[2]

Castro se narratief

Dié woorde was die begin van 'n reeks bombardemente in 'n woordeoorlog terwyl die eintlike skietoorlog byna op 'n einde was. Die geskiet met woorde is 'n paar maande later hervat, in Desember 1988, toe Castro voor 'n gehoor op Havana se Rewolusieplein gespog het oor sy eie versiendheid rakende die oorlog in Angola.[3] Hy het korrek ingesien dat die Sowjet-gedrewe offensief van 1987 foutief was, het hy gesê. Toe dinge verkeerd loop, "het almal van Kuba verwag om die situasie op te los". Cuito Cuanavale moes beskerm word, "en die vyand moes verhinder word om die Angolese troepe uit te wis en daardie posisie in te neem wat besig was om 'n simbool te word van weerstand en van Suid-Afrika se sukses of mislukking".

In die proses, het Castro sy mense vertel, is Cuito omskep in 'n lokval, "'n val waarin die Suid-Afrikaanse troepe getrap het! Daar, in Cuito Cuanavale, het die Suid-Afrikaanse aggressiwiteit sy tande gebreek, en dit alles met minimum ongevalle – minimum ongevalle! – aan die kant van die Angolese en Kubaanse magte."

Toe, het hy voortgegaan, het die mars in Cunene na die SWA-grens gevolg. "En dié verandering in die magsewewig is wat die pad na onderhandelings gebaan het. Niemand moet dink dat dit bloot toevallig gebeur het nie ... Feit is dat die ewewig drasties gewysig is. Die Suid-Afrikaners het 'n oorweldigende nederlaag in Cuito Cuanavale gely ..." In die proses het die Kubaanse troepe "met buitengewone heldhaftigheid en groot doeltreffendheid opgetree".

Castro het herhaaldelik die onselfsugtigheid beklemtoon waarmee sy klein landjie sy "internasionalistiese plig" nagekom het om imperialisme, kolonialisme, rassisme en apartheid te beveg, selfs al was dit nie in Kuba se ekonomiese belang nie.

"Geen nasionale belang, geen gevaar, geen imperialistiese dreiging kon ons beweeg om dislojaal te wees of nie ons verpligtings na te kom nie."

Dus, toe die New Yorkse vredesakkoord op 22 Desember 1988 geteken is, het Castro sy mense in 'n artikel ingelig dat "[d]ie wit minderheidsregime van Suid-Afrika ... formeel om 10:15 vanoggend gekapituleer [het]".[4] Die enorme betekenis wat hy hieraan geheg het, kan gesien word in sy dramatiese woorde van Mei 1988: "Ek kan u van een ding verseker. Die geskiedenis van Afrika sal een baie belangrike moment hê. Maar dit moet geskryf word vóór Cuito Cuanavale en ná Cuito Cuanavale."[5]

Castro se toesprake moet in die korrekte historiese konteks gesien word. Soos ons in vorige hoofstukke gesien het, was die Kubane eintlik in taamlike diep moeilikheid toe die Suid-Afrikaanse teenoffensief begin November 1987 begin het, nadat Fapla beslissend by die Lomba teruggeslaan is. Dis duidelik dat Castro besluit het om die oorlog te beëindig. Om verstaanbare redes kon sy machismo egter geen vernederende terugtog, soos dié van die Amerikaners in 1975 uit Viëtnam, verdra nie. 'n Rookskerm was nodig om die terugtrekking soos 'n glorieryke oorwinning te laat lyk. Sy kans het gekom met die SAW-teenoffensief.

Castro het meer as een keer vertel dat hy in Moskou was vir die 70ste herdenking van die Russiese Revolusie toe die nuus oor die Suid-Afrikaanse teenoffensief hom bereik. In sy toespraak van Desember 1988 het hy gesê "die bedreiging was ernstig; ons kon geen minuut verloor nie".

Hy het voortgegaan: "Dit was op 'n vergadering van die generale staf van die Revolusionêre Strydkragte op 15 November ... dat ons die politieke en die militêre besluit geneem het om die situasie die hoof te bied en enige noodsaaklike maatreëls te tref."[6] Te oordeel na wat gebeur het, is 'n drievoudige strategie aanvaar, soos in 'n vorige hoofstuk vertel is. Voelers is na Amerika en Suid-Afrika uitgesteek om die oorlog te beëindig. Castro het self vertel: "Dit is hoekom ons in die diplomatieke arena gewerk het, asook om ons doel sonder bloedvergieting te bereik ... Dus is daar 'n wesenlike moontlikheid vir 'n regverdige, waardige en eerbare oplossing vir alle kante ..."[7] Die tweede was om die verswakkende Fapla-linies by Cuito Cuanavale te versterk, en die derde die opening van 'n nuwe oorlogsteater in die suidweste van Angola, in die provinsie Cunene. Feit is dat Castro uit 'n konflik wat hy nie kon wen nie wou kom, maar dat dit moes lyk of hy die oorwinnaar is. Dit het briljant geslaag.

Dít is dan die historiese konteks vir die narratief oor 'n glorieryke Kubaanse oorwinning wat Castro, met sy uitstekende sin vir openbare betrekkinge, begin versprei het terwyl die laaste skote oor die Afrika-slagvelde gedawer het. Hy wis dat hy nie in die Angolese doodloopstraat vasgevang kon bly nie, maar sy onttrekking moes soos 'n triomf lyk.

Castro se volgelinge

Reg van die begin was daar talle ondersteuners van Castro se narratief. 'n Paar dae voor Castro se groot toespraak in Desember 1988 het die ANC-president, Oliver Tambo, gepraat van "die historiese neerlaag van die apartheidsoorlogsmasjien" in suidelike Angola: "Pretoria's attempt to inflict a decisive defeat on the Angolan government forces at Cuito Cuanavale ended in the humiliation of the SADF, its ignominious retreat from Angola, and the collapse of the Botha-Malan dreams in that area. Indeed, the defence of Cuito Cuanavale will go down as an historic turning point in Southern Africa and quite conceivably as Pretoria`s Waterloo," het hy gesê.[8]

Toe hy Havana in Julie 1991 besoek, het die toekomstige Suid-Afrikaanse president, Nelson Mandela, ook gesê die Slag van Cuito Cuanavale "destroyed the myth of invincibility of the white oppressor ... [and] inspired the fighting masses of South Africa ... Cuito Cuanavale was the turning point for the liberation of our continent – and of my people – from the scourge of apartheid."[9]

Ronnie Kasrils, 'n ANC-veteraan wat vroeër 'n senior lid van die ANC se gewapende mag, Umkhonto weSizwe, was, het dieselfde rigting ingeslaan. In 'n koerantartikel[10] het hy later oor 'n "epiese oorwinning" geskryf wat 'n "historiese keerpunt in die bevrydingstryd was". Hy het die Suid-Afrikaanse doelstellings beskryf: "The situation could not have been graver. Cuito could have been overrun then and there by the SADF, changing the strategic situation overnight. The interior of the country would have been opened up to domination by Unita with Angola being split in half. This was something Pretoria and Savimbi had been aiming at for years."

Teenargumente dat die SAW geen plan gehad het om Cuito Cuanavale in te neem nie, is afgemaak as 'n "conventional face-saving explanation". Die dade van die SAW, het Kasrils voortgegaan, "are clear evidence of its determination to break through to the town. For six months they threw everything they had at the beleaguered post, in their desire to take the prize." Toe kom die "meesterset" in suidwestelike Angola, waarna die SAW duidelik uitoorlê is.

Kasrils se artikel was hoofsaaklik op Piero Gleijeses se publikasies gebaseer. Sy eie "navorsing" oor die onderwerp, lei 'n mens uit die artikel af, was 'n gesprek met Fidel Castro en een met wyle genl. Kat Liebenberg, wat Jannie Geldenhuys in 1990 as Hoof van die Weermag opgevolg het. Mandela het hoegenaamd geen navorsing gedoen nie; sy mening is bloot dié van 'n politikus. En politici is nie bekend vir hul vermoë om 'n saak van verskillende kante te bekyk nie.

In een van sy publikasies, *Umrabulo*, het die ANC selfs verder gegaan: "In their eagerness to cut ground to reach the capital Luanda, they had burned themselves against FAPLA and the Cuban defence. Six thousand troops [sic] of the SADF were encircled [sic] in Cuito Cuanavale and threatened with extinction [sic] unless the regime agreed to negotiate." En: "The victory of Cuito Cuanavale was a profound defeat for the Imperial ambitions of South Africa. It constituted a reversal of their assumptions to extend the front, to create a cordon sanitaire for the containment of the expansion of the borders of free Africa. Cuito literally rolled the battle to the banks of the Orange, as the Independence of Zimbabwe and Mozambique rolled the frontline to Limpopo and doorstep of South Africa."[11]

Akademici

Dit is nie net politici en politieke organisasies wat dié rigting inslaan nie. Sommige akademici, meestal linksgesind, doen dit ook.

Om êrens, miskien lukraak, te begin: Die Kanadese politieke wetenskaplike Isaac Saney, wat die Slag van Cuito Cuanavale "Suid-Afrika se Stalingrad" noem, sê die SAW het groot moeite gedoen om te ontken wat eintlik by Cuito Cuanavale gebeur het. Volgens hom was een van die Suid-Afrikaanse doelstellings "to capture Menogue [sic], the capital of Cuando Cubango Province, and thus establish a quasi-state in southern Angola that would be under the control of UNITA. This was to be the prelude to the subjugation of Angola and the installation of a Luanda government under South African tutelage." Saney stel dus dat die Suid-Afrikaners "were determined to capture the town and strategic military base of Cuito Cuanavale", met die doel om Pretoria se beheer oor Suider-Afrika vas te lê. Dié gemene plan is egter gekeer deur die heroïese intervensie van Kuba se pres. Fidel Castro.[12]

Saney noem twee bronne vir dié siening. Die eerste is 'n artikel deur ene Horace Campbell,[13] 'n Jamaikaanse akademikus. By die lees van Campbell se artikel word dit egter duidelik dat dit hoegenaamd geen akademiese waarde het nie. Daar is geen voetnote of bronnelys nie en dit is vol ongestaafde bewerings en menings. Saney se ander bron is 'n publikasie van die "Ex-Combatants Association of South Africa", wat homself beskryf as "'n groep gewese MK/ANC-lede"[14] – kwalik 'n gesaghebbende of objektiewe bron vir 'n ontleding van die motiewe en doelstellings van die Suid-Afrikaanse regering en SAW agter die skerms in 1987-1988. Ietwat vroeër het Saney ook 'n boek gepubliseer oor die Kubaanse Marxisties-Leninistiese politieke stelsel, wat volgens sy analise baie beter as die Westerse liberale veelpartydemokrasie was.[15] Miskien maak dit sy siening oor Cuito Cuanavale verstaanbaarder.

Om vir 'n oomblik na Campbell se waarde as bron terug te keer. Hy skryf dat Operasie "Modular Hooper" (sic) van stapel gestuur is "to seize Menongue and set up a provisional UNITA government" (sic). Maar in die verloop van die veldtog, "the South African army, supposedly the best on the continent, was trapped with its tanks and artillery [sic] and held down more than 300 miles from its bases in Namibia [sic]. Failing to take Cuito Cuanavale with over 9 000 soldiers [sic], even after announcing that it had done so [sic], losing air superiority [sic], and faced with mutinies among black troops [sic] and a high casualty rate among whites [sic], the South Africans reached such a desperate situation that President Botha had to fly to the war zone when the operational command of the SADF broke down [sic]."[16]

Sowat die enigste waarheid in dié paragraaf is dat die Suid-Afrikaners betrokke was by 'n oorlog in Angola. Campbell het óf nie die vaagste benul van wat regtig gebeur het nie óf hy raak doelbewus leuens en propaganda kwyt. Inderwaarheid het Suid-Afrika nooit gemeen hy sal die MPLA as regering met Unita kan vervang nie (al sou hy dit graag wou doen), die SAW was nooit "vasgekeer" nie, hy het nooit die inname van Cuito Cuanavale aangekondig nie, daar was nooit meer as sowat 4 000 Suid-Afrikaanse troepe by die operasie betrokke nie, die verlies van lugoormag het nie die Suid-Afrikaanse operasie beslissend beïnvloed nie, die verhaal oor muitery onder die swart troepe is hoogs oordrewe, daar was geen hoë ongevallesyfer onder wittes nie, en pres. PW Botha se besoek aan die front was in 'n totaal ander konteks, soos ons in 'n vorige hoofstuk gesien het.[17] In werklikheid het Campbell byna geen navorsing hoegenaamd gedoen nie. Tog beskou Saney hom as 'n geloofwaardige bron.

Insgelyks beweer die linkse Australiese skrywer Barry Healy dat "Cuban assistance to Angolan resistance to the SADF invasion was vital. Defeat at Cuito Cuanavale spelled the doom of Apartheid and the victory of the South African liberation movement." Hy gaan voort: "To provide political cover for direct US aid for UNITA [sic], South Africa began Operation Modular Hope [sic] in 1987. The intention was to seize a provincial Angolan town and declare a UNITA provisional government [sic]."[18]

Nog 'n voorbeeld is prof. Gary Baines, historikus aan die Rhodes-Universiteit in Grahamstad. Sover 'n mens uit sy geskrifte kan aflei, het Baines geen oorspronklike navorsing oor die Grensoorlog gedoen nie. Sy terrein is blykbaar die wyse waarop die Suid-Afrikaanse samelewing sukkel om die erfenis van die oorlog te verwerk – op sigself 'n heel legitieme studieveld. Ek laat my uitdruklik nie oor sy belangrikste studieveld uit nie; ek beskou my nie as kundig genoeg nie.

Nietemin, sonder enige betekenisvolle navorsing oor die oorlog as sodanig, behalwe moontlik om sekere sekondêre literatuur te lees, aanvaar Baines die Kubaanse weergawe onkrities. Hy skryf dat die "Cuban challenge to the SADF's air superiority broke the deadlock on the battlefield in southern Angola and forced the SADF troops to beat a hasty retreat to the Namibian border". Geen bronne word genoem nie. Hy skryf oor "the needless war waged in the name of apartheid and anti-communism by the apartheid state",[19] waardeur hy sy ideologiese kleure vertoon. Dit is natuurlik sy reg. Swak vakmanskap is egter nie.

In 'n referaat oor Clive Holt se boek oor sy (Holt se) ervarings in Operasie Hooper[20] skryf Baines oor "a decisive setback in the SADF's bid to capture Cuito Cuanavale". Die SAW-generaals se bewering dat hulle nie die dorp wou inneem nie, word summier verwerp as "pure spin". Sy enigste bron vir dié stelling is 'n toespraak deur Ronnie Kasrils, kwalik 'n geloofwaardige bron vir die SAW-bevel se gedagtes agter die skerms in 1987-1988. Hy herhaal dat "[i]t was the SADF whose teeth had been broken ['n woordkeuse wat ook in verskeie van Castro se toesprake voorkom[21]]. For the first time ever the Cubans threatened the Namibian border and the SADF appeared vulnerable". Hy skryf ook dat "it was the South Africans who sued for peace [sic] and brokered the negotiations that culminated in their withdrawal from Namibia and of Cuban forces from Angola". Geen bronne word genoem nie.[22]

Kom ons kyk nou na die Kanadese akademikus Edgar J Dosman, wat 'n hoofstuk gelewer het in 'n boek wat na bewering 'n geleerde analise van die Grensoorlog bevat. Dosman skryf die SAW het net ná die Lomba-gevegte (September-Oktober 1987) nog twee operasies beplan "with the purpose of moving on Cuito Cuanavale and destroying the FAPLA brigades which had escaped the Lomba, and then moving north [sic, hy bedoel waarskynlik wes – LS] to threaten the main garrison of Menongue". Geen bronne word genoem nie. Hy beweer verder dat:

> [t]o the west the SADF gained approval for four 1988 operations: *Hilti I and II*; *Excite*; *Fulton*; and *Florentum*, with the overall objective of replicating the results on the Lomba River by rolling up FAPLA forces in the strategic Cunene province. Militarily these four SADF operations would complete the eviction of FAPLA from the south, but they also fit into a broader military and political strategy against Angola and Namibia. Pretoria viewed a change in regime in Angola, with UNITA replacing the MPLA, as a vital safeguard for its interests in southern Africa.[23]

Ondersoek jy die aanhaling, val dit heeltemal plat. Dosman bied geen bronne hoegenaamd vir die laaste twee sinne nie. In 'n eindnoot ter steun van die beplande operasies skryf hy: "Information on the four SADF operations proposed for western Angola was derived from SADF field commanders."[24]

Ons word nie meegedeel wie dié SAW-bevelvoerders was nie, of iets oor hul range, waar en wanneer hulle gedien het, hoe hulle die kennis bekom het – niks wat dit vir die akademiese leser moontlik maak om die geloofwaardigheid van dié getuienis te beoordeel nie. Ons weet nie of hul woorde opgeneem of neergeskryf is of wanneer dit gebeur het nie.

Bowendien begaan Dosman self ernstige feitefoute in die woorde wat hierbo aangehaal is. Om mee te begin was daar slegs een Operasie Hilti (nie twee nie) en dit het in elk geval net op papier bestaan. Dit was 'n gebeurlikheidsplan om SWA te verdedig ingeval die Kubaanse magte besluit om die gebied binne te val ná hul befaamde mars suidwaarts na die grens. Operasie Excite was die laaste SAW-operasie in Angola in Junie 1988, toe elemente van 32 Bataljon, 101 Bataljon en 61 Meg die grens naby die waterwerke van Calueque oorgesteek het om bogenoemde Kubaanse opmars te stuit. Dit het uitgeloop op 'n geveg waarin die Suid-Afrikaners teruggedryf is, en 'n tweede een waarin die Kubane met 'n bloedneus agteruit gesteier het. Omdat die doel behaal is, het die SAW-mag toe oor die grens teruggetrek. Dit het niks te make gehad met die vervanging van die MPLA deur Unita nie.[25]

Niks kon vasgestel word oor 'n Operasie Fulton nie – as dit ooit bestaan het. Bedoel hy dalk Operasie Faction? Operasies Faction en Florentine (nie Florentum nie), wat ook bloot op papier bestaan het, was planne om die Angolese provinsie Cunene tot by Tetchamutete in te neem en dit aan Unita oor te dra. Dié operasies, bedoel om 'n Kubaanse inval in SWA voor te spring, is vervang deur Operasie Handbag en Operasie Prone toe dit duidelik word dat 'n inval in Angola polities en militêr onwys sou wees. Handbag/ Prone was bedoel as verdediging van SWA ingeval die Kubane die grens oorsteek. Dit het nooit verder as die voorbereidende fase gevorder nie, omdat die vredesonderhandelinge dit ingehaal het.[26]

Om al dié operasies, wat almal diep in 1988 opgestel is, voor te hou as "bewys" van groot Suid-Afrikaanse imperialistiese planne net ná die Lomba-gevegte van September-Oktober 1987 om Angola te onderwerp en die MPLA-regering in Luanda deur Unita te vervang, is werklik ongelooflik vir enigiemand wat homself as 'n ernstige akademikus voorhou. As jy sulke bewerings wil maak, sal geloofwaardiger bronne – byvoorbeeld argiefdokumente – nodig wees. Nodeloos om te sê, hulle bestaan nie. Ek het al dié wat wel bestaan, gesien.

Nog twee skrywers wat bogenoemde vertolking in hoofsaak steun, is die Kubaanse joernalis Hedelberto López Blanch en die Suid-Afrikaanse politieke wetenskaplike Ian Liebenberg. In 'n artikel in 'n ernstige akademiese publikasie, maar met 'n eienaardig beperkte aantal bronne, eggo hulle die amptelike Kubaanse siening dat die Suid-Afrikaners kwaai gelooi is en dat dit die rug van die apartheidsregering gebreek het. Betreffende Cuito Cuanavale erken hulle in die verbygaan in 'n voetnoot dat daar in veiligheidskringe nie oor die inname gepraat is nie. Aan die ander kant, gaan hulle voort, "observers frequently argued that the idea might have been to take Cuito in the hope to establish a further platform in the area for UNITA in the longer run". Hulle laat na om te vertel wie dié "waarnemers" is, maar haal 'n "afgetrede SAW-offisier" aan, weer eens sonder om te sê wat sy naam en rang is, wat "once commented that 'halfway things changed and people started to say that it was not the intention to take Cuito'."[27] Sonder behoorlike argiefbronne is dié bewering ook nutteloos.

Ook die Russiese akademikus Wladimir Sjoebin laat hom in sy boek uit oor die Cuito Cuanavale-veldtog. Hy vermeld die SAW-ontkenning dat die dorp sy operasionele doel was, maar glo dit duidelik nie. Hy haal die MPLA-regering se oortuiging onkrities aan dat Cuito Cuanavale die aanvanklike doelwit was ter voorbereiding van 'n opmars wat in Luanda sou geëindig het.[28]

Hy gee nietemin toe dat "verdere navorsing nodig is". Ter illustrasie haal hy uitvoerig aan uit die dagboek van 'n Sowjet-adviseur by die Fapla-magte, lt.kol. Igor Zjdarkin.[29] Zjdarkin se dagboek, wat volledig in vertaalde vorm gepubliseer is,[30] bied inderdaad 'n merkwaardige beeld van hoe die veldtog op voetsoolvlak aan Fapla se kant ervaar is. In teenstelling met wat Sjoebin impliseer, probeer Zjdarkin nie raai wat die SAW se operasionele doelwitte was nie. Hy was nie daartoe in staat nie. Soos in alle frontliniegetuienisse sien hy sy oorlog by wyse van spreke deur 'n sleutelgat.

Sjoebin verwys na – en stem grotendeels saam met – Castro se narratief soos in die Kubaanse diktator se toesprake vervat is. Terwyl die Kubane in die provinsie Cunene na die SWA-grens opgeruk het, "the South Africans remained bogged down in Cuito Cuanavale". Volledig op grond van Sowjet- en Kubaanse meningsvormers kom hy tot die gevolgtrekking dat die veldtog 'n "debacle of South Africa and UNITA at Cuito Cuanavale" was.[31]

Sjoebin maak 'n baie basiese fout deurdat hy nie die werklike kronologie reg lees nie. Die voorhoede van 50 Divisie het begin Maart 1988 uit Kuba in Angola aangekom en die laaste elemente in Augustus. Die SAW-besluit om van die omgewing van Cuanavale terug te trek is op 27 Maart geneem. Die brigade is toe vervang deur 'n vegspan wat 'n veel groter mag gesimuleer het. Die Suid-Afrikaners het eers halfpad deur April van die Kubaanse opmars gehoor.[32]

Dit het twee dinge beteken. Een: Die SAW-besluit om van Cuito Cuanavale terug te trek is nie beïnvloed deur enigiets wat die Kubane gedoen het nie. Twee: Teen die tyd dat die Kubane met mening na die grens begin opruk het, was die meeste Suid-Afrikaners al lankal weg van Cuito Cuanavale. Daar was geen sprake van "vasgeval" nie. Laat staan "vasgekeer" of "omsingel", soos ander skrywers ons wil laat glo.

Betreffende Suid-Afrika se beweerde planne om Cuito Cuanavale as vastrapplek te gebruik om na Luanda deur te stoot en Unita daar aan die bewind te plaas, dit is in detail vroeër in dié boek behandel.

Ten slotte kan 'n mens verwys na die Potchefstroomse historikus Gerhard Oosthuizen se gevolgtrekking op grond van navorsing in die SANW-Dokumentasiesentrum dat die "aanname dat Cuito Cuanavale nooit die teiken van die SAW was nie ... dus van alle waarheid ontbloot [is]".[33] Al kan daar nie fout met sy argivale navorsing gevind word nie, gee hy nie genoeg erkenning aan die konteks waarin die dokumente wat hy aanhaal, geskryf is nie. Dít was deel van die doel van die ontleding in hierdie boek.

Piero Gleijeses

Nou moet ons kyk na die werk van die Italiaans-Amerikaanse historikus Piero Gleijeses, 'n ernstige akademikus met 'n goeie reputasie. Gleijeses se reputasie in dié opsig is hoofsaaklik op twee boeke oor Kuba se intervensie in Afrika gebaseer. Die eerste dek die jare 1962-1976 en die tweede neem die verhaal tot by die finale onttrekking in 1991.[34] Die tweede boek is voorafgegaan deur verskeie akademiese artikels waarin hy sy belangrikste gevolgtrekkings opgesom het.[35]

Gleijeses se eerste boek is goed deur historici ontvang. Ofskoon sy simpatie met Kuba en sy afkeer van Amerika en Suid-Afrika deurskemer, bly dit binne akademies aanvaarbare grense. Sy hoofdiens aan die historiese wetenskap is dat hy die eerste – en tot dusver enigste – historikus is wat toegang tot die Kubaanse argief gegun is. As sodanig het hy ons begrip van die dramatiese gebeure in en rondom Kuba en Angola in 1974-1991 laat verdiep.

Sy latere geskrifte wyk egter af van die taamlik saaklike

benadering van sy eerste boek. Ofskoon hulle talle baie waardevolle feite oplewer, lyk dit of hy op 'n kruistog is om Fidel Castro en Kuba in die bes moontlike lig te plaas en Amerika en Suid-Afrika as volstrek onredbare misdadigers.

Om mee te begin skryf hy die Kubaanse troepe se teenwoordigheid was "'n wettige daad", aangesien hulle "op uitnodiging van die regering [daar] was", in teenstelling met "Suid-Afrika se onwettige besetting van Namibië".[36] Maar hoe die MPLA in die eerste plek Angola se regering geword het, is 'n vraag wat hy angsvallig vermy. Per slot van rekening, het die MPLA dan nie die regering geword omdat hy die oorhand gekry het in 'n burgeroorlog met die FNLA en Unita ná Kuba se eensydige militêre intervensie in 1975 (was *dit* dan 'n "wettige daad"?) en Sowjet-hulp nie?

Gleijesis gebruik sy bronne uiters eensydig en selektief en ignoreer alles wat teen sy hooftese indruis. Hy beweer dat Suid-Afrika onafhanklikheid vir SWA teengestaan en 'n militêre oplossing in Angola nagestreef het wat Unita daar aan die bewind sou plaas.[37] Daar kan geen twyfel wees nie dat verskeie senior SAW-offisiere dit baie graag sou wou reggekry het, maar om dit as die amptelike standpunt van hetsy die Suid-Afrikaanse regering of die Weermag te skilder is om ernstig kortpad te vat. Suid-Afrika het die onafwendbaarheid van 'n onafhanklike Namibië – en Resolusie 435 van die VN-Veiligheidsraad – reeds in 1978 aanvaar. Wat Suid-Afrika, reg of verkeerd, nié aanvaar het nie, was die onafwendbaarheid van 'n kommunistiese Swapo-regering in Windhoek, aangesien hy dit as teen sy veiligheidsbelange beskou het. Ook dui alle primêre bronne daarop dat Suid-Afrika besef het dat wat hy ook al graag sou *wou* doen, hy nie die nodige krag gehad het om regeringsverandering in Luanda af te dwing nie.[38]

Gleijeses skimp eerder as beweer dat die SAW sy oë op Cuito Cuanavale gehad het. Hy skryf: "By mid-Januarie 1988 South African military sources and Western diplomats were announcing that the fall of Cuito was 'imminent'."[39] Sy bron daarvoor is voorbladberigte in *The Star* (Johannesburg, 21 Januarie 1988), wat egter kwalik 'n gesaghebbende bron vir geheime regerings- en SAW-beplanning kan wees.

Bowendien, ander nuusberigte met 'n teenstrydige strekking uit min of meer dieselfde tyd het in koerante wat aan dieselfde maatskappy as *The Star* behoort het, verskyn. Byvoorbeeld, *The Argus* het berig (ook op sy voorblad) dat "informed sources said this week the irony was that neither South Africa nor the rebel movement Unita want to occupy it [Cuito]". Verder: "The sources said it was wrong to assume that South Africa wanted to take Cuito Cuanavale."[40] Uiteraard is dit ook nie duidelike bewys van die Suid-Afrikaanse voornemens nie, maar waarom slegs die *Star*-berig aanhaal en dié van die *Argus* ignoreer? Omdat die *Argus*-berig nie inpas by 'n gevolgtrekking wat vantevore bereik is nie?

Suggestief skryf hy: "In the first months of 1988 reports in the Namibian press on the battle of Cuito Cuanavale were contradictory, but by March one thing was clear: Cuito had not fallen, despite all the predictions of South African officials that it would. In mid-April the SADF felt compelled to put out an 'information kit', to correct 'distorted perceptions' of military developments in Angola: it had never intended to seize Cuito Cuanavale, it asserted."[41] Met ander woorde, hy skimp dat Cuito wel deeglik die beoogde doelwit was en dat die SAW eenvoudig gelieg het. As hy dit kan bewys, uitstekend. Maar hy bied geen ondersteunende materiaal hoegenaamd aan nie.

In sy tweede boek is Gleijeses se vertolking marginaal meer genuanseerd, maar die basiese boodskap is dieselfde. Hy haal lt.genl. Chris Thirion, die SAW se adjunkhoof van staf: inligting aan, wat in 'n onderhoud aan hom gesê het die Suid-Afrikaners wou aanvanklik bloot die Fapla-offensief stuit, maar "our plans changed when everything went so well. It was decided, halfway through the battle, 'Let's take Cuito!'"[42] Hy haal ook vir Jannie Geldenhuys en pres. PW Botha aan, wat in vergaderings van die Staatsveiligheidsraad gesê het Cuito Cuanavale staan op die punt om te val en dat Suid-Afrika die oorlog in Angola wen. Daarmee skimp hy (eerder as dat hy dit beweer) dat die dorp 'n primêre SAW-teiken was. Hy praat van die "neerlaag van die Suid-Afrikaners".[43]

Klaarblyklik om die geweldige Kubaanse sukses te illustreer, skryf hy: "For over five years the United States refused to let the Cubans

234

participate in the talks, even those dealing with the departure of the Cuban troops. But in early 1988, confronted by the evidence of growing Cuban strength in southern Angola, the Americans finally agreed to allow the Cubans to join the talks."[44] Ofskoon dit waar is dat die Kubane eindelik tot die onderhandelinge toegelaat is, noem Gleijeses geen bronne ter stawing van sy vertolking nie. Daarby ignoreer hy die merkwaardige toespraak van Carlos Aldana Escalante, 'n hooggeplaaste Kubaanse politikus, op 11 Julie 1988 op 'n vergadering met Suid-Afrikaanse en Amerikaanse afgevaardigdes. In dié toespraak, wat woordeliks neergeskryf is, het Aldana die een verreikende toegewing gemaak wat die hele vredesproses ontsluit het. Hy het erken dat daar 'n verband is tussen Kuba se onttrekking aan Angola en dié van Suid-Afrika aan Angola en SWA:

> We understand that within the framework of the negotiations that we are currently holding, the question of the presence of the Cuban troops bears a relation to the implementation of Resolution 435. Leaving aside rhetoric, we must recognise that there is a linkage. If it is not shown in this document it will be part of it, because there is a linkage. We cannot deny that fact.[45]

Kuba se weiering voorheen om dit te erken was een van die belangrikste rotse waarop alle vorige vredespogings gestrand het. Aldana se toegewing het die deur na vrede laat oopswaai en dit polities moontlik vir Suid-Afrika gemaak om uit Angola en SWA pad te gee.[46]

Onder die items in Gleijeses se bronnelys[47] is die argief van die Suid-Afrikaanse departement van buitelandse sake. Dit is waar die notule met Aldana se dramatiese toespraak bewaar word en 'n mens moet aanneem dat Gleijeses dit geraadpleeg het. Tog – geen enkele woord oor dié beslissende toespraak nie. Was dit omdat Aldana se woorde nie inpas by Gleijeses se napratery van Castro se narratief nie?

Miskien het Gleijeses se openlike bewondering vir Castro en Kuba en sy absolute walging van die apartheidsregering iets met al dié voorbeelde te make. Hy skryf byvoorbeeld: "Castro sent troops [to Angola] because he was committed to racial justice"[48] en "because of his commitment to what he [Castro] has called 'the most beautiful cause', the struggle against apartheid".[49] Elders skryf hy Castro se Afrika-beleid toe aan dié se "revolutionary idealism. For no other country in modern times has idealism been such a key component of its foreign policy."[50] Hy identifiseer hom uitdruklik met die woorde van die toekomstige pres. Nelson Mandela op dié se besoek aan Havana in 1991: "We come here with a sense of the great debt that is owed to the people of Cuba ... What other country can point to a record of greater selflessness than Cuba had displayed in its relations to Africa?"[51]

Laat dit so wees. Maar daar is geen enkele woord oor Castro wat die kommunisme na Afrika wou uitvoer en die kapitalistiese Weste wou skade aandoen nie, soos hy in 1977 aan die Oos-Duitse leier Erich Honecker toegegee het. (Ofskoon, om eerlik te wees, hy ook verwys het na die "bevrydingstryd" – vermoedelik saam met die sosialistiese revolusie – as "die mees morele ding wat bestaan"[52]). Daar is ook niks oor die ironie van 'n kommunistiese diktator wat weier om enige politieke vryheid hoegenaamd in sy eie land toe te laat nie en wat veg om "vryheid" te bring na die verdrukte Suid-Afrikaanse swart mense wat deur 'n waarskynlik minder outoritêre regering oorheers is. Gleijeses is ook taamlik toegeeflik as hy Castro se militêre steun aan die Ethiopiese diktator Mengistu Haile Mariam bespreek, wie se beleid hy as rampspoedig erken.[53] Hy sien die "onwelriekende aard" van die Mengistu-regime, maar voeg by: "Call it bias, but although I cannot condemn the Cuban role, I cannot applaud it either."[54]

Dit is een ding om die objektiewe en onontkenbare feit te erken dat Castro gedryf is deur 'n meedoënlose en genadelose idealisme. Dit is iets heeltemal anders om afstand van jou akademiese onafhanklikheid te doen deur jouself só nou met Castro en sy Marxisties-Leninistiese ideologie en stelsel te identifiseer.

Daar is meer: Ná 'n navorsingsbesoek aan Suid-Afrika in 2007, het Gleijeses in 'n onderhoud met 'n Kubaanse koerant na Pik Botha, die Nasionale Party-regering se minister van buitelandse sake, verwys as "een van die mees weersinwekkende mense met wie ek ooit in my lewe gepraat het". Kol. Jan Breytenbach, wat in bevel van die lugstormaanval op Cassinga in Mei 1978 was, beskryf hy as "'n sluipmoordenaar, 'n oorlogsmisdadiger". Terselfdertyd was Castro se buitelandse beleid een "wat ek so baie bewonder". Castro self was "die argitek van só 'n edel werk". Sommige mense, het hy voortgegaan, sê vir hom sy werk sal geloofwaardiger wees "as ek minder lofprysend oor Kuba is". Hy neem dié kritiek ernstig op, maar dan "voeg ek bladsye dokumente toe wat my argumente versterk".[55]

Geen historikus – en dit sluit myself in – is ooit heeltemal sonder vooroordeel nie, maar 'n goeie historikus sal minstens objektief *probeer* wees. Daar moet dus gevra word: Hoeveel gewig moet 'n mens heg aan die werk van iemand wat sy subjektiwiteit so onbeskaamd ten toon stel? Dit is dus geen wonder nie dat die Kubaanse Staatsraad hom in 2003 op voorstel van die Kubaanse Instituut vir Vriendskap met die Volke vereer het met die Medalje van Vriendskap.[56]

Die gevolgtrekking van dié oorsig moet dus wees dat geeneen van die Kubaans/Angolese apologete se ontledings uit 'n streng akademiese oogpunt aan akademiese eise voldoen nie.

Die ander kant

Ek het self tot die literatuur oor die Grensoorlog bygedra deur 'n aantal boeke en eweknie-beoordeelde artikels in akademiese tydskrifte.[57] Die leser sal my dus vergewe as ek nie my eie werk onder die loep neem nie. Dit sou wees soos 'n slagter wat sy eie vleis keur. Tog is daar ander werke waarna verwys kan word.

Castro het sy propagandaoorlog begin terwyl die vredesame-sprekings nog aan die gang was. Volgens genl. Jannie Geldenhuys wou die Suid-Afrikaners nie daarop reageer nie, want hulle was bang dat 'n openbare rusie die prille vredesinisiatief kon nekomdraai. Bowendien, volgens hom, "the South African government and the SADF were happy to let Castro claim military victory if it helped to reinforce his resolve to take his troops home to Havana" ... We agreed that we must not make statements that would humiliate the Cubans."[58] Gevolglik het dit tot 1990 geduur voordat gedetailleerde beskrywings met die Suid-Afrikaanse perspektief gepubliseer is.

'n Boek met 'n magdom inligting, meestal afkomstig van onderhoude met SAW-offisiere, is dié van die joernalis Fred Bridgland.[59] Bridgland se boeiende styl maak dit 'n baie leesbare boek. Hy beklemtoon die beperkte aard van die Suid-Afrikaanse doelstellings, maar probeer dit nie in detail ontleed nie. Hy is duidelik nie aan die kant van die MPLA, die Kubane of die Sowjetunie nie, maar is ook nie openlik simpatiek teenoor Suid-Afrika nie. Nogtans, sy enigste bronne is blykbaar Suid-Afrikaans of Amerikaans. Hy het slegs een Kubaanse bron, die lugmaggeneraal Rafael del Pino Diaz, wat na Amerika oorgeloop het.

Dit beteken dat sy boek, dalk onopsetlik, 'n duidelike Suid-Afrikaanse perspektief het deurdat dit hoofsaaklik die SAW-verhaal vertel, al degenereer die boek nooit tot SAW-propaganda nie. Betreffende Cuito Cuanavale haal hy Geldenhuys aan wat ontken dat die dorp ooit 'n doel van strategiese belang vir die SAW was. 'n Paar maande ná die oorlog het Geldenhuys aan Bridgland vertel: "Cuito Cuanavale was put into the limelight by the Cubans. I actually forbade the Chief of the Army (General Kat Liebenberg) to take Cuito Cuanavale. I made just one concession: If our operations so developed that Cuito Cuanavale fell into our lap and we could capture it without fighting, then our troops could occupy it."[60] Dit is natuurlik grotendeels feitelik korrek bewys deur die argiefstukke uit die tyd waarna in vorige hoofstukke verwys is. In sy memoires skryf Geldenhuys ook: "Ons het Cuito Cuanavale nie aangeval nie. Ons het nie eens in ons wildste drome aan die sentrale hooglande en die Benguela-spoorlyn gedink nie."[61]

Nog 'n joernalis wat nogal baie oor die Grensoorlog geskryf het, is Willem Steenkamp. Steenkamp was vroeër 'n Burgermagoffisier in die SAW en SANW. Hy maak geen geheim van sy simpatie vir die SAW nie, maar bly onafhanklik. Linksgesinde akademici soos Gary Baines het 'n intense afkeer van hom.[62]

Steenkamp se boek oor die Grensoorlog[63] is grotendeels gebaseer op koerantberigte en ander bronne wat hy tydens sy jare as militêre korrespondent van die *Cape Times* en as Burgermagoffisier versamel het. Die boek word duidelik nie bedoel as die laaste woord oor die oorlog nie. Dit word aangebied as 'n koffietafelpublikasie met talle kleur- en swart-wit-foto's. Toe dit in 1990 gepubliseer is, het dit 'n sekere leemte gevul, maar die tyd het dit ingehaal.

Nog 'n werk waarna ons moet kyk, is dié van die militêre kenner en gewese Burgermagoffisier Helmoed-Römer Heitman. Sy omvattende geskiedenis van die finale fase van die oorlog in Angola is gebaseer op ongepubliseerde argiefstukke van die SAW en onderhoude met deelnemers aan die veldtog.[64] Nietemin wantrou sommige waarnemers sy weergawe in die lig van sy nabyheid aan die SAW.[65]

Heitman beklemtoon die inkrementele aard van die SAW-betrokkenheid ná die aanvang van die Angolese offensief. Die eerste regeringsbesluit was om enige intervensie so onsigbaar moontlik te hou. Later is meer en swaarder gemeganiseerde eenhede na die slagveld gestuur.[66] Terwyl Fapla by die Lomba platgetrap is, het pres. PW Botha, vergesel van verskeie generaals, Mavinga besoek (28-29 September 1987), en 'n teenoffensief beveel om Fapla sodanig te verslaan dat dié nie weer 'n offensief in 1988 sou kon begin nie.

Weer eens gebaseer op argiefstukke skryf Heitman dat 'n aanval op Cuito Cuanavale in Oktober en November 1987 oorweeg is, maar dat dit verwerp is. Hy haal Kat Liebenberg aan dat dit Suid-Afrika sou plaas in die posisie van "die hond wat eindelik die bus gevang het". Hy gaan voort:

> If the South Africans were to actually occupy Cuito Cuanavale, they would have to accept either the political damage of holding on to a town in Angola, or the propaganda damage of their withdrawal being turned into a great Fapla victory. If they were to stop their operation short of actually taking the town, they would again be handing Angola propaganda ammunition. Militarily perhaps the most logical option, a south-western approach [to take the town] was seen as too likely to bring with it political problems outweighing the military advantages. This option was therefore again ruled out.[67]

Nogmaals gebaseer op 'n dokument (waarna ook in hierdie boek verwys word), bevestig Heitman dat een van die riglyne vir Operasie Hooper was dat "Cuito Cuanavale might be taken *if the opportunity arose to do so relatively easily*".[68]

Heitman bevraagteken nie die moraliteit rondom die oorlog nie. Hy is bowenal 'n militêre tegnokraat wat die gebeure so noukeurig moontlik probeer rekonstrueer. Ook hy het geen toegang tot nie-Suid-Afrikaanse bronne gehad nie. Hy het wel volle toegang tot die dokumente in die SANW-Dokumentasiesentrum gehad en het ook met ooggetuies in die SAW gepraat. As sodanig, al is sy navorsing omvattend, bied sy boek primêr die SAW se siening aan en daar is geen Kubaanse, Angolese en Sowjet-perspektiewe nie. Gesien die publikasiedatum (1990), kon dit ook nie anders nie. As 'n mens dié beperking in ag neem, bied Heitman 'n baie professionele en akkurate blik *op die SAW se perspektief.*

Ten slotte moet ons kyk na die werk van prof. Christopher Saunders, historikus aan die Universiteit van Kaapstad. Saunders het uitvoerig ondersoek gedoen in die argief van die departement van buitelandse sake en was verantwoordelik vir die publikasie van 'n seleksie van die belangrikste dokumente op die internet. Hiermee het hy die geskiedeniswetenskap 'n enorme diens bewys.[69] Al het hy blykbaar nie self navorsing in die Dokumentasiesentrum van die SANW gedoen nie, is hy goed ingelig oor die sekondêre literatuur oor die Grensoorlog.

Saunders het klaarblyklik ook geen voorliefde vir die Nasionale Party-regering nie, maar sy gevoel bly binne akademies aanvaarbare grense. Nadat hy "simplistiese" vertolkings aan albei kante van die debat verwerp het, skryf hy dat "the significance of Cuito Cuanavale is not so much that it was a defeat for South Africa as a check which served to show them the limits of their power". Sy gevolgtrekking is dat "a stalemate rather than a decisive defeat for either side was critical in leading the parties to enter negotiations". Afgesien hiervan het hy baie bekwaam op die diplomatieke maneuvers agter die skerms gekonsentreer.

Gevolgtrekking

Die kwessie van objektiwiteit en onpartydigheid is een van die moeilikstes in die werk van die historikus. Dit begin met die probleem om die gebeure van die verlede te herskep, waar die historikus onvermydelik uitkies watter feite hy insluit, die hoek waaruit hy daarna kyk en die paradigma om dit mee te vertolk. Dit is dus vanselfsprekend dat uiteenlopende en teenoorgestelde vertolkings van die verlede aan die orde van die dag is en dat persoonlike oortuigings 'n bepaalde rol sal speel.

Om dit te hanteer het die moderne historikus 'n battery intellektuele instrumente tot sy beskikking, soos uiteengesit in talle handboeke oor die kuns (sommige verkies wetenskap) van geskiedskrywing. Selfs dán sal daar verskille wees.

Die probleem is dat sommige historici so opgaan in hul eie siening van die wêreld dat dit die intellektuele apparaat waarna hierbo verwys is, na die kantlyn druk. Die gevolg is dat hulle die feite by hul paradigma aanpas, pleks van om deur die feite gelei te word.

Ek is bevrees dat die "anti-SAW"-navorsers wie se werk hierbo bespreek is, almal die grens van die toelaatbare in mindere of meerdere mate oorskry het. Dit is jammer, want veral proff. Baines en Gleijeses het andersins baie nuttige werk gedoen.

Laat ek hieroor so duidelik wees as wat ek kan: Ek is nie krities oor die "anti-SAW"-navorsers *omdat* hulle simpatiek teenoor Kuba en onsimpatiek teenoor die Nasionale Party-regering in Suid-Afrika is nie. Geen demokraat sal hulle ooit daardie reg ontsê nie. Ek kyk na hulle uit 'n akademiese oogpunt en met daardie maatstaf gemeet, is die harde feit dat hulle te kort skiet.

Ongelukkig verkondig die meeste van hulle (Kubaanse) propaganda pleks van ernstige akademiese werk. Natuurlik het die Nasionale Party-regering destyds ook soortgelyke propaganda verkondig, maar ek is nie bewus van enige ernstige akademikus wat Nasionale Party-propaganda oor die Grensoorlog op dieselfde manier as die "anti-SAW"-navorsers herhaal nie. Die openbare narratief oor die Grensoorlog berus, in die geheel genome, grotendeels op politieke propaganda. Hopelik sal dié boek daartoe bydra dat die historiese waarheid die plek van die propaganda inneem.

NOTAS

Inleiding

1 Pieter Geyl: *Gebruik en Misbruik der Geschiedenis* (Groningen, JB Wolters, 1956) pp. 59-60.

2 Christopher Clark: *The Sleepwalkers. How Europe Went to War in 1914* (New York, HarperCollins, 2013), p. xxvi.

3 Isaac Deutschmann: "Preface", in Deutschmann (red.): *Changing the History of Africa*, p. viii.

4 Maria Cristina Zamora (red.): *The Peace of Cuito Cuanavale. Documents of a Process*, pp. 1-23 (toespraak deur Fidel Castro, 5.12.1988).

5 Fred Bridgland: *The War for Africa. Twelve Months that Changed a Continent*, p. 369.

6 Jannie Geldenhuys: *Dié wat gewen het: Feite en fabels van die Bosoorlog*, p. 179.

7 Piero Gleijeses: *Visions of Freedom. Havana, Washington, Pretoria, and the Struggle for Southern Africa 1976-1991.*

8 GD Scholtz: *Die taak van die historikus* (Johannesburg, Publications of the RAU A27, 1970), pp. 15-16.

Hoofstuk 1

1 Jannie Geldenhuys: "Cuito Cuanavale: Leuens van die verlede – huidige mistastings en toekomstige waarhede", in Jannie Geldenhuys (red.): *Ons was daar: Wenners van die oorlog om Suider-Afrika*, p. 533.

2 Junior Botha: "Samevatting van Operasies Moduler, Hooper en Packer", in Geldenhuys (red.): *Ons was daar*, p. 403.

3 Scholtz: *Die SAW in die Grensoorlog*, pp. 246-250.

4 Huyserversameling 30/153, "Voorligting aan senior offisiere van die SAW oor Op Moduler/Hooper", s.j., p. 6.

5 Scholtz: *Die SAW in die Grensoorlog*, pp. 186-188.

6 Huyserversameling 30/153, "Voorligting aan senior offisiere van die SAW oor Op Moduler/Hooper", s.j., p. 7.

7 Gleijeses: *Visions of Freedom*, p. 397.

8 Gleijeses: *Visions of Freedom*, p. 411. Vgl. ook pp. 393-394.

9 *Case 1-1989*, p. 387.

10 Fidel Castro: "Moncada Barracks anniversary speech", 26.7.1988 (by lanic. utexas.edu/project/castro/db/1988/19880726.html).

11 Deutschmann: *Changing the History of Africa* (onderhoud met Jorge Risquet, 3.3.1989), pp. 15 en 30.

12 Vladimir Shubin: *The Hot 'Cold War': The USSR in Southern Africa*, p. 105.

13 Dié ontleding maak swaar staat op twee van my geskrifte: *Die SAW in die Grensoorlog*, pp. 56-65; "The South African strategic and operational objectives in Angola, 1987-1988" (*Scientia Militaria*, 38/1, 2010, pp. 68-98).

14 Scholtz: *Die SAW in die Grensoorlog*, hoofstuk 4.

15 HSAW Groep 4, 62 V/305/5, vol.1, "Lesse geleer tydens konvensionele operasies in die westelike subteater", p. 3.

16 Aangehaal deur Roland de Vries en GI McCaig: "Mobile Warfare in Southern Africa" (*Strategic Review for Southern Africa*, August 1987, pp. 13-14).

17 Roland de Vries, Camille Burger en Willem Steenkamp: *Mobile Warfare for Africa*, pp. 137-138.
18 *White Paper for Defence*, 1986, p. 3.
19 De Vries en McCaig: "Mobile Warfare in Southern Africa" (*Strategic Review for Southern Africa*, August 1987, pp. 11).
20 Roland de Vries: *Mobiele oorlogvoering: 'n Perspektief vir Suider-Afrika*, pp. 136-137.
21 GPH Kruys: "Doctrine Development in the South African Armed Forces up to the 1980s", in M. Hough en L. du Plessis (reds.): *Selected Military Issues with Specific Reference to the Republic of South Africa* (Instituut vir Strategiese Studies, Universiteit van Pretoria, Augustus 2001, pp.1-19).
22 James Lucas: *Battle Group! German Kamfpgruppen Action in World War Two* (passim).
23 Jannie Geldenhuys: "Veterane van die Koue Oorlog, insluitend die dienspliggenerasie – oor waarheid en propaganda" (by www.news24.com/Rapport/InDiepte/0,,752-2462_2447895,00.html).
24 "Pyotr Pavlovich Bondarenko", in Gennady Shubin, Igor Zhdarkin, Vyacheslav Barabulya en Alexandra Kuznetsova-Timonova (reds.): *Cuito Cuanavale: Frontline Accounts by Soviet Soldiers*, p. 34.
25 Karl Maier: *Angola: Promises and Lies*, p. 29.
26 Gennady Shubin (red): "The oral history of forgotten wars: The memoirs of veterans of the war in Angola".
27 Huyserversameling 30/153, "Voorligting aan Senior Offisiere van die SAW oor Operasie Moduler/Hooper", s.j., p. 25.
28 Vgl. Huyserversameling 27/122, onderskepte boodskappe, 3.10.1987; Huyserversameling 16/67, Y-berigte, Oktober 1987.
29 Scholtz: *Die SAW in die Grensoorlog*, pp. 346-347.
30 Clive Wilsworth: *First In, Last Out: The South African Artillery in Action 1975-1988*, p. 301.
31 Leon Marais: "Nabetragting Op Moduler", 1.8.2011 (ongepubliseer, in my besit).

Hoofstuk 2

1 A.R. Turton: *Shaking Hands with Billy: The Private Memoirs of Anthony Richard Turton*, p. 153; Dick Lord: "Oorsig van Ops Moduler, Hooper en Packer, Suidoos-Angola (22 Junie 1987 tot 12 Mei 1988), in Jannie Geldenhuys (red.): *Ons was daar*, p. 380.
2 Huyserversameling 30/153, voorligting aan senior offisiere, s.j., pp. 3-5; Geldenhuys: *Die wat gewen het*, p. 162.
3 Dick Lord: *From Tailhooker to Mudmover*, pp. 259-260.
4 Gleijeses: *Visions of Freedom*, pp. 393 en 394.
5 Scholtz: *Die SAW in die Grensoorlog*, pp. 257-258.
6 Huyserversameling 14/50, HSI: "Beplanningsdirektief 2/87: Walene", 5.6.1987.
7 HSAW Groep 4, 160/310/4, p. 22, "Angola: UNITA strategie", 11.11.1985.
8 Ibid.
9 Huyserversameling 40, Dorning: "A Concise History of Operation Moduler (phase one): May-October 1987", p. 6; Huyserversameling 14/50, H Leër: "Op Instr 18/87", 22.6.1987.
10 HSAW Groep 4, 160/310/4, "Unita: Vordering met korttermynstrategie", 8.7.1987; ibid., p. 57, "Voorligting aan HSAW", 2.12.1987.

11 Huyserversameling 40, Dorning: "A Concise History of Operation Moduler", pp. 6-10; Huyserversameling 14/50, H Leer: "Beplanning: Op Modular", 5.6.1987.

12 Sien Scholtz: *Die SAW in die Grensoorlog*, p. 258, op die grondslag van 'n onderhoud met kol. Muller, gevoer op 3.6.2011.

13 Huyserversameling 14/50, H Leër: "Beplanning: Op Modular", 5.6.1987; ibid., H Leër – HSI, 5.6.1987.

14 Huyserversameling 14/50, H Leër: "Beplanning: Op Modular", 5.6.1987; ibid., H Leër – HSI, 5.6.1987.

15 Huyserversameling 30/153, "Voorligting aan senior offisiere van die SAW oor Op Moduler/Hooper", s.j., p. 13.

16 Ibid., pp. 10-11 en 15.

17 Jock Harris: "Ek is verbaas", in Jannie Geldenhuys (red.): *Ons was daar*, p. 267.

18 Huyserversameling 30/153, "Voorligting aan senior offisiere van die SAW oor Op Moduler/Hooper", pp. 10-11, s.j.

19 Huyserversameling 14/50, BG SWAGM – H Leër, "Op Luxor kommentaar t.o.v. Op Moduler", 9.6.1987.

20 Huyserversameling 14/50, "Op Moduler beplanning: SAW deelname aan operasies ter ondersteuning van UNITA in die Sesde Militêre Streek", 11.6.1987.

21 Ibid.

22 Ibid.

23 Huyserversameling 40, Dorning: "A concise history of Operation Moduler", p. 13.

24 Heitman: *War in Angola*, pp. 30-31.

25 Huyserversameling 14/50, H Leër: "Ops instr 11/87", 17.6.1987; ibid., "Op instr 18/87", 22.6.1987; ibid., H SALM: "Ops direktief", 22.6.1987.

26 Huyserversameling 14/50, H Leër: "Ops instr 11/87", 17.6.1987; ibid., H Leër: "Op instr 18/87", 22.6.1987.

27 Huyserversameling 14/50, H Leër – BG SWAGM, 17.8.1987.

28 Huyserversameling 14/51, "Voorligting aan H Leër", 31.8.1987. Vgl. ook Huyserversameling 15/55, HSAW – H Leër, 7.9.1987.

29 Huyserversameling 27/130, "Lugplan: 20 Bde", 3.9.1987.

30 Bridgland: *The War for Africa*, p. 33.

31 Heitman: *War in Angola*, p. 31.

32 Huyserversameling 14/50, H SALM: "Ops Direktief", 22.6.1987. Vgl. ook Huyserversameling 27/130, "Lugplan: 20 Bde", 3.9.1987.

33 Heitman: *War in Angola*, pp. 311 en 319.

34 Huyserversameling 15/53, LMBF3 – Lugkommandement Tak HK Rundu, 7.9.1987.

35 Huyserversameling 27/130, "Lugplan: 20 Bde", 3.9.1987; HSAW Groep 4, 160/314/4, p. 56, HSAW3 – HSAW, 21.8.1987.

36 Helmoed-Römer Heitman: *War in Angola. The Final South African Phase*, p. 22.

37 Huyserversameling 14/51, "Voorligting Moduler", 6.8.1987.

38 Lord: "Oorsig van Ops Moduler, Hooper en Packer ...", in Geldenhuys (red.): *Ons was daar*, p. 380.

39 Huyserversameling 14/50, HSI: "Beplanningsdirektief 2/87: Walene", 5.6.1987; Huyserversameling 15/55, H Leër – BG SWAGM, 11.9.1987; Huyserversameling 14/50, "Bevestigende notas: Besoek deur H Leër en BG SWA", 16.8.1987.

NOTAS

40 Huyserversameling 25/106, onderhoud met kmdt. Lambert Smith, SO1 Inligting, 7-8.12.1987, paragraaf 240.

41 HSAW Groep 4, 62 V/305/5, vol.1 "Lesse geleer tydens konvensionele operasies in die westelike subteater", p. A-1.

42 Huyserversameling 30/153, "Voorligting aan senior offisiere van die SAW oor Op Moduler/Hooper", s.j., p. 15; HSAW Groep 4, 160/314/4, p. 56, HSAW3 – HSAW, 21.8.1987. Vgl. ook HSAW Groep 4, 62 V/305/5, vol.1 "Lesse geleer ...", p. A-1.

43 Bridgland: The War for Africa, p. 43.

44 Ibid.; Huyserversameling 40, Dorning: "A concise history of Operation Moduler", p. 18.

45 Huyserversameling 40, Dorning: "A concise history of Operation Moduler", pp. 20-23; Bridgland: The War for Africa, p. 34.

46 Huyserversameling 40, Dorning: "A concise history of Operation Moduler", pp. 24-25.

47 Huyserversameling 27/122, onderhoud met brig. Johan Louw, 8.12.1987, paragraaf 28.

48 Huyserversameling 40, Dorning: "A concise history of Operation Moduler", p. 28; Bridgland: The War for Africa, p. 41; Wilsworth: First in, Last out, pp. 264 en 267.

49 Huyserversameling 40, Dorning: "A concise history of Operation Moduler", pp. 26-27.

50 Ibid., p. 27.

51 Huyserversameling 14/50, "Bevestigende notas: Besoek deur H Leër en BG SWA", 16.8.1987.

52 Huyserversameling 14/50, H Leër – BG SWAGM, 17.8.1987.

53 Vgl. HSAW Groep 4, 160/314/4, pp. 107-109, "Eerste Ops Instruksie", s.j.; Huyserversameling 40, Dorning: "A concise history of Operation Moduler", p. 30.

54 HSAW Groep 4, 160/314/4, p. 117, HS Ops – HSAW, 14.9.1987; Huyserversameling 40, Dorning: "A concise history of Operation Moduler", pp. 31-33.

55 Huyserversameling 25/107, BG SWA – Bev 20 Bde, 26.8.1987.

56 Huyserversameling 40, Dorning: "A concise history of Operation Moduler", pp. 31-32.

57 Huyserversameling 15/55, H Leër – BG SWAGM, 29.8.1987. Vgl. ook Huyserversameling 15/51, "Voorligting aan H Leer", 31.8.1987.

58 Huyserversameling 15/55, H Leër – BG SWAGM, 29.8.1987. Vgl. ook Huyserversameling 15/51, "Voorligting aan H Leer", 31.8.1987.

59 Leopold Scholtz: Ratels aan die Lomba: Die storie van Charlie-eskadron, pp. 68-70.

60 Huyserversameling 15/55, Op Moduler – Logistiek, s.j.

61 Huyserversameling 15/55, "Operasies: Op Moduler," s.j.

62 Huyserversameling 15/55, "Bevestigende notas besoek HSAW aan Tak HK Rundu op 15 Sept 1987".

63 Vgl. Scholtz: Die SAW in die Grensoorlog, hoofstuk 8.

64 Scholtz: Die SAW in die Grensoorlog, pp. 190-191.

65 HSAW Groep 4, 160/309/4, p. 3, H Leër – H Ops, 9.5.1984.

66 Huyserversameling 15/55, Sektor 20: Staftoets tov aanwending van 61 Meg Bn

Gp tk eskdn, 18.9.1987; SWAGM – H Leër, 23.9.1987.

67 HSAW Groep 4, 62, "Lesse geleer ...", pp. 1-9 en 4-1.

68 Huyserversameling 14/51, "Voorligting aan H Leër", 31.8.1987. Vgl. ook Huyserversameling 14/51, "Voorligting aan Generale Staf", 14.9.1987.

69 Jan Breytenbach: *The Buffalo Soldiers: The Story of South Africa's 32 Battalion 1975-1993*, p. 273.

70 Vgl. Scholtz: *Die SAW in die Grensoorlog*, hoofstuk 12; Scholtz: *Ratels aan die Lomba*, hoofstukke 5-9; Bridgland: *The War for Africa*, dele 2-3; Heitman: *War in Angola*, hfst. 6-8.

71 HSAW Groep 4, 62 V/305/5, vol.1, "Lesse geleer ...", p. 2-5.

72 De Vries: *Eye of the Firestorm*, pp. 634 en 637; LJ Bothma: *Anderkant Cuito: 'n Reisverhaal van die Grensoorlog*, p. 119; Heitman: *War in Angola*, p. 45.

73 De Vries: *Eye of the Firestorm*, pp. 634 en 637; Bothma: *Anderkant Cuito*, p. 119; Heitman: *War in Angola*, p. 45.

74 Huyserversameling 40, Dorning: "A concise history of Operation Moduler", pp. 41-42.

75 Ibid., p. 44.

76 Huyserversameling 26/119, Voor HK – Tak HK Rundu, 19.9.1987; Huyserversameling 40, Dorning: "A concise history of Operation Moduler", pp. 50-52; Bridgland: *The War for Africa*, pp. 64-66.

77 Huyserversameling 40, Dorning: "A concise history of Operation Moduler", pp. 53-56;

78 Scholtz: *Ratels aan die Lomba*, hoofstukke 1 en 5.

79 Huyserversameling 26/119, Voor HK – Tak HK, 18.9.1987; Huyserversameling 15/53, Tak HK – H Leër, 19.9.1987; Huyserversameling 40, Dorning: "A concise history of Operation Moduler", p. 61.

80 De Vries: *Eye of the Firestorm*, p. 645.

81 Aangehaal in Geldenhuys: "Tee met Hermien", in Geldenhuys (red.): *Ons was daar*, p. 688.

82 De Vries: *Eye of the Firestorm*, p. 634.

Hoofstuk 3

1 Dié hoofstuk ontleen baie aan 'n akademiese artikel wat ek elders gepubliseer het. Vgl. Leopold Scholtz: "The battle of the Lomba, 3 October 1987" (*Journal for Contemporary History*, 42/2, 2017, pp. 48-73).

2 Scholtz: *Die SAW in die Grensoorlog*, pp. 268-269.

3 HSAW Groep 4, 62 V/305/5, vol.1 "Lesse geleer ...", p. A-1 en inleiding, aanhangsel A, paragraaf 5; HSAW Groep 4, Houer 160, HS Ops/UG/314/4/3, HSAW 3 – HSAW, 21.8.1987; Fred Bridgeland: *The War for Africa: Twelve Months that Transformed a Continent*, p. 15.

4 Roland De Vries: *Eye of the Firestorm: Strength Lies in Mobility*, p. 640.

5 Shubin (red.): *The Oral History of Forgotten Wars*.

6 Dagboek van 2lt. Len Robberts, 2IB van Charlie-eskadron, 5.10.1987, in my besit.

7 Huyserversameling 27/130, oorlogsdagboek, 3.7.1987.

8 Bridgland: *The War for Africa*, p. 126.

9 Garrett Ernst Eriksen: "Forged in Flames: The SADF Experience of the Battles of Cuito Cuanavale 1987-1988)" (Honneurs-tesis in Geskiedenis, Rhodes-Universiteit, 2010), p. 47, by www.scribd.com/doc/48564518/Forged-in-Flames.

10 Huyserversameling 27/122, "16 Sep 87 (Attack by 61 Meg Bn Gp)", s.j.; Huyserversameling 40, Dorning: "A Concise History of Operation Moduler", p. 68.

11 Huyserversameling 15/55, Op Moduler – Logistiek, s.j. [begin van Oktober, 1987].

12 Ibid.; ibid. 14/51, "Voorligting aan Generale Staf", 14.9.1987; ibid. 25/106, onderhoud met kmdt. Lambert Smith; De Vries: *Eye of the Firestorm*, p. 641; HSAW Groep 4, 62 V/305/5, vol.1, "Lesse geleer ...", p. 12-2.

13 Huyserversameling 27/130, Bde HK Tak HK, 23.9.1987; Willem Steenkamp en Helmoed-Römer Heitman: *Mobility Conquers: The Story of 61 Mechanised Battalion Groep 1978-2005*; Scholtz: *Ratels aan die Lomba*.

14 Huyserversameling 40, Walter Dorning: "A concise history of Operation Moduler", pp. 55-56.

15 Vgl. bv. Huyserversameling 27/122, "16 Sep 87 (Attack by 61 Meg Bn)", n.j.; ibid., onderskepte boodskappe, 3.10.1987; Huyserversameling 25/106, onderhoud met kmdt. Lambert Smith, 8.12.1987, paragrawe 18, 19, 21.

16 Bridgland: *The War for Africa*, pp. 128-136.

17 Ibid., p. 122.

18 20 Brigade – Tak HK, 20.9.1987 (61 Meg-aanlynargief, by http://www.61mech. org.za/uploads/mediafiles/files/232.pdf).

19 Huyserversameling 15/54, H Leër – H Leër S Ops, 30.9.1987.

20 Huyserversameling 25/106, onderhoud met kmdt. Lambert Smith, 8.12.1987, paragraaf 22.

21 Ibid., paragraaf 21.

22 Huyserversameling 23/92, situasierapport, 24.9.1987.

23 Huyserversameling 25/106, onderhoud met kmdt. Lambert Smith, 8.12.1987, paragraaf 20.

24 Ibid., paragraaf 20, 8.12.1987.

25 Huyserversameling 40, Dorning: "A concise history of Operation Moduler", p. 73; Bridgland: *The War for Africa*, p. 128.

26 Huyserversameling 40, Dorning: "A concise history of Operation Moduler", p. 73; Bridgland: *The War for Africa*, p. 128.

27 Huyserversameling 40, Dorning: "A concise history of Operation Moduler", p. 73; Bridgland: *The War for Africa*, p. 128; Kobus Smit: "Operasie Moduler", in Geldenhuys (red.): *Ons was daar*, p. 226.

28 Huyserversameling 28/135, Veggroep Alpha – 20 Brigade HK, 2.10.1987; Huyserversameling 40, Dorning: "A concise history of Operation Moduler", pp. 74-75; Bridgland: *The War for Africa*, p. 133-134 en 162.

29 Huyserversameling 40, Dorning: "A concise history of Operation Moduler", pp. 74-75; Bridgland: *The War for Africa*, p. 133-134 en 162; Lotter: *Bravo Company*, pp. 111-112.

30 20 Bde HK – Tak HK Rundu, 3.10.1987 (61 Meg-aanlynargief, by www.61mech. org.za/uploads/mediafiles/files/233.pdf).

31 Ibid.

32 Ibid.

33 Ibid.

34 Die beskrywing en analise van die geveg word ontleen aan Leopold Scholtz: *Ratels aan die Lomba*, hoofstukke 8 en 9.

35 Bridgland: *The War for Africa*, pp. 133-134 en 162.

36 Smit: "Operasie Moduler", in Jannie Geldenhuys (red.): *Ons was daar*, pp. 221-228; Smit: "Personal impressions of the Commander", by http://www.61mech.org.za/operations/operation-modular.

37 Sun Tzu: *The Art of War*, p. 54.

38 Huyserversameling 27/130, SAW-radio-onderskepping, 3.10.1987.

39 Ibid.

40 Ibid.

41 "Four Soviet veterans", in Shubin, Zhdarkin, Barabulya en Kuznetsova-Timonova (reds.): *Cuito Cuanavale*, pp. 206-207.

42 Bridgland: *The War for Africa*, p. 141.

43 Onderhoud met Herman Mulder, 14.4.2016.

44 Huyserversameling 15/51, H Leër – HSAW, 12.10.1987.

45 Igor Zhdarkin: "Cuito Cuanavale: Notes from the trenches", in Gennady Shubin en Andrei Tokarev (reds.): *Bush War: The Road to Cuito Cuanavale. Soviet Soldiers' Accounts of the Angolan War*, p. 41.

46 Pyotr Gusev: "Search for your Destiny", in Sue Onslow en Anna-Mart van Wyk (reds.): *Southern Africa in the Cold War, Post-1974*, p. 147.

47 Huyserversameling 25/106, onderhoud met kmdt. Lambert Smith, paragraaf 38, 8.12.1987.

48 De Vries: *Eye of the Firestorm*, p. 635.

49 Onderhoud met Conrad Farrell, 12.4.2015.

50 Huyserversameling 15/51, Situasierapport, 4.10.1987.

51 Huyserversameling 40, Dorning: "A concise history of Operation Moduler", pp. 76-77.

52 Steenkamp en Heitman: *Mobility Conquers*, p. 778.

53 Vgl. David Chandler: *The Campaigns of Napoleon*, pp. 390-402.

54 Basil Liddell Hart: *Strategy*, p. 338.

55 Gregory Daly: *Cannae: The Experience of Battle in the Second Punic War*, pp. ix-x. Vgl. ook Martin van Crefeld: *The Art of War: War and Military Thought*, pp. 139-140.

56 Anthony Beevor: *Stalingrad*, pp. 439-440.

57 Ibid., pp. 240 en 248.

58 Gleijeses: *Visions of Freedom*, p. 412.

Hoofstuk 4

1 Geldenhuys: *Dié wat gewen het*, p. 172.

2 Ibid., p. 173.

3 Vgl. Gary Baines: "Trauma in transition: Representing psychological problems of South African war veterans", by wwwmcc.murdoch.edu.au/trauma/docs/baines_g.pdf.

4 Huyserversameling 27/130, Oorlogsdagboek 20 Bde, 28.9.1987.

5 Huyserversameling 40, Dorning: "A concise history of Operation Moduler", p. 72.

6 Huyserversameling 40, Dorning: "A concise history of Operation Moduler", Appendix A, p. 21.

7 E-pos van lt.genl. Chris Thirion, 30.7.2018.

8 Evert Jordaan: "The role of South African armour in South West Africa/Namibia

and Angola: 1975-1989" (*Joernaal vir Eietydse Geskiedenis*, 31/3, Des. 2006). 176-176.

9 Huyserversameling 40, Dorning: "A concise history of Operation Moduler", Appendix A, p. 22.

10 Huyserversameling 27/126, notaboekie van Dorning, 30.9.1987.

11 Huyserversameling 27/130, Oorlogsdagboek 20 Bde, 29.9.1987.

12 Huyserversameling 15/55, "Op Moduler – Logistiek", s.j.

13 Scholtz: *Ratels aan die Lomba*, p. 202.

14 Huyserversameling 15/55, SWAGM – H Leër, 23.9.1987.

15 Huyserversameling 15/55, H Leër: "Voorstelle mbt voortgesette deelname aan Op Moduler", 25.9.1987.

16 Huyserversameling 15/55, Memorandum H Leër, 30.9.1987.

17 Huyserversameling 15/55, "Situasie insette Ops Moduler", 3.10.1987.

18 Huyserversameling 19/23, Von Moltke: "Operation Moduler (fase 2)", paragraaf 22A.

19 Huyserversameling 15/55, BG SWAGM – H Leër, 6.10.1987.

20 Huyserversameling 19/73, Von Moltke: "Operasie Moduler (fase 2)", paragraaf 7.

21 Huyserversameling 28/132, 20 Bde – Veggp A, 10.10.1987.

22 Huyserversameling 23/92 H Leër – BG SWA, 8.10.1987; Huyserversameling 19/73, Von Moltke: "Operasie Moduler (fase 2)", paragrawe 26 en 36.

23 Huyserversameling 19/73, Von Moltke: "Operasie Moduler (fase 2)", paragraaf 3.

24 Scholtz: *Ratels aan die Lomba*, hoofstuk 10.

25 Huyserversameling 26/121, situasierapport, 24.10.1987.

26 Huyserversameling 30/153 "Voorligting aan senior offisiere", s.j., p. 33.

27 Scholtz: *Die SAW in die Grensoorlog*, p. 291.

28 Huyserversameling 15/55, "Op Moduler, Logistiek", s.j.

29 Huyserversameling 19/23, Von Moltke: "Operasie Moduler (fase 2)", paragraaf 89.

30 Onderhoud met Roland de Vries, 14.4.2018.

31 HSAW Groep 4, 62 V/305/5, vol.1 "Lesse geleer ...", p. 4-4.

32 George Kruys: "The principles of war: Their status in the year 2001", in M. Hough en L. du Plessis (reds.): *Selected Military Issues with Specific Reference to the Republic of South Africa*, p. 44.

33 Huyserversameling 19/23, Von Moltke: "Konsep Operasie Moduler (fase 2)", paragrawe 56 en 73.

34 De Vries: *Eye of the Firestorm*, pp. 642-643.

35 De Vries: *Eye of the Firestorm*, p. 643.

36 HSAW Groep 4, 62 V/305/5, vol.1, "Lesse geleer ...", p 1-1 – 1-2.

37 HSAW Groep 4, 62 V/305/5, vol.1, "Lesse geleer ...", p. 1-2.

38 Huyserversameling 27/122, onderhoud met Johan Louw, 8.12.1987, paragraaf 3.

39 De Vries: *The Eye of the Firestorm*, p. 639.

40 HSAW Groep 4, 62 V/305/5, vol.1, "Lesse geleer ...", p. 1-3.

41 Huyserversameling 19/23, Von Moltke: "Operation Moduler (fase 2)", paragraaf 77.

42 Ibid., paragraaf 79.

43 Ibid., paragrawe 81 en 143.

44 Bridgland: *The War for Africa*, p. 32.

45 Huyserversameling 19/23, Von Moltke: "Operasie Moduler (fase 2)", paragraaf 252.

46 Hedelberto López Blanch: "The Cubans in Angola, 1976-1990", in Ian Liebenberg, Jorge Risquet en Vladimir Shubin (reds.): *A Far-Away War, Angola 1975-1989*, p. 65.

47 De Vries: *Eye of the Firestorm*, pp. 649-659.

48 Huyserversameling 27/122, onderhoud met "Roeland de Fries" [Roland de Vries], 16.2.1988.

49 Onderhoud met Roland de Vries, 14.4.2018.

50 De Vries: *Eye of the Firestorm*, p. 650.

51 Ibid., p. 651.

52 Roland de Vries: *Mobiele Oorlogvoering*, p. 137.

53 Onderhoud met Roland de Vries, 14.4.2018.

54 De Vries: *Eye of the Firestorm*, p. 648.

55 De Vries: *Eye of the Firestorm*, p. 651.

56 Huyserversameling 27/122, onderhoud met "Roeland de Fries" [Roland de Vries], 16.2.1988.

57 HSAW groep 4 160/314/4 – "Firewood B. Personeelverliese", 2.12.1987.

58 Marga Ley: "Jannie Geldenhuys: Ek en Castro het nie saamgesweer" (*Beeld*, 12.11.1992).

59 De Vries: *Eye of the Firestorm*, p. 653.

60 Ibid., p. 659.

61 Huyser Collection 27/130, "Lugplan: 20 Bde", 3.9.1987; Lord: "Oorsig van Ops Moduler, Hooper en Packer ...", in Geldenhuys (red.): *Ons was daar*, pp. 382-383.

62 Huyserversameling 19/23, Von Moltke: "Operasie Moduler (fase 2)", paragraaf 170.

63 Huyserversameling 23/92 "Ops instr H Leër", 27.10.1987.

64 Huyserversameling 16/56 "Memo H Leër – BG SWAGM", 27.10.1987.

65 Onderhoud met Roland de Vries, 14.4.2018.

66 Huyserversameling 23/91, SWAGM 11 – H Leër, 2.11.1987.

67 Huyserversameling 27/122, onderhoud met brig. Johan Louw, 8.12.1987, paragrawe 5-8.

68 Ibid., paragrawe 5-8.

69 Marga Ley: "Jannie Geldenhuys: Ek en Castro het nie saamgesweer" (*Beeld*, 12.11.1992).

70 Gleijeses: *Visions of Freedom*, p. 398.

71 De Vries: *Eye of the Firestorm*, p. 654.

Hoofstuk 5

1 Huyserversameling 19/73, Von Moltke: "Konsep Operasie Moduler (fase 2)", paragraaf 14.

2 Carl von Clausewitz: *Vom Kriege*, pp. 360-375.

3 Huyserversameling 15/55, SWAGM – H Leër, 23.9.1987; Huyserversameling

25/106, onderhoud met kmdt. Lambert Smith, 8-9.12.1988, paragrawe 39-40.

4 "Alexander Ivanovich Kalan", in Shubin, Zhdarkin, Barabulya en Kuznetsova-Timonova (reds.), 2014: *Cuito Cuanavale: Frontline Accounts by Soviet Soldiers*, p. 63.

5 Huyserversameling 19/73, Von Moltke: "Konsep Operasie Moduler (fase 2)", paragrawe 271 en 275; De Vries: *The Eye of the Firestorm. Strength Lies in Mobility*, p. 638.

6 Huyserversameling 19/73, Von Moltke, R: "Konsep Operasie Moduler (fase 2)", paragraaf 275.

7 Huyserversameling 26/110, situasierapport, 8.11.1987; ibid. 19/73, Von Moltke: "Konsep Operasie Moduler (fase 2)", paragraaf 164; Heitman: *War in Angola*, pp. 311 en 319.

8 Dagboek van 2lt. Dolf Bam, 2.11.1987, in my besit.

9 My eie berekening elders in die boek.

10 Huyserversameling 16, verskeie lêers.

11 Huyserversameling 19/73, Von Moltke: "Konsep Operasie Moduler (fase 2)", paragrawe 253-256; Bridgland: *The War for Africa*, pp. 186-188.

12 Huyserversameling 19/73, Von Moltke: "Konsep Operasie Moduler (fase 2)", paragrawe 257-260.

13 Ibid., paragraaf 269.

14 Roland de Vries: *Mobiele Oorlogvoering: 'n Perspektief vir Suider-Afrika*.

15 De Vries: *Eye of the Firestorm*, pp. 651.

16 Ibid., p. 650.

17 Ibid., p. 651.

18 De Vries: *Mobiele Oorlogvoering*, p. 87.

19 Ibid., p. xxii.

20 De Vries: *Eye of the Firestorm*, p. 654.

21 Liddell Hart: *Strategy*, pp.337-339.

22 De Vries: *Mobiele Oorlogvoering*, pp 50-53.

23 De Vries: *Eye of the Firestorm*, p. 654.

24 Die volgende drie paragrawe berus op die volgende bronne: Huyserversameling 26/110, situasierapport, 7.11.1987; ibid., situasierapport 8-9.11.1987; Huyserversameling 19/73, Von Moltke: "Konsep Operasie Moduler fase 2", paragraaf 278.

25 Huyserversameling 25/106, onderhoud met kmdt. Lambert Smith, 8-9.12.1987, paragraaf 81.

26 Ibid., paragraaf 82.

27 De Vries: *Mobiele oorlogvoering*, p. 27.

28 Huyserversameling 27/122, onderhoud met kol. Roland de Vries, 16.2.1988, p. 8.

29 Huyserversameling 26/110, situasierapport 8-9.11.1987; Bridgland: *The War for Africa*, p 213; De Vries: *Eye of the Firestorm*, pp. 668 en 671.

30 Igor Zhdarkin: "Notes from the trenches" (dagboekinskrywing vir 9.11.1987), in Shubin en Tokarev (reds.) 2011: *Bush War*, p. 55.

31 Huyserversameling 26/110, situasierapport 8-9.11.1987; Huyserversameling 25/106, onderhoud met kmdt. Lambert Smith, 8-9.12.1987, paragrawe 83 en 106; Huyserversameling 19/73, Von Moltke: "Konsep Operasie Moduler (fase 2)", paragraaf 283.

32 "Alexander Ivanovich Kalan", in Shubin, Zhdarkin, Barabulya en Kuznetsova-

Timonova (reds.) 2014: *Cuito Cuanavale*, p. 65.

33 Huyserversameling 19/73, Von Moltke.: "Konsep Operasie Moduler (fase 2)", paragraaf 280.

34 Huyserversameling 26/110, situasierapport, 8-9.11.1987.

35 De Vries: *Eye of the Firestorm*, p. 666; e-pos van Leon Marais, 1.8.2018; onderhoud met André Retief, 13.8.2018.

36 Leon Marais: "Op Moduler", 1.8.2011, p. 3; dagboek van 2lt. Dolf Bam, 9.11.1987.

37 Marais: "Op Moduler", 1.8.2011, pp. 8 en 15.

38 Huyserversameling 19/73, Von Moltke: "Konsep Operasie Moduler (fase 2)", paragrawe 285-296.

39 Dagboek van 2lt. Dolf Bam, 9.11.1987.

40 Huyserversameling 19/73, Von Moltke: "Konsep Operasie Moduler (fase 2)", paragraaf 287; Huyserversameling 26/110, situasierapport, 8-9.11.1987; De Vries: *The Eye of the Firestorm*, p. 669.

41 Huyserversameling 19/73, Von Moltke: "Konsep Operasie Moduler (fase 2)", paragraaf 288.

42 Marais: "Kronologiese verloop van gevegte ...", p. 3.

43 Huyserversameling 26/110, situasierapport, 8-9.11.1987; Bridgland: *The War for Africa*, p. 194.

44 "The diary of Alexander Kalan", in Shubin, Zhdarkin, Barabulya en Kuznetsova-Timonova (reds.): *Cuito Cuanavale*, pp. 102-103, dagboekinskrywing van 9.11.1987.

45 Huyserversameling 19/73, Von Moltke: "Konsep Operasie Moduler (fase 2)", paragraaf 290; Marais: "Kronologiese verloop van gevegte ...", p. 4; dagboek van 2lt. Dolf Bam, 9.11.1987.

46 Huyserversameling 26/110, situasierapport, 8-9.1987.

47 Ibid.; Huyserversameling 19/73, Von Moltke: "Konsep Operasie Moduler (fase 2)", paragraaf 297.

48 Heitman: *War in Angola*, p. 125; De Vries: *Eye of the Firestorm*, p. 670.

49 Bridgland: *The War for Africa*, p. 194.

50 Huyserversameling 26/110, situasierapport, 8-9.1987; Marais: "Kronologiese verloop van gevegte ...", 19.11.1987, p. 4.

51 "The diary of Alexander Kalan", in Shubin, Zhdarkin, Barabulya en Kuznetsova-Timonova (reds.): *Cuito Cuanavale*, p. 103 (dagboekinskrywing van 9.11.1987).

52 E-pos van Leon Marais, 1.8.2018.

53 Ibid.

54 Huyserversameling 26/110, situasierapport, 8-9.1987; Huyserversameling 19/73, Von Moltke: "Konsep Operasie Moduler (fase 2)", paragraaf 295; Huyserversameling 25/106, onderhoud met kmdt. Lambert Smith, 8-9.12.1987, paragraaf 86; Marais: "Kronologiese verloop van gevegte ..." 19.11.1987, p. 5; dagboek van 2lt. Dolf Bam, 9.11.1987.

55 Huyserversameling 19/73, Von Moltke: "Konsep Operasie Moduler (fase 2)", paragraaf 295; Marais: "Kronologiese verloop van gevegte ...", 19.11.1987, p. 5.

56 Huyserversameling 19/73, Von Moltke: "Konsep Operasie Moduler (fase 2)", paragraaf 295; Marais: "Kronologiese verloop van gevegte ...", 19.11.1987, p. 5; dagboek van 2lt. Dolf Bam, 9.11.1987; Heitman: *War in Angola*, p. 127.

57 Marais: "Kronologiese verloop van gevegte ...", 19.11.1987, p. 5; Heitman: *War*

in Angola, p. 127; Bridgland: *The War for Africa*, p. 196.

58 Huyserversameling 26/110, situasierapport, 8-9.11.1987; Huyserversameling 25/106, onderhoud met kmdt. Lambert Smith, paragraaf 86, 8-9.11.1987; Huyserversameling 19/73, Von Moltke: "Konsep Operasie Moduler (fase 2)", paragraaf 296; Marais: "Kronologiese verloop van gevegte ...", 19.11.1987, p. 5;

59 Dagboek van 2lt. Dolf Bam, 9.11.1987.

60 Ibid.

61 Huyserversameling 25/106, onderhoud met kmdt. Lambert Smith, paragraaf 86, 8-9.11.1987; Huyserversameling 19/73, Von Moltke: "Konsep Operasie Moduler (fase 2)", paragraaf 302.

62 Huyserversameling 19/73, Von Moltke, R: "Konsep Operasie Moduler (fase 2)", par. 297B.

63 "The diary of Alexander Kalan", in Shubin, Zhdarkin, Barabulya en Kuznetsova-Timonova (reds.): *Cuito Cuanavale*, p. 103 (dagboekinskrywing van 9.11.1987).

64 Jan Breytenbach: *Buffalo Soldiers: The Story of South Africa's 32 Battalion 1975-1993*, p. 255.

65 Bridgland: *The War for Africa*, p. 198.

66 De Vries, R. 2013: *Eye of the Firestorm*, pp. 670 en 671.

67 De Vries: *Eye of the Firestorm*, pp. 670 en 671.

68 Huyserversameling 24/98, radiogesprek tussen kol. Deon Ferreira en kmdt. Leon Marais, 15.11.1987.

69 Huyserversameling 26/110, situasierapport, 16.11.1987.

70 E-pos van Leon Marais, 5.8.2018; Scholtz: *Die SAW in die Grensoorlog*, p. 309.

71 Huyserversameling 27/122, onderhoud met kol. Roland de Vries, 16.2.1988, p. 7.

72 E-pos van Roland de Vries, 11.8.2018.

73 Huyserversameling 19/73, Von Moltke: "Konsep Operasie Moduler (fase 2)", paragraaf 298.

74 Bridgland: *The War for Africa*, p. 198.

Hoofstuk 6

1 De Vries: *Eye of the Firestorm*, p. 673.

2 "Alexander Ivanovich Kalan", in Shubin, Zhdarkin, Barabulya en Kuznetsova-Timonova (reds.) 2014: *Cuito Cuanavale*, pp. 103-104 (dagboekinskrywing van 10.11.1987).

3 Ibid., p. 65.

4 Huyserversameling 19/73, Von Moltke: "Konsep Operasie Moduler (fase 2)", paragrawe 318 en 328; Huyserversameling 25/106, onderhoud met kmdt. Lambert Smith, par. 92; Huyserversameling 26/110, situasierapport, 9-10.11.1987.

5 Huyserversameling 19/73, Von Moltke, R: "Konsep Operasie Moduler (fase 2)", paragraaf 311; Leon Marais: "Op Moduler Nabetragting, 19.11.1987", p. 7; De Vries: *Eye of the Firestorm*, p. 674.

6 Huyserversameling 19/73, Von Moltke: "Konsep Operasie Moduler (fase 2)", paragraaf 321; De Vries: *Eye of the Firestorm*, p. 674.

7 Huyserversameling 19/73, Von Moltke: "Konsep Operasie Moduler (fase 2)", paragrawe 309 en 316; Huyserversameling 25/106, onderhoud met kmdt. Lambert Smith, 7-8.12.1987, paragraaf 91.

8 De Vries: *Eye of the Firestorm*, p. 672.

9 Huyserversameling 25/106, onderhoud met kmdt. Lambert Smith, 7-8.12.1987, paragraaf 94.

10 Huyserversameling 19/73, Von Moltke: "Konsep Operasie Moduler (fase 2)", paragrawe 320-321; Huyserversameling 26/110, situasierapport, 10-11.1987; Leon Marais: "Op Moduler Nabetragting, 19.11.1987", p. 7; De Vries: *Eye of the Firestorm*, p. 674.

11 Huyserversameling 19/73, Von Moltke: "Konsep Operasie Moduler (fase 2)", paragraaf 321; Huyserversameling 25/106, onderhoud met kmdt. Lambert Smith, 8-9.1987, paragraaf. 94.

12 Scholtz: *Ratels aan die Lomba*, p. 214.

13 Huyserversameling 25/106, onderhoud met kmdt. Lambert Smith, 8-9.1987, paragraaf. 96.

14 Huyserversameling 19/73, Von Moltke: "Konsep Operasie Moduler (fase 2)", paragraaf 323; Leon Marais: "Op Moduler Nabetragting", 19.11.1987, p. 8.

15 Bydrae deur Eric Samuels op die Facebookgroep "Operation Moduler Old Boys – 4 SAI and all others", 8.11.2017.

16 Dagboek van 2lt. Dolf Bam, 11.11.1987.

17 Bridgland: *The War for Africa*, p. 200.

18 Huyserversameling 25/106, onderhoud met kmdt. Lambert Smith, 8-9.1987, paragraaf 97.

19 Marais: "Op Moduler Nabetragting", 19.11.1987, p. 8.

20 Huyserversameling 25/106, onderhoud met kmdt. Lambert Smith, 8-9.1987, paragraaf 98.

21 Onderhoud met brig.genl. André Retief, 1.8.2018.

22 E-pos van Leon Marais, 1.8.2018.

23 Dagboek van 2lt. Dolf Bam, 11.11.1987.

24 Huyserversameling 19/73, Von Moltke: "Konsep Operasie Moduler (fase 2)", paragrawe 330-331; Huyserversameling 26/110, situasierapport, 10-11.1987.

25 Huyserversameling 19/73, Von Moltke: "Konsep Operasie Moduler (fase 2)", paragraaf 332; Bridgland: *The War for Africa*, p. 206.

26 Huyserversameling 19/73, Von Moltke: "Konsep Operasie Moduler (fase 2)", paragraaf 333.

27 Huyserversameling 19/73, Von Moltke: "Konsep Operasie Moduler (fase 2)", paragrawe 334; Huyserversameling 26/106, onderhoud met kmdt. Lambert Smith, 8-9.12.1987, paragraaf 100; Bridgland: *The War for Africa*, p. 207.

28 Huyserversameling 26/110, situasierapport, 11.11.1987.

29 Bridgland: *The War for Africa*, p. 207.

30 Huyserversameling 19/73, Von Moltke: "Konsep Operasie Moduler (fase 2)", paragraaf 335.

31 Huyserversameling 26/106, onderhoud met kmdt. Lambert Smith, 8-9.12.1987, paragraaf 100.

32 Huyserversameling 19/73, Von Moltke: "Konsep Operasie Moduler (fase 2)", par. 335-336; Huyserversameling 26/110, situasierapporte, 10-11.11.1987 en 11.11.1987.

33 Huyserversameling 19/73, Von Moltke: "Konsep Operasie Moduler (fase 2)", paragrawe 336-342.

34 Ibid., paragraaf 345.

35 Ibid., paragraaf 338.

NOTAS

36 Heitman: *War in Angola*, p. 138.

37 "Alexander Ivanovich Kalan", in Shubin, Zhdarkin, Barabulya en Kuznetsova-Timonova (reds.) 2014: *Cuito Cuanavale: Frontline Accounts by Soviet Soldiers*, pp. 103-104 (dagboekinskrywing van 10.11.1987).

38 Scholtz: *Die SAW in die Grensoorlog*, p. 308.

39 Zhdarkin: "Cuito Cuanavale: Notes from the trenches", in Shubin en Tokarev: *Bush War: The Road to Cuito Cuanavale. Soviet Soldiers' Accounts of the Angolan War*, pp. 56-57 (dagboekinskrywing van 11.11.1987).

40 Huyserversameling 30/153, "Voorligting aan senior offisiere", s.j., pp. 30-31; Huyserversameling 19/23, Von Moltke: "Konsep Operasie Moduler (fase 2)", paragraaf 480.

41 Igor Zhdarkin: "Cuito Cuanavale. Notes from the trenches", in Shubin en Tokarev (reds.): *Bush War*, p. 68.

42 Huyserversameling 27/122, onderhoud met Roland de Vries, 16.2.1988.

43 Huyserversameling 27/122, onderhoud met Johan Louw, paragraaf 34, 8.12.1987.

44 HSAW Groep 4, 62 V/305/5, vol.1, "Lesse geleer ...", pp. 1-4 – 1-5

45 Huyserversameling 26/121, Fido Smit – Johan Louw, 12.11.1987; Huyserversameling 19/23, "Konsep Operasie Moduler (fase 2")", paragraaf 389.

46 Huyserversameling 26/121, 20 Bde HK – Brigadier Johan Louw, 12.11.1987.

47 Huyserversameling 15/55, "Bevestigende notas Op Moduler HSAW kantoor", 18.11.1987.

48 Ibid.

49 Ibid.

50 Huyserversameling 25/106, onderhoud met kmdt. Lambert Smith, paragraaf 183, 7-8.12.1987.

51 Ibid.

52 Huyserversameling 26/121, 20 Bde HK – Tak HK Rundu, 18.11.1987.

53 Huyserversameling 22/87, kmdt. Craig Harrison: "Intelligence appraisal", 26.12.1987, p. 3.

54 Huyserversameling 26/121, 20 Bde HK – Tak HK Rundu, 18.11.1987.

55 Ibid.

56 Ibid.

57 Huyserversameling 19/23, Von Moltke: "Konsep Operasie Moduler (fase 2)", paragraaf 470.

58 Ibid., paragrawe 471-472.

59 Ibid., paragraaf 485.

60 Ibid., paragrawe 491-495 en 501.

61 Ibid., paragraaf 503.

62 Huyserversameling 16/56, "Bevestigende notas Op Moduler HSAW kantoor", 18.11.1987.

63 Onderhoud met Roland de Vries, 14.4.2018.

64 De Vries: *Eye of the Firestorm*, p. 639.

65 Bridgland: *The War for Africa*, p. 230.

66 Huyserversameling 15/54, situasierapport, 14.11.1987; Huyserversameling 15/24, situasicrapport, 21.11.1987; Huyserversameling 15/54, situasierapport, 27.11.1987; Huyserversameling 19/23, Von Moltke "Konsep Operasie Moduler (fase 2), paragraaf 392; Dawid Lotter: *Bravo Company plus Anti-Tank Platoon*, p. 146; Paul Morris: *Back to Angola. A Journey from War to Peace*, pp. 188-193.

67 Huyserversameling 19/23, Von Moltke: "Konsep Operasie Moduler (fase 2), paragrawe 487, 554-556 en 594.

Hoofstuk 7

1 Shubin en Tokarev (reds.): *Bush War*, p. 93.

2 Huyserversameling 24/104, "Beknopte historiese oorsig van die Fapla-offensief", Jan. 1988.

3 Dié rekonstruksie van die siening uit Luanda en Havana word op die volgende bronne gebaseer: Isaac Deutschmann: "Preface", in Deutschmann (red.): *Changing the History of Africa*, pp. vii, viii; ibid., (onderhoud met Jorge Risquet), pp. 15 en 30; Zamora (red.): *The Peace of Cuito Cuanavale. Documents of a Process*, p. 6 (toespraak van Fidel Castro, 5.12.1988); Vladimir Shubin: *The Hot 'Cold War'. The USSR in Southern Africa*, p. 105; Gleijeses: *Visions of Freedom*, p. 427.

4 Gleijeses: *Visions of Freedom*, p. 423.

5 Huyserversameling 16/67, Tak HK Rundu – 20 Bde, 28.10.1987. Vgl. ook Shubin en Tokarev (reds.): *Bush War* p. 29.

6 Gleijeses: *Visions of Freedom*, pp. 407-407.

7 Ibid., p. 408.

8 Vgl. Scholtz: *Die SAW in die Grensoorlog*, pp. 372-377.

9 The Cuban-American National Foundation: *General Del Pino Speaks* (transkripsie van 'n reeks onderhoude met Del Pino op Radio Martti, die Vrye Kubaanse radiostasie in Miami, Florida).

10 Vgl. Scholtz: *Die SAW in die Grensoorlog*, pp. 372-377.

11 Bridgland: *The War for Africa*, p. 227.

12 Vgl. Clive Holt: *At Thy Call We Did Not Falter: A Frontline Account of the 1988 Angolan War, as Seen Through the Eyes of a Conscripted Soldier*, p. 32.

13 Huyserversameling 19/73, Richard von Moltke: "Gesamentlike militêre aksies …", paragraaf 14.

14 Huyserversameling 16/56, memorandum kmdt. JJ Bierman – JNR Botha, 8.12.1987.

15 Huyserversameling 16/56, H Leër: "Voorlopige instr.: Op Moduler", 11.12.1987. Vgl. ook Huyserversameling 30/153, "Voorligting aan senior offisiere", s.j., pp. 40-41; Huyserversameling 19/73, Von Moltke: "Gesamentlike militêre aksies …", paragraaf 40.

16 Huyserversameling 19/73, Von Moltke: "Gesamentlike militêre aksies …", paragraaf 45.

17 E-pos van Craig Harrison, 7.6.2018.

18 Huyserversameling 22/87, "Intelligence Appreciation: Op Hooper", 26.12.1987.

19 HSAW Groep 4, 62 V/305/5, vol.1, "Lesse geleer …", p. 8-8 – 8.9; Huyserversameling 30/153, "Voorligting aan senior offisiere", s.j., p. 33.

20 De Vries: *Eye of the Firestorm*, pp. 691-692. Vgl. ook p. 699.

21 Junior Botha: "Suidoos-Angola 1987-89 in perspektief: Castro, Von Clausewitz en Liddell Hart", in Geldenhuys (red.): *Ons was daar*, p. 525.

22 Annette Seegers: *The Military in the Making of the Modern South Africa*, p. 141.

23 Helmoed-Römer Heitman: "Is the Army literate?" (*Scientia Militaria*, 10/1, 1980, p. 48).

24 De Vries: *Eye of the Firestorm*, pp. 690.

25 Lord: "Oorsig oor Ops Moduler, Hooper en Packer ...", in Geldenhuys: *Ons was daar*, p. 384.

26 HSAW Groep 4, 62 V/305/5, vol.1, "Lesse geleer ...", pp. 8-1 – 8-2 en 8-4.

27 Huyserversameling 23/89, "Oorlogsdagboek 20 Bde, nabetragtingsverslag: aanval op Tumpo, 1.3.1988 (lesse geleer)".

28 "Nabetragting Modular/Hooper/Packer", 30.5.1988, p. B-1 (dokument verskaf deur genl.maj. Roland de Vries).

29 Huyserversameling 16/56, HSAW – H Leër, 11.12.1987.

30 Bridgland: *The War for Africa*, p. 369.

31 Missing Voices Project, onderhoud met Paul Fouché, 15.4.2008, by www.historicalpapers.wits.ac.za/inventories/inv_pdfo/A3079/A3079-D27-001-jpeg.pdf.

32 Huyserversameling 19/73, Von Moltke: "Konsep Operasie Moduler (fase 2)", paragrawe 572 en 587; Huyserversameling 30/153, "Voorligting aan senior offisiere", s.j., p. 40.

33 Vgl. Robert Leonhard: *The Art of Maneuver: Maneuver-Warfare Theory and Airland Battle*, pp. 113-115.

34 Aangehaal in Scholtz: *Die SAW in die Grensoorlog*, p. 45.

35 Kyk pp. 40 en 41.

36 HSAW Groep 4, 62 V/305/5, vol.1, "Lesse geleer ...", p. 18-4.

37 "Nabetragting Modular/Hooper/Packer", 30.5.1988, p. E-1 (verskaf deur Roland de Vries).

38 Evert Jordaan en François Vrey: "Operational strategy and the South African way of war: The way forward" (*Strategic Review for Southern Africa*, 28/1, 2006, p. 37).

39 Scholtz: *Die SAW in die Grensoorlog*, pp. 325-326.

40 Huyserversameling 23/26, "Oorlogsdagboek 20 Bde", 2.1.1987; Huyserversameling 19/73, Von Moltke: "Gesamentlike militêre aksies ...", paragraaf 89.

41 Huyserversameling 23/26, "Oorlogsdagboek 20 Bde"; Huyserversameling 19/73, Von Moltke: "Gesamentlike militêre aksies ...", paragraaf 242.

42 Bridgland: *The War for Africa*, p. 267.

43 HSAW Groep 4, 160/314/4, p. 153, HSAW3 – HSAW mil sek, 21.1.1988; Gleijeses: *Visions of Freedom*, p. 423. Vgl. ook Huyserversameling 15/54, "Voorligting D. Ops (Leër)", 9.12.1987.

44 Scholtz: *Die SAW in die Grensoorlog*, pp. 335-339.

45 Huyserversameling 19/73, Von Moltke: "Gesamentlike militêre aksies ...", paragraaf 315.

46 *Case 1/1989* (getuienis deur Fidel Castro, 12.7.1989), pp. 386-388.

47 Gleijeses: *Visions of Freedom*, p. 417.

48 Crocker: *High Noon in Southern Africa*, p. 358.

49 Huyserversameling 89/417, "Hooper Ops/EME", 18.1.1988; Huyserversameling 19/73, Von Moltke: "Gesamentlike militêre aksies ...", paragraaf 367; HSAW Groep 4, 160/314/4, p. 141, HSAW3 – HSAW mil sek, 18.1.1988.

50 Huyserversameling 97/23, Von Moltke: "Konsep Operasie Moduler (fase 2)", paragraaf 511.

51 Huyserversameling 19/73, Von Moltke: "Gesamentlike militêre aksies ..." , paragraaf 205'

52 Zhdarkin: *Bush War*, pp. 125-126.

53 Shubin (red.): "The memoirs of veterans of the war in Angola", geen bladsynommers.

54 Karl Maier: *Angola: Promises and Lies*, pp. 29-30.

55 Margaret Knox: "The catwalk to Cuito" (*The Sunday Times*, 6.3.1988).

56 James Brooks: "Angolans besting South Africa in a remote battle" (*New York Times*, 18.5.1988).

57 Bridgland: *The War for Africa*, p. 294.

58 Huyserversameling 22/82, CC-SG – Bev Med Kmdmt SWA, 19.2.1988.

Hoofstuk 8

1 Huyserversameling 23/89, "Oorlogsdagboek 20 Bde", 25.2.1988; Huyserversameling 19/23, Von Moltke: "Gesamentlike militêre aksies ...", paragraaf 529.

2 Huyserversameling 22/87: Craig Harrison: "Staff appreciation Op Hooper", 26.12.1987, paragraaf 14.

3 Huyserversameling 22/87: Harrison: "Staff appreciation Op Hooper", 26.12.1987", paragraaf 37.

4 Huyserversameling 27/130, Oorlogsdagboek, inskrywing met die titel "My indrukke van die poging", geen datum.

5 Scholtz: *Die SAW in die Grensoorlog*, p. 314.

6 Huyserversameling 22/87: Harrison: "Staff appreciation Op Hooper", 26.12.1987", paragraaf 36.

7 Scholtz: *Die SAW in die Grensoorlog*, pp. 9, 411 en 413; Dick Lord: *Vlamgat: The Story of the Mirage F1 in the South African Air Force*, pp. 253-254.

8 Dick Lord: *From Fledgeling to Eagle*, p. 426.

9 Huyserversameling 19/73, Von Moltke: "Gesamentlike militêre aksies ...", paragraaf 12.

10 Huyserversameling 22/87, Harrison: "Staff appreciation Op Hooper", 26.12.1987", paragraaf 19; Huyserversameling 19/73, Von Moltke: "Gesamentlike militêre aksies ...", paragraaf 9;

11 Huyserversameling 22/87, Harrison: "Staff appreciation Op Hooper, 26.12.1987", paragrawe 41, 43, 45, 46; Huyserversameling 19/73, Von Moltke: "Gesamentlike militêre aksies ...", paragraaf 13. Let op dat Harrison, wie se verslag vroeg geskryf is, steeds 16 Brigade vermeld. Teen die tyd dat Von Moltke sy kroniek geskryf het, het dié brigade uit Fapla se slagorde verdwyn.

12 Scholtz: *Die SAW in die Grensoorlog*, p. 322.

13 Ibid.

14 Huyserversameling 19/73, Von Moltke: "Gesamentlike militêre aksies ...", paragrawe 13 en 296-297.

15 Huyserversameling 19/73, Von Moltke: "Gesamentlike militêre aksies ...", paragraaf 528.

16 *1/1989*, pp. 385 en 388 (getuienis deur Fidel Castro in die hofsaak teen Ochoa, 12.7.1989).

17 Shubin, Zhdarkin, Barabulya en Kuznetsova-Timonova (reds.): *Cuito Cuanavale*, p. 178.

18 *1/1989*, p. 383 (getuienis deur Fidel Castro in die hofsaak teen Ochoa, 12.7.1989).

19 Ibid., p. 384 (getuienis deur Fidel Castro in die hofsaak teen Ochoa, 12.7.1989).

20 Ibid., p. 385 (getuienis deur Fidel Castro in die hofsaak teen Ochoa, 12.7.1989).

21 HSAW Groep 4, 160, 310/4, p. 153, situasierapport, 20.1.1988.

22 *1/1989*, p. 385 (getuienis deur Fidel Castro in die hofsaak teen Ochoa, 12.7.1989).

23 *1/1989*, p. 387 (getuienis deur Fidel Castro in die hofsaak teen Ochoa, 12.7.1989).

24 Huyserversameling 19/73, Von Moltke: "Gesamentlike militêre aksies ...", paragraaf 519.

25 "Oleg Arkadyevich Gritsuk", in Shubin, Zhdarkin, Barabulya en Kuznetsova-Timonova (reds.): *Cuito Cuanavale*, p. 154.

26 Huyserversameling 22/87, Harrison: "Staff appreciation Op Hooper", 26.12.1987", paragraaf 62.

27 Huyserversameling 22/87, Harrison: "Staff appreciation Op Hooper", 26.12.1987", paragraaf 63.

28 Vgl. HSAW Groep 4, 62 V/305/5, vol.1, "Lesse geleer in konvensionele operasies in die westelike subteater, p. 1-9.

29 Bridgland: *The War for Africa*, p. 294.

30 Huyserversameling 19/73, Von Moltke: "Gesamentlike militêre aksies ...", paragraaf 517.

31 HSAW Groep 4, 160, lêer 310/4, p. 65, situasierapport, 22.2.1988.

32 Vgl. Scholtz: *Die SAW in die Grensoorlog*, pp. 376-377.

33 Willem Steenkamp en Helmoed-Römer Heitman: *Mobility Conquers: The Story of 61 Mechanised Battalion Group 1978-2005*, p. 862.

34 HSAW Groep 4, 160, lêer 310/4, p. 64, situasierapport, 22.2.1988; Huyserversameling 19/73, Von Moltke: "Gesamentlike militêre aksies ...", paragrawe 498-508; Heitman: *War in Angola*, pp. 242-243; Bridgland: *The War for Africa*, p. 283; Edward George: *The Cuban Intervention in Angola*, p. 225.

35 Huyserversameling 29/142, operasie-instruksie, 20.2.1988; Huyserversameling 19/73, Von Moltke: "Gesamentlike militêre aksies ...", paragraaf 52 529; Bridgland: *The War for Africa*, p. 296

36 Huyserversameling 19/73, Von Moltke: "Gesamentlike militêre aksies ...", paragraaf 525; Bridgland: *The War for Africa*, p. 295.

37 Huyserversameling 19/73, Von Moltke: "Gesamentlike militêre aksies ...", paragraaf 535; Huyserversameling 30/153, "Voorligting aan senior offisiere van die SAW oor Operasie Moduler/Hooper", p. 51, s.j.; Bridgland: *The War for Africa*, p. 295.

38 Huyserversameling 23/89, oorlogsdagboek, 20 SA Brigade, 24.2.1988.

39 Edward George: *The Cuban Intervention in Angola, 1954-1991*, p. 226.

40 Huyserversameling 30/153, "Voorligting aan senior offisiere van die SAW oor Operasie Moduler/Hooper", pp. 51-52, s.j.; Huyserversameling 19/73, Von Moltke: "Gesamentlike militêre aksies ...", paragraaf 536; Bridgland: *The War for Africa*, p. 296.

41 Tensy ander vermeld, is die volgende beskrywing gebaseer op dié bronne: Huyserversameling 23/89, oorlogsdagboek, 20 SA Brigade, 25.2.1988; Huyserversameling 28/139, situasierapport, 26.2.1988; Huyserversameling 30/153, "Voorligting aan senior offisiere van die SAW oor Operasie Moduler/Hooper", pp. 51-52; Huyserversameling 19/73, Von Moltke: "Gesamentlike militêre aksies ..., paragrawe 535-559; Bridgland: *The War for Africa*, pp. 296-298.

42 Huyserversameling 30/153, "Voorligting aan senior offisiere van die SAW oor Operasie Moduler/Hooper", p. 52.

43 HSAW Groep 4, 160 lêer 310/4, p. 174, situasierapport, 26.2.1988.

44 Bridgland: *The War for Africa*, pp. 296-297.

45 Clive Wilsworth: *First in, Last out: The South African Artillery in Action 1975-1988*, p. 337.

46 Clive Holt: *At Thy Call We Did Not Falter*, p. 90.

47 Holt: *At thy Call We Did Not Falter*, p. 19.

48 Bridgland: *The War for Africa*, p. 294.

49 Huyserversameling 19/73, Von Moltke: "Gesamentlike militêre aksies ...", paragraaf 568.

50 Heitman: *War in Angola*, p. 253.

51 Huyserversameling 19/73, Von Moltke: "Gesamentlike militêre aksies ...", paragraaf 570.

52 HSAW Groep 4, 62 V/305/5, vol.1, "Lesse geleer in konvensionele operasies in die westelike subteater", pp. 2-13 en 2-19.

53 Huyserversameling 29/142, situasierapport, 26.2.1988. Vgl. ook Huyserversameling 30/153, "Voorligting aan senior offisiere van die SAW oor Operasie Moduler/Hooper", p. 50.

54 Huyserversameling 30/153, "Voorligting aan senior offisiere van die SAW oor Operasie Moduler/Hooper", s.j., p. 51.

55 Heitman: *War in Angola*, p. 252.

56 HSAW Groep 4, 160 lêer 310/4, p. 182, situasierapport, 27-28.2.1988; Heitman: *War in Angola*, pp. 252-254.

57 Frans van Dyk: "Operasies Moduler, Hooper en Packer – 1 Verkenningsregiment", in Geldenhuys (red.): *Ons was daar*, pp. 217-218

58 Shubin, Zhdarkin, Barabulya en Kuznetsova-Timonova (reds.): *Cuito Cuanavale*, p. 179.

59 Huyserversameling 19/73, Von Moltke: "Gesamentlike militêre aksies ...", paragrawe 584-590 en 594-595; Bridgland: *The War for Africa*, p. 308.

60 Huyserversameling 19/73, Von Moltke: "Gesamentlike militêre aksies ...", paragraaf 589.

61 Ibid., paragraaf 585.

62 Ibid., paragraaf 582.

63 George: *The Cuban Intervention in Angola*, p. 229.

64 Tensy anders vermeld, is die beskrywing van van die geveg op die volgende bronne gebaseer: Huyserversameling 23/89, oorlogsdagboek, 20 SA Brigade, 1.3.1988; Huyserversameling 28/137, situasierapporte, 29.2.1988, 1.3.1988 en 3.3.1988; Huyserversameling 89/417, "Nabetragtingsverslag: Aanval op 1 Mrt 88", paragrawe 11-30; Huyserversameling 19/73, Von Moltke: "Gesamentlike militêre aksies ...", paragrawe 598-626; Huyserversameling 30/153, "Voorligting aan senior offisiere van die SAW oor Operasie Moduler/Hooper, p. 54; HSAW Groep 4, 160 lêer 310/4, p. 205; situasierapport, 2.3.1988; Bridgland: *The War for Africa*, pp. 309-312.

65 Shubin, Zhdarkin, Barabulya en Kuznetsova-Timonova (reds.): *Cuito Cuanavale*, pp. 181-182.

66 Huyserversameling 19/73, Von Moltke: "Gesamentlike militêre aksies ...", paragraaf 626.

67 HSAW Groep 4, 160 310/4, situasierapport, 2.3.1988.

68 Ibid.

69 Bridgland: *The War for Africa*, p. 327.

70 HSAW Groep 4, 160 310/4, situasierapport, 2.3.1988.

71 Huyserversameling 30/153, "Voorligting aan senior offisiere van die SAW oor

Operasie Moduler/Hooper", pp. 55-56.
72 Huyserversameling 19/73, Von Moltke: "Gesamentlike militêre aksies ...", paragraaf 628.
73 Ibid., paragraaf 631.

Hoofstuk 9

1 HSAW Groep 4, 160, 310/4, situasierapport, 11.3.1988; Huyserversameling 19, Von Moltke: "Gesamentlike militêre aksies ...", paragrawe 649 en 662-663.
2 Huyserversameling 22/83, situasierapport, 14.3.1988; Bridgland: *The War for Africa*, p. 323; Heitman: *War in Angola*, p. 274.
3 "Nabetragting Modular/Hooper/Packer", 30.5.1988, pp. B-2 en M-2 (verskaf deur Roland de Vries).
4 Scholtz: *Die SAW in die Grensoorlog*, pp. 357-358.
5 Steenkamp en Heitman: *Mobility Conquers*, p. 869.
6 Bridgland: *The War for Africa*, pp. 322-323.
7 Huyserversameling 22/83, situasierapport, 13.3.1988; Huyserversameling 30/153, "Situasie: 6 Mil. Streek", 14.3.1988; HSAW Groep 4, 160, 310/4, situasierapport, 14.3.1988.
8 Heitman: *War in Angola*, p. 270.
9 Huyserversameling 30/153, "Voorligting aan senior offisiere oor Operasies Moduler/Hooper", p. 56.
10 Huyserversameling 30/153: "Situasie: 6 Mil Streek", 14.3.1988.
11 Huyserversameling 22/83, situasierapport, 13.3.1988.
12 HSAW Groep 4, 160, 310/4, pp. 226-228, "Verslag: Aanval 82 Meg Bde op Tumpo op 23 Mrt 1988"; Huyserversameling 89, situasierapport, 9.3.1988; Huyserversameling 91/124, situasierapport, 11.3.1988; Huyserversameling 23/89, oorlogsdagboek 81 Meg Brigade, 23.3.1988.
13 Liddell Hart: *Strategy*, pp. 348-349.
14 BH Liddell Hart: *Memoirs*, I, p. 163.
15 Scholtz: *Die SAW in die Grensoorlog*, pp. 359-360.
16 Breytenbach: *Buffalo Soldiers*, p. 307.
17 E-pos van Gerhard Louw, 14.10.2018.
18 Huyserversameling 91, H Leër – Tak HK Rundu, 16.3.1988.
19 Huyserversameling 19, Von Moltke: "Gesamentlike militêre operasies", paragraaf 660.
20 Lord: *From Fledgeling to Eagle*, p. 441.
21 Ibid., p. 442.
22 Tensy anders vermeld, is die beskrywing van die geveg gebaseer op die volgende bronne: HSAW Groep 4, 160, 310/4, pp. 230-234, situasierapport, 24.3.1988; HSAW Groep 4, 160, 310/4, pp. 174-176, situasierapport, 26.3.1988; HSAW groep 4 160, 310/4, pp. 224-228, "Verslag: Aanval 82 Meg Bde op Tumpo op 23 Mrt 88"; Huyserversameling 90/110, "Verslag Packer", s.j.; Bridgland: *The War for Africa*, pp. 321-335; Scholtz: *Die SAW in die Grensoorlog*, pp. 356-364.
23 HSAW Groep 4 ,160, 310/4, p. 234, situasierapport, 24.3.1988.
24 Scholtz: *Die SAW in die Grensoorlog*, p. 363.
25 Bridgland: *The War for Africa*, p. 328.
26 Fred Oelschig: "FAPLA se finale poging – die opbou", in Geldenhuys (red.): *Ons*

was daar, p. 399.

27 Bridgland: *The War for Africa*, p. 331.

28 HSAW Groep 4, 160, 310/4, p. 234, situasierapport, 29.3.1988.

29 Huyserversameling 27/130, oorlogsdagboek, geen datum.

30 E-posse van Paul Fouché en Gerhard Louw, 7.10.2018 en 17.10.2018.

31 HSAW Groep 4, 62 V/305/5, vol.1, "Lesse geleer tydens konvensionele operasies in die westelike subteater", p. A-1.

32 De Vries, *The Eye of the Firestorm*, p 699.

33 Huyserversameling 92, Von Moltke: "Gesamentlike militêre aksies ...", paragraaf 674.

34 HSAW Groep 4, 62 V/305/5, vol 1, "Lesse geleer in konvensionele operasies in die westelike subteater", p 4-3.

Hoofstuk 10

1 Mao Zedong: "Problems of strategy in China's Revolutionary War" (Desember 1936), in *Selected Military Writings of Mao Tse-tung*, p. 87.

2 Annette Seegers: *The Military in the Making of the Modern South Africa*, p. 141; Helmoed-Römer Heitman: "Is the Army literate?" (*Scientia Militaria*, 10/1, 1980, p. 48).

3 Carl von Clausewitz: "Vorrede des Verfassers", in *Vom Kriege*, p. 23.

4 Sien Sun Tzu: *The Art of War*, vertaal deur Thomas Cleary.

5 Vgl. uittreksels uit hul geskrifte in Adrian Liddell Hart (red.):*The Sword and the Pen. Selections from the World's Greatest Military Writings*, pp. 50-52, 90-92, 95-99, 126-130 en 143-147.

6 Sien Carl von Clausewitz: *Vom Kriege. Hinterlassenes Werk*.

7 Anthony John Trythall: *"Boney" Fuller: The Intellectual General*, pp. 31 en 36.

8 BH Liddell Hart: *Strategy*, pp. 348-349.

9 "British principles of war – are they applied in 21st century UK defence policy and planning?", 11.8.2016, by http://www.defencesynergia.co.uk/british-principles-of-war-are-they-applied-in-21st-century-uk-defence-policy-and-planning/ (opgeroep 5.9.2018).

10 US Army Field Manual 100-5: Operations, hoofstuk 2, by http://www.digitalattic.org/home/war/fm1005/ (opgeroep 5.9.2018).

11 George Kruys: "The principles of war: Their status in the year 2001", in Mike Hough en Lourens du Plessis (reds.): *Selected Military Issues with Specific Reference to the Republic of South Africa*, pp. 43-4; De Vries: *Mobile Warfare for Africa: On the Successful Conduct of Wars in Africa and Beyond – Lessons learned from the South African Border War*, p. 62.

12 De Vries: *Mobile Warfare for Africa: On the Successful Conduct of Wars in Africa and Beyond – Lessons learned from the South African Border War*, p. 62.

13 Kruys: "The principles of war: Their status in the year 2001", in Hough en Du Plessis (reds.): *Selected Military Issues with Specific Reference to the Republic of South Africa*, pp. 39-40.

14 Vgl. Scholtz: *Die SAW in die Grensoorlog*, pp. 381-391.

15 Ek dank prof. lt.kol Abel Esterhuyse van die Militêre Akademie op Saldanha vir dié waardevolle insig.

16 Vyacheslav Aleksandrovich Mitaev: "The tide turns", in Shubin en Tokarev (reds.): *Bush War*, p. 27.

17 BH Liddell Hart: *Strategy*, pp. 337 en 339. Liddell Hart se klem.

18 Sun Tzu: *The Art of War*, pp. 67 en 91.

19 Scholtz: *Ratels aan die Lomba*, hoofstukke 7-9.

20 Robert Leonhard: *The Art of Maneuver: Maneuver-Warfare Theory and Air-Land Battle*, p. 50.

21 Ibid., p. 53.

22 Vgl. Huyserversameling 27/122, verskeie onderskepte boodskappe.

23 Scholtz: *Die SAW in die Grensoorlog*, hoofstukke 13-15.

24 Scholtz: *Ratels aan die Lomba*, hoofstuk 4.

Hoofstuk 11

1 Botha: "Samevatting van Operasies Moduler, Hooper en Packer", in Geldenhuys (red.): *Ons was daar*, p. 403. Vgl. ook pp. 412 en 413.

2 Jannie Geldenhuys: "Veterane van die Koue Oorlog, insluitend die diensplig-generasie – oor waarheid en propaganda", by www.news24.com/Rapport/InDiepte/0,,752-2462_2447895,00.html.

3 Referaat gelewer deur Fred Bridgland by Chatham House-Seminaar, 23.3.2018. My dank aan Bridgland vir die teks.

4 Scholtz: *Die SAW in die Grensoorlog*, p. 353.

5 Gepubliseer deur Helion, Solihull, 2016.

6 Geldenhuys: *Dié wat gewen het*, p. 187; De Vries: *Eye of the Firestorm*, p. 629; HSAW Groep 4, 62 V/305/5, vol.1 "Lesse geleer ...", p. A-1.

7 Gleijeses: *Visions of Freedom*, p. 425.

8 Crocker: *High Noon in Southern Africa*, p. 360.

9 Makhanda Senzangakhona, Edwin Mabitse, Uriel Abrahamse en George Molebatsi: "Umkhonto we Sizwe: Within Living Memories" (*Umrabulo*, 15, 2de kwartaal 2002).

10 Horace Campbell: "The military defeat of the South Africans in Angola" (*Monthly Review*, April 1989), p. 2.

11 Huyserversameling 14/51, situasierapport, 27.8.1987; Huyserversameling 15/55, Op Moduler – Logistiek, s.j.; ibid. 14/51, "Voorligting aan Generale Staf", 14.9.1987.

12 "Op Moduler nabetragting Veggp C, 19.11.1987", p. 2 (verskaf deur kmdt. Leon Marais).

13 Vgl. Wilworth: *First in, Last out*, p. 347.

14 Huyserversameling 15/55, Op Moduler – Logistiek, s.j.; ibid. 14/51, "Voorligting aan Generale Staf", 14.9.1987; ibid. 25/106, onderhoud met kmdt. Lambert Smith; De Vries: *Eye of the Firestorm*, p. 641; HSAW groep 4 62 V/305/5, vol.1, "Lesse geleer ...", p. 12-2.

15 HSAW Groep 4, 62 V/305/5, vol.1, "Lesse geleer ...", p. A-1.

16 HSAW Groep 4, 160/314/4, p. 153, HSAW3 – HSAW mil sek, 21.1.1988; Gleijeses: *Visions of Freedom*, p. 423.

17 Geldenhuys: *Dié wat gewen het*, p. 177.

18 "Verlies statistieke eie magte", gedateer Februarie 1988 (61 Meg-aanlynargief).

19 De Vries: "Illusion of Victory", by https://parabat.org.za/illusion-of-victory-generaal-de-vries/; e-pos van Roland de Vries, 7.5.2018.

20 Scholtz: *Die SAW in die Grensoorlog*, p. 431.

21 HSAW Groep 4, 62 V/305/5, vol.1, "Lesse geleer tydens konvensionele operasies in die westelike subteater", p. 3.

22 Geldenhuys: *Dié wat gewen het*, pp. 222-223.

23 Gennady Shubin: "Gauging the losses and the outcome", in Shubin en Tokarev (reds.): *Bush War*, p. 190.

24 Geldenhuys, "Wie is die baas hier", in Geldenhuys (red.): *Ons was daar*, p. 568.

25 Unita se deelname aan die oorlog is uitvoerig gedokumenteer deur Gerhard Oosthuizen: "Operasies Chuva en Moduler (fase 1): 'n Waardering van die SAW-UNITA-bondgenootskap, Mei tot Oktober 1987" (*Historia*, 57/2, November 2012, pp. 378-415); "Die SAW/UNITA-bondgenootskap in aksie: Operasie Moduler (fases 2, 3 en 4), Oktober tot Desember 1987" (*Historia*, 59/1, pp. 141-162).

26 GJJ Oosthuysen: "Operasies Chuva en Moduler (fase 1): 'n Waardering van die SAW-UNITA-bondgenootskap, Mei tot Oktober 1987" (*Historia*, 57/2, November 2012, pp. 398-399).

27 Bridgland: *The War for Africa*, p. 162.

28 Heitman: *War in Angola*, p. 144.

29 Fred Oelschig: "FAPLA se finale poging – die opbou", in Geldenhuys (red.): *Ons was daar*, p. 399.

30 E-pos van Roland de Vries, 7.6.2018.

31 Oosthuysen: "Die SAW/UNITA-bondgenootskap in aksie: Operasie Moduler (fases 2, 3 en 4), Oktober tot Desember 1987" (*Historia*, 59/1, p. 142).

32 De Vries: *Mobile Warfare for Africa*, pp. 142-143.

33 Geldenhuys: *Dié wat gewen het*, p. 177.

34 "Nabetragting Modular/Hooper/Packer", 30.5.1988, p. B-2 (verskaf deur Roland de Vries).

35 Ibid., p. K-1.

36 Huyserversameling 27/122, onderhoud met kmdt. A Brosens, 5.2.1988.

37 HSAW Groep 4, 62 V/305/5, vol.1, "Lesse geleer ...", p. 8-1.

38 Huyserversameling 27/122, onderhoud met Roland de Vries, 16.2.1988.

39 Huyserversameling 25/105, onderhoud met Lambert Smith, 7-8.12.1988, paragraaf 235.

40 Huyserversameling 19/73, Von Moltke: "Operasie Moduler, Fase 2", paragraaf 601.

41 Clausewitz: *Vom Kriege*, VIII/6B, p. 683.

42 Clausewitz: *Vom Kriege*, I/1, p. 35.

43 Onderhoud met genl. Jannie Geldenhuys, 20.12.2006.

44 "Oleg Arkadyevich Gritsuk", in Shubin, Zhdarkin en Kuznetsova-Timonova: *Cuito Cuanavale*, p. 161.

45 Junior Botha: "Samevatting van Operasies Moduler, Hooper en Packer", in Geldenhuys (red.): *Ons was daar*, p. 402.

46 Onderhoud met Roland de Vries, 14.4.2018.

47 Vgl. HSAW Groep 4, 62 V/305/5, vol.1, "Lesse geleer ...", p. A-1.

48 Onderhoud met Roland de Vries, 14.4.2018.

49 Andreas Velthuizen: "Applying military force for political ends. The case of South Africa in southwestern Africa, 1987-1988" (ongepubliseerde MA-verhandeling, Unisa, 1991, p. 52).

50 Gleijeses: *Visions of Freedom*, p. 427.

51 Marga Ley: "Ek en Castro het nie saamgesweer" (*Beeld*, 12.11.1992).

52 HSAW groep 4, 62 V/305/5, vol.1 "Lesse geleer ...", p. 19-3.

53 Crocker: *High Noon in Southern Africa*, p. 371.

Hoofstuk 12

1 Dié hoofstuk berus in groot mate op 'n artikel wat ek in 2011 gepubliseer het. Kyk Leopold Scholtz: "The standard of research on the Battle of Cuito Cuanavale, 1987-1988" (*Scientia Militaria*, 29/1, 2011, pp. 115-137).

2 Isaac Deutschmann: "Preface", in Deutschmann (red.): *Changing the History of Africa*, p. viii.

3 Deutschmann (red): *Changing the History of Africa*, pp. 109-110 (toespraak deur Castro, 5.12.1988).

4 Fidel Castro: "Olive green Thurday at the UN", in Deutschmann (red.): *Changing the History of Africa*, p. 120.

5 Deutschmann: "Preface", in Deutschmann (red.): *Changing the History of Africa*, p. vii.

6 Zamora (red.): *The Peace of Cuito Cuanavale*, p. 6 (toespraak deur Fidel Castro, 5.12.1988).

7 Voice of America-Radio Marti Program: *Cuba 1988*, p. 248.

8 "Statement by Oliver Tambo, on behalf of the Southern African liberation movements, at the closing session of the seventh summit of the Preferential Trade Area for Eastern and Southern African states", 2.12.1988, by www.anc.org.za/content/statement-oliver-tambo-behalf-southern-african-liberation-movements-closing-session-seventh (opgeroep 11.1.2011).

9 Piero Gleijeses: *Visions of Freedom*, p. 426.

10 Ronnie Kasrils: "Turning point at Cuito Cuanavale" (*Sunday Independent*, 23.3.2008).

11 Makhanda Senzangakhona, Edwin Mabitse, Uriel Abrahamse en George Molebatsi: "Umkhonto we Sizwe: Within Living Memories" (*Umrabulo*, 15, 2de kwartaal 2002).

12 Isaac Saney: "African Stalingrad: The Cuban revolution, internationalism and the end of apartheid" (*Latin American Perspectives* 33/81, 2006, p. 101).

13 Horace Campbell: "The Military Defeat of the South Africans in Angola" (*Montly Review*, April 1989, pp. 1-15).

14 Vgl. Ex-Combatant Association (ECA): "Freedom Trail" by www.mozguide.com/angola/images/ECA-FreedomTrail.pdf (opgeroep 12.1.2011).

15 Isaac Saney: *Cuba: A Revolution in Motion.*

16 Horace Campbell: "The military defeat of the South Africans in Angola" (*Monthly Review*, April 1989), p. 2.

17 Dit word alles uitvoerig ondersoek in my *Die SAW in die Grensoorlog*, hoofstukke 12-18.

18 Barry Healy: "Cuito Cuanavale: Cuba strikes for Africa's freedom" (*Green Left*, 18.6.1998).

19 Gary Baines: "Challenging the boundaries, breaking the silences", in Gary Baines en Peter Vale (reds.): *Beyond the Border War: New Perspectives on Southern Africa's Late-Cold War Conflicts*, p. 4.

20 Clive Holt: *At Thy Call We Did Not Falter: A Frontline Account of the 1988 Angolan War, as seen through the Eyes of a Conscripted Soldier.*

21 Vgl. bv. Deutschmann: "Preface", in Deutschmann (red.): *Changing the History of Africa*, p. vii; Zamora (red.): *The Peace of Cuito Cuanavale* (toespraak van Castro, 5.12.1988), p. 8.

22 Gary Baines: "Trauma in transition: Representing psychological problems of South African war veterans", by wwwmcc.murdoch.edu.au/trauma/docs/baines_g.pdf opgeroep 12.1.2011.

23 Edgar J Dosman: "Countdown to Cuito Cuanavale: Cuba's Angolan campaign", in Gary Baines en Peter Vale (reds.): *Beyond the Border War. New Perspectives on Southern Africa's Late-Cold War Conflicts* , p. 211.

24 Ibid., p. 227.

25 Helmoed-Römer Heitman: *War in Africa* hfst. 34; Fred Bridgland: *The War for Africa*, hfst. 38; Scholtz: *Die SAW in die Grensoorlog*, pp. 394-405.

26 Scholtz: *Die SAW in die Grensoorlog*, pp. 394-402.

27 Hedelberto López Blanch en Ian Liebenberg: "A view from Cuba: Internationalists against apartheid" (*Journal for Contemporary History*, 34/1, Februarie 2009, p. 83). Vgl. ook Hedelberto López Blanch: "Cuba contra el apartheid" (*Temas* 53, Maart 2008, p. 65).

28 Vladimir Shubin: *The Hot 'Cold War': The USSR in Southern Africa*, p. 105.

29 Ibid., pp. 105-107.

30 Vgl. Igor Zhdarkin: "Cuito Cuanavale: Notes from the trenches", in Shubin en Tokarev (reds.): *Bush War*, pp. 34-93.

31 Shubin: *The Hot 'Cold War'*, pp. 110 en 112.

32 Scholtz: *The SADF and the Border War*, pp. 366 en 378.

33 Gerhard JJ Oosthuizen: "Die Suid-Afrikaanse Weermag en die 'stryd' om Cuito Cuanavale: Fases 2,3 en 4 van Operasie Moduler, Oktober-Desember 1987, deel 2" (*New Contree*, 61, May 2011, p. 54).

34 Piero Gleijeses: *Conflicting Missions: Havana, Washington, Pretoria*; *Visions of Freedom: Havana, Washington, Pretoria and the Struggle for Southern Africa 1976-1991*.

35 Piero Gleijeses: "Moscow's proxy? Cuba and Africa 1975-1988" (*Journal of Cold War Studies*, 8/2, Lente 2006, p. 37); Gleijeses: "Conflicting versions: Cuba, the United States and Angola", in Manuela Franco (red.): *Portugal, os Estados Unidos e a África Austral*, pp. 119-35; Gleijeses: "Cuba and the independence of Namibia" (*Cold War History*, 7/2, May 2007); Gleijeses: *The Cuban Drumbeat. Castro's Worldview: Cuban Foreign Policy in a Hostile World*; Gleijeses: "Cuito Cuanavale revisited" (*Mail & Guardian*, 6-12.7.2007).

36 Gleijeses: "Moscow's Proxy?" (*Journal of Cold War Studies*, 8/2, Spring 2006, p. 26).

37 Ibid. (*Journal of Cold War Studies*, 8/2, Spring 2006, p. 37); Gleijeses: *Visions of Freedom*, pp. 32-33, 92-96, 146-158, 207-208, 269-262, 385-388. Kyk veral pp. 244-250.

38 Scholtz: "The South African Strategic and Operational Objectives in Angola, 1987-1988 (*Scientia Militaria*, 28/1, 2010, pp. 76-77).

39 Gleijeses: "Moscow's proxy?" (*Journal of Cold War Studies*, 8/2, Spring 2006), p. 37. Vgl. ook Gleijeses: "Cuba and the independence of Namibia" (*Cold War History*, 7/2, Mei 2007), p. 292.

40 Vgl. Joao Santa Rita: "SA's long guns put pressure on Angolans" (*The Argus*, 20.2.1988).

41 Gleijeses: "Cuba and the independence of Namibia" (*Cold War History*, 7/2, Mei 2007), p. 294.

42 Gleijeses: *Visions of Freedom*, p. 398.

43 Ibid., p. 425.

44 Gleijeses: "Cuba and the independence of Namibia" (*Cold War History*, 7/2, Mei 2007), p. 294.

45 Aluka, Minutes of a meeting between reprentatives from South Africa, Angola, Cuba and the USA, 11.7.1988, p. 10. Kyk indeks by www.aluka.org/action/do

Browse?sa=hist&t=2067&br=taxcollections%7Cpart-of%7Ccollection-minor (opgeroep 13.1.2011).

46 Kyk Scholtz: *The SADF and the Peace Process*, pp. 420-422.

47 Gleijeses: *Visions of Freedom*, p. 614.

48 Gleijeses: "Conflicting versions: Cuba, the United States and Angola", in Manuela Franco (red.): *Portugal, os Estados Unidos e a África Austral*, pp. 123-124.

49 Gleijeses: *The Cuban Drumbeat*, p. 30.

50 Gleijeses: "Moscow's proxy?" (*Journal of Cold War Studies*, 8/2, Spring 2006, p. 49).

51 Ibid. (*Journal of Cold War Studies*, 8/2, Spring 2006, p. 51).

52 "Fidel Castro's 1977 Southern Africa tour: A report to Honecker", 3.4.1977, by http://macua.blogs.com/files/castro-in-africa.doc (opgeroep 22.3.2009). Vgl. ook Gleijeses: "Moscow's proxy?" (*Journal of Cold War Studies*, 8/2, Spring 2006, pp. 13-14).

53 Gleijeses: *The Cuban Drumbeat*, pp. 38-39.

54 Gleijeses: "Moscow's proxy?" (*Journal of Cold War Studies*, 8/2, Spring 2006, pp. 49-50).

55 Hedelberto López Blanch: "Professor Piero Gleijeses of John Hopkins University: 'Cuba is a pearl in the history of Africa'" (*Juventud Rebelde*, 28.3.2008, by www.juventudrebelde.co.cu/cuba/2008-03-28/cuba-is-a-pearl-in-the-history-of-africa. Opgeroep 13.1.2011).

56 Goia Minuti: "Piero Gleijeses: a truly special Italian" (*Granma*, 19.8.2004), by http://www.latinamericanstudies.org/cuba/piero.htm (opgeroep 13.1.2011).

57 Kyk die Bronnelys aan die einde van die boek.

58 Fred Bridgland: *The War for Africa. Twelve Months that Transformed a Continent*, p. 372.

59 Bridgland: *The War for Africa*.

60 Ibid., p. 369.

61 Geldenhuys: *Dié wat gewen het*, p. 179.

62 Gary Baines: "The Battle for Cassinga: Conflicting Narratives and Contested Meanings", by http://eprints.ru.ac.za/946/1/baines_Cassinga.pdf (opgeroep 13.1.2011); Baines: "Partial sources colour the Cassinga story" (*Sunday Independent*, 17.2.2008).

63 Willem Steenkamp: *South Africa's Border War*.

64 Heitman skryf in 'n persoonlike kommunikasie (24.12.2009) "that I was given access to all of the files, but on the condition that I took nothing with me and made no specific reference to any document ... That said, where I quote someone, it was from a personal interview, and where I quote from orders or signals, it was from the original document".

65 Vgl. Willam Minter: "War in Angola: The final South African phase" (*Africa Today*, 39/1-2, Winter-Lente 1992, pp. 130-135).

66 Helmoed-Römer Heitman: *War in Angola: The Final South African Phase*, passim.

67 Ibid., p. 169.

68 Ibid., p. 179. (Heitman se beklemtoning.)

69 Christopher Saunders: "South Africa Department of Foreign Affairs: Regional Negotiations, 1976-1986", by http://ts-den.aluka.org.ez.sun.ac.za/delivery/aluka-contentdelivery/pdf/10.5555/AL.SFF.DOCUMENT.ae000130?type=txt&q=low&doi=10.5555%2FAL.SFF.DOCUMENT.ae000130&url=http%3A%2F%2Fwww.aluka.

BRONNELYS

PRIMÊRE BRONNE

SANW-Dokumentasiesentrum

JF Huyserversameling

Houer 14:
Lêer 50: Moduler – Histogramlêer, Junie 1987
Lêer 51: Moduler (Sitrap), Augustus-September 1987

Houer 15:
Lêer 53: Moduler (Sitrap), Histogramlêer, Oktober 1987
Lêer 54: Moduler (Sitrap) Histogramlêer, November 1987
Lêer 55: Moduler – Histogramlêer, September 1987-Januarie 1988

Houer 16
Lêer 56: Moduler – Histogramlêer, Oktober 1987
Lêer 67: Y-berigte, Oktober 1987

Houer 18
Lêer 70: Sitraplêers, s.j.

Houer 19:
Lêer 73: Konsep – Operasie Moduler Fase 2 – kmdt. R von Moltke

Houer 22:
Lêer 82: Hooper – 20 Bde Tak HK, 12.12.1987-11.3.1988
Lêer 87: Intelligence appreciation: Op Hooper appendix E to staff appreciation, 26.12.1987

Houer 23:
Lêer 89: Op Hooper – 20 Bde Tak HK, 8.12.1987-12.3.1988
Lêer 91: Op Moduler Berigte: In, 2.11.1987-12.12.1987
Lêer 92: Op Moduler – Fase 2 en 3 en Op Instruksies

Houer 24
Lêer 98: Notas Bev Radiogesprekke met Veggp Bevs
Lêer 104: Beknopte historiese oorsig van die Fapla-offensief

Houer 25:
Lêer 106: Ops Moduler – Onderhoud met kmdt. Smith (SO1 Inl), 8.12.1987

Houer 26:
Lêer 110: Op Moduler – Sitrape, 6.11.1987-30.11.1987
Lêer 119: Op Moduler – Hoër uit – 20 Bde Tak HK (Voor HK), 7.81987-10.9.1987
Lêer 121: Op Moduler – Hoër uit – 12.10.1987-12.12.1987

Houer 27:
Lêer 122: Onderskepte boodskappe, 3.10.1987; onderhoud met brig. Johan Louw – Bev Tak HK Rundu, 8.12.1987; onderhoud met kol. Roeland de Fries [Roland de Vries], 16.2.1988

Lêer 126: Op Moduler, s.j.
Lêer 130: Oorlogsdagboek en los dokumente Op Moduler
Houer 28:
Lêer 132: Ops Laer Uit, 12.10.1987-10.12.1987
Lêer 135: Veggp A – Laer uit – Voorste HK, 11.9.1987-8.10.1987
Houer 29:
Lêer 152: Packer – Histogramlêer, Februarie-Maart 1988
Houer 30:
Lêer 153: "Voorligting aan senior offisiere van die SAW oor Op Moduler/ Hooper", s.j.
Houer 40:
Warwick Dorning: "A concise history of Operation Moduler (Phase One), Mei-Oktober 1987"
Houer 89:
Hooper Ops/EME

Argief van die Hoof van die SAW (HSAW Groep 4)

Houer 62:
"Lesse geleer tydens konvensionele operasies in die westelike subteater"
Houer 160:
Operasionele korrespondensie, 1985-1989
61 Meg Aanlynargief
20 Bde HK – Tak HK Rundu, 3.10.1987 (by www.61mech.org.za/uploads/ mediafiles/files/233.pdf).

Private dokumente

Dagboek van 2lt. Dolf Bam, 1988
Dagboek van 2lt. Len Robberts, 1987
Leon Marais: "Nabetragting: Op Moduler", 1.8.2011.
"Nabetragting Modular/Hooper/Packer", 30.5.1988 (verskaf deur Roland de Vries)

Gepubliseer

Case 1-1989. Havana, José Marti, 1989.
Castro, Fidel: "Moncada Barracks anniversary speech", 26.7.1988 (by lanic. utexas.edu/project/castro/db/1988/19880726.html).
General Del Pino Speaks: Military Dissension in Castro's Cuba. N.p., The Cuban American National Foundation, 1987.
Deutschmann, Isaac (red.): *Changing the History of Africa. Angola and Namibia*. Melbourne, Ocean, 1988.
De Vries, Roland: *The Eye of the Firestorm*. Cape Town, Naledi, 2013.
Geldenhuys, Jannie: *Dié wat gewen het: Feite en fabels van die bosoorlog*. Pretoria, Litera, 2007.
Holt, Clive: *At Thy Call We Did Not Falter: A Frontline Account of the 1988*

Angolan War, as Seen through the Eyes of a Conscripted Soldier. Cape Town, Zebra, 2005.

Lord, Dick: *From Tailhooker to Mudmover.* Irene, Corporal, 2003.

Lotter, Dawid: *Bravo Company plus Anti Tank Platoon 1987* (e-boek, privaat gepubliseer deur Dawid Lotter, 2013).

Missing Voices Project, interview with Paul Fouché, 15.4.2008, at www.historicalpapers.wits.ac.za/inventories/inv_pdfo/A3079/A3079-D27-001-jpeg.pdf.

White Paper for Defence, 1986.

Morris, Paul: *Back to Angola: A Journey from War to Peace* (Kaapstad, Zebra, 2014).

Saunders, Christopher: "South Africa Department of Foreign Affairs: Regional Negotiations, 1976-1986", by http://ts-den.aluka.org.ez. sun.ac.za/delivery/aluka-contentdelivery/pdf/10.5555/AL.SFF. DOCUMENT.ae000130?type=txt&q=low&doi=10.5555%2FAL.SFF. DOCUMENT.ae000130&url=http%3A%2F%2Fwww.aluka..

Senzangakhona, Makhanda, Edwin Mabitse, Uriel Abrahamse en George Molebatsi: "Umkhonto we Sizwe: Within Living Memories" (*Umrabulo,* 15, 2de kwartaal 2002).

"Statement by Oliver Tambo, on behalf of the Southern African liberation movements, at the closing session of the seventh summit of the Preferential Trade Area for Eastern and Southern African states", 2.12.1988, by www.anc.org.za/content/statement-oliver-tambo-behalf-southern-african-liberation-movements-closing-session-seventh.

Shubin, Gennady en Andrei Tokarev: *Bush War: The Road to Cuito Cuanavale. Soviet Soldiers' Accounts of the Angolan War.* Auckland Park, Jacana, 2011.

Shubin, Gennady (red.): "The oral history of forgotten wars. The memoirs of veterans of the war in Angola". Moskou, geen uitgewer, 2006.

Shubin, G, I Zhdarkin, V Barabulya en A Kuznetsova-Timonova (reds.): *Cuito Cuanavale. Frontline Accounts by Soviet Soldiers* (Auckland Park, Jacana, 2014).

Turton, AR: *Shaking Hands with Billy. The Private Memoirs of Anthony Richard Turton.* Durban, Just Done, 2010.

Voice of America-Radio Marti Program: *Cuba 1988* (Cambridge, Transaction, 1991).

Zamora, Marina Cristina (red.): *The Peace of Cuito Cuanavale. Documents of a Process* (Havana, Editora Politica, 1990).

Persoonlike onderhoude

Brig.genl. André Retief
Lt.genl. Chris Thirion
Genl.maj. Roland de Vries
Maj. Herman Mulder

Artikels

Baines, Gary: "Trauma in transition: Representing psychological problems of South African war veterans", by wwwmcc.murdoch.edu.au/trauma/docs/baines_g.pdf.

Geldenhuys, Jannie: "Veterane van die koue oorlog, insluitend die dienspliggenerasie – oor waarheid en propaganda" (by www.news24.com/Rapport/InDiepte/0,,752-2462_2447895,00.html).

SEKONDÊRE BRONNE

Artikels

Anoniem: "No plan to occupy town" (*New York Times*, 18.5.1988).

Bothma, LJ: *Anderkant Cuito: 'n Reisverhaal van die Grensoorlog.* Langenhovenpark, LJ Bothma, 2011.rittain, Victoria: "Cuba and Southern Africa" (*New Left Review*, 1/172, November-Desember 1988).

Brooks, James: "Angolans besting South Africa in a remote battle" (*New York Times*, 18.5.1988).

Brooke, James: "Outsiders stoke Angolan civil war" (*New York Times*, 31.5.1988).

Campbell, Horace: "The Military Defeat of the South Africans in Angola" (*Montly Review*, April 1989).

De Vries, Roland en McCaig, GI: "Mobile warfare in Southern Africa" (*Strategic Review for Southern Africa*, Augustus 1987).

Ex-Combatant Association (ECA): "Freedom Trail" by www.mozguide.com/angola/images/ECA-FreedomTrail.pdf.

Franco, Manuela (red.): *Portugal, os Estados Unidos e a África Austral* (Lisbon: Instituto Portugués das Relaçoes Internacionais, 2006).

Healy, Barry: "Cuito Cuanavale: Cuba strikes for Africa's freedom" (*Green Left*, 18.6.1998).

Geldenhuys, Jannie: "Veterane van die Koue Oorlog, insluitend die dienspliggenerasie – oor waarheid en propaganda" (by www.news24.com/Rapport/InDiepte/0,,752-2462_2447895,00.html).

Gleijeses, Piero: "Cuito Cuanavale revisited" (*Mail & Guardian*, 6-12.7.2007).

Gleijeses Piero: "Cuba and the independence of Namibia" (*Cold War History*, 7/2, Mei 2007).

Gleijeses, Piero: "Moscow's proxy? Cuba and Africa 1975-1988" (*Journal of Cold War Studies*, 8/2, Spring 2006).

Jordaan, Evert: "The role of South African armour in South West Africa/Namibia and Angola: 1975-1989" (*Journal for Contemporary History*, 31/3, Des. 2006).

Kasrils, Ronnie: "Turning point at Cuito Cuanavale" (*Sunday Independent*, 23.3.2008).

Kruys, GPH: "Doctrine development in the South African armed forces up to the 1980s", in M Hough en L du Plessis (reds): *Selected Military Issues with Specific Reference to the Republic of South Africa* (Institute for Strategic Studies, University of Pretoria, Augustus 2001).

Ley, Marga: "Jannie Geldenhuys: Ek en Castro het nie saamgesweer" (*Beeld*, 12.11.1992).

López Blanch, Hedelberto, en Ian Liebenberg: "A view from Cuba: Internationalists against apartheid" (*Journal for Contemporary History*, 34/1, Februarie 2009).

López Blanch, Hedelberto: "Cuba contra el apartheid" (*Temas* 53, Maart 2008).

López Blanch, Hedelberto: "Professor Piero Gleijeses of John Hopkins University: 'Cuba is a pearl in the history of Africa'" (*Juventud Rebelde*, 28.3.2008, by www.juventudrebelde.co.cu/cuba/2008-03-28/cuba-is-a-pearl-in-the-history-of-africa).

Maier, Karl: "A battle that could change the course of Angola's war" (*Christian Science Monitor*, 8.3.1988).

Mao Zedong: "Problems of strategy in China's Revolutionary War" (Desember 1936), in *Selected Military Writings of Mao Tse-tung*. Peking, Foreign Languages Press, 1963.

Minter, William: "War in Angola: The final South African phase" (*Africa Today*, 39/1-2, Winter-Spring 1992, pp. 130-135).

Minuti, Goia: "Piero Gleijeses: a truly special Italian" (*Granma*, 19.8.2004), by http://www.latinamericanstudies.org/cuba/piero.htm.

Oosthuizen, Gerhard JJ: "Die Suid-Afrikaanse Weermag en transgrensoperasie Moduler, fase 1: Die FAPLA-offensief teen UNITA, Augustus – Oktober 1987 (*New Contree*, 60, November 2010).

Oosthuizen, Gerhard JJ.: "Die Suid-Afrikaanse Weermag en die 'stryd' om Cuito Cuanavale: Fases 2, 3 en 4 van Operasie Moduler, Oktober – Desember 1987, deel 2" (*New Contree*, 61, Mei 2011).

Oosthuizen, Gerhard JJ: "Operasies Chuva en Moduler (fase 1): 'n Waardering van die SAW-UNITA-bondgenootskap, Mei tot Oktober 1987 (*Historia* 57/2, November 2012).

Oosthuizen, Gerhard JJ: "Die SAW-UNITA-bondgenootskap in aksie: Operasies Moduler (fases 2, 3 en 4), Oktober tot Desember 1987 (*Historia*, 59/1, Mei 2014).

Oosthuizen, Gerhard JJ: "Operasie Packer, Maart–April 1988, Suidoos-Angola: Tumpo, Tumpo en nogmaals Tumpo!!! (*Tydskrif vir Geesteswetenskappe*, 57/3, September 2017).

Oosthuizen, Gerhard JJ: "The South African Defence Force and Operation Hooper, Southeast Angola, December 1987 to Maart 1988" (*Scientia Militaria* 42/2, 2014).

Saney, Isaac: "African Stalingrad: The Cuban revolution, internationalism and the end of apartheid" (*Latin American Perspectives* 33/81, 2006).

Saunders, Christopher: "South Africa's war in Southern Angola (1987-1988) and the independence of Angola" (*Journal of Contemporary History*, 18/1, Junie 1993).

Saunders, Christopher: "The South Africa-Angolan talks: A little-known Cold War thread", by http://www2.lse.ac.uk/IDEAS/programmes/africaProgramme/events/conferences/Southern%20Africa%20in%20the%20Cold%20War%20-%20May%2009/pdfs/papers/Saunders.pdf.

Saunders, Christopher: "The United States and Namibian independence, c. 1975-1989", (*South African Historical Journal*, 28/1. Junie 2003).

Scholtz, G.D.: "Die taak van die historikus" (Johannesburg, Publikasies van die RAU A27, 1970)

Scholtz, Leopold: "Die ontwikkeling van die SA Leër in die Grensoorlog, 1966-1989" (*Joernaal vir Eietydse Geskiedenis*, 31/3, Desember 2006).

Scholtz, Leopold: "Lessons from the Southern African wars: A counterinsurgency analysis" (*Joernaal vir Eietydse Geskiedenis*, 36/2, Sept. 2011).

Scholtz, Leopold: "'n Strategiese en operasionele beoordeling van die SAW se oorgrens-operasies in Angola, 1975-1988" (*Joernaal vir Eietydse Geskiedenis*, 33/3, Desember 2008).

Scholtz, Leopold: "The Battle of the Lomba, 3 Oktober 1987" (*Journal for Contemporary History*, 42/2, Desember 2017).

Scholtz, Leopold: "The lessons of the Border War" (*Scientia Militaria*, 40/3, Special Centenary Issue, 2012).

Scholtz, Leopold: "The Namibian Border War: An appraisal of the South African strategy" (*Joernaal vir Eietydse Geskiedenis*, 34/1, 2006).

Scholtz, Leopold: "The South African strategic and operational objectives in Angola, 1987-1988" (*Scientia Militaria*, 38/1, 2010.)

Scholtz, Leopold: "The standard of research on the Battle of Cuito Cuanavale, 1987-1988" (*Scientia Militaria*, 29/1, 2011, pp. 115-137).

Senzangakhona, Makhanda, Edwin Mabitse, Uriel Abrahamse and George Molebatsi: "Umkhonto we Sizwe: Within Living Memories" (*Umrabulo*, 15, 2[de] kwartaal 2002).

Velthuizen, Andreas: "The Significance of the Battle of Cuito Cuanavale. Long-term significance of the current strategic landscape" (*Scientia Militaria*, 37/2, 2009).

Boeke

Baines, Gary en Peter Vale (reds.): *Beyond the Border War. New perspectives on Southern Africa's late-Cold War Conflicts*. Pretoria, Unisa Press, 2008.

Beevor, Anthony: *Stalingrad*. New York, Penguin, 1998.

Bisonette, Brian: "The Angolan Proxy War: A Study of Foreign Intervention and its Impact on Warfighting". MA-tesis, Bowling Green State University, 1991.

Bloch, Marc: *The Historian's Craft* (New York, Alfred A. Knopf, 1953).

Bothma, LJ: *Anderkant Cuito: 'n Reisverhaal van die Grensoorlog*. Langenhovenpark, LJ Bothma, 2011.

Breytenbach, Jan: *The Buffalo Soldiers: The Story of South Africa's 32 Battalion 1975-1993*. Alberton, Galago, 2002.

Bridgland, Fred: *The War for Africa. Twelve Months that Transformed a Continent*. Gibraltar, Ashanti, 1990.

Campbell, Horace: *The Siege of Cuito Cuanavale*. The Scandinavian Institute of African Studies, Current African Issues, 10, Uppsala, 1990.

Chandler, David: *The Campaigns of Napoleon*. New York, Scribner, 1966.

Clark, Christopher: *The Sleepwalkers. How Europe Went to War in 1914*. New York, HarperCollins, 2013.

Clausewitz, Carl von: *Vom Kriege* (Berlyn, Ullstein, 1999).

Crocker, Chester A: *High Noon in Southern Africa. Making Peace in a Rough Neighborhood*. Johannesburg, Jonathan Ball, 1992.

Daly, Gregory: *Cannae: The Experience of Battle in the Second Punic War*. Londen, Routledge, 2004.

De Vries, Roland: *The Eye of the Firestorm: Strength Lies in Mobility* (Cape Town, Naledi, 2013).

De Vries, Roland: *Mobiele Oorlogvoering. 'n Perspektief vir Suider-Afrika*. Menlopark, FJN Harman, 1987.

De Vries, Roland, Camille Burger en Willem Steenkamp: *Mobile Warfare for

Africa. On the Successful Conduct of Wars in Africa and Beyond – Lessons Learned from the South African Border War. Solihull, Helion, 2018.

Garrett, Ernst Eriksen: "Forged in Flames: The SADF Experience of the Battles of Cuito Cuanavale 1987-1988)" (History honours thesis, Rhodes University, 2010), p. 47, by www.scribd.com/doc/48564518/Forged-in-Flames.

Geldenhuys, Jannie: *Dié wat gewen het. Feite en fabels van die bosoorlog.* Tweede uitgawe, Litera, Pretoria, 2007.

Geldenhuys, Jannie (red.): *Ons was daar: Wenners van die oorlog om Suider-Afrika.* Brandfort, Kraal, s.j. [2011].

George, Edward: *The Cuban Intervention in Angola, 1965-1991: From Che Guevara to Cuito Cuanavale* (London, Frank Cass, 2005).

Geyl, Pieter: *Gebruik en Misbruik der Geschiedenis* (Groningen, JB Wolters, 1956).

Gleijeses, Piero: *The Cuban Drumbeat: Castro's Worldview: Cuban Foreign Policy in a Hostile World* (Londen, Seagull, 2009).

Gleijeses, Piero: *Visions of Freedom: Havana, Washington, Pretoria, and the Struggle for Southern Africa 1976-1991* (Chapel Hill, University of Northern Carolina Press, 2013).

Hamann, Hilton: *Days of the Generals. The Untold Story of South Africa's Apartheid-Era Military Generals.* Kaapstad, Zebra, 2001.

Heitman, Helmoed-Römer: *War in Angola: The Final South African Phase.* Gibraltar, Ashanti, 1990.

Holt, Clive: *At Thy Call We Did Not Falter: A Frontline Account of the 1988 Angolan War, as seen through the Eyes of a Conscripted Soldier.* Kaapstad, Zebra, 2004.

Hough, M en L du Plessis (reds.): *Selected Military Issues with Specific Reference to the Republic of South Africa.* Pretoria, Institute for Strategic Studies, 2001.

Huizinga, Johan: *De Wetenschap der Geschiedenis* (Haarlem, HD Tjeenk Willink & Zoon, 1937).

James, W Martin III: *A Political History of the Civil War in Angola.* Piscataway, Transaction, 1992.

Labuschagne, Bernice: "South Africa's intervention in Angola: Before Cuito Cuanavale and thereafter". MA-tesis, Universiteit Stellenbosch, 2008.

Leonhard, Robert: *The Art of Maneuver: Maneuver-Warfare Theory and Airland Battle.* Novato, Presidio, 1991.

Liddell Hart, Adrian (red.): *The Sword and the Pen. Selections from the World's Greatest Military Writings.* Londen, Cassell, 1978.

Liddell Hart, BH: *Memoirs,* twee dele. Londen, Cassell, 1965.

Liddell Hart, BH: *Strategy.* New York, Praeger, 1954.

Liebenberg, Ian, Jorge Risquet en Vladimir Shubin (reds.): *A Far-away War. Angola, 1975-1989.* Stellenbosch, Sun Press, 2015.

Lucas, James: *Battle Group! German Kampfgruppen Action of World War Two.* Londen, Cassell, 1993.

Maier, Karl: *Angola: Promises and Lies.* Londen, Serif, 2007.

Mills, Greg en David Williams: *7 Battles that Shaped South Africa.* Kaapstad, Tafelberg, 2006.

Nortje, Piet: *32 Battalion. The Inside Story of South Africa's Elite Fighting Unit.* Kaapstad, Zebra, 2003.

Onslow, Sue, en Anna-Mart van Wyk (reds.): *Southern Africa in the Cold War, Post-1974.* Washington DC, Wilson Center, 2004.

Polack, Peter: *The Last Hot Battle of the Cold War: South Africa vs. Cuba in the Angolan Civil War.* Oxford, Casemate, 2013.

Saney, Isaac: *Cuba: A Revolution in Motion* (Halifax, Fernwood, 2004).

Scholtz, GD: *Die Taak van die Historikus.* Johannesburg, Publikasies van die RAU A27, 1970.

Scholtz, Leopold: *Ratels aan die Lomba: Die Verhaal van Charlie-eskadron.* Johannesburg, Jonathan Ball, 2017.

Scholtz, Leopold: *The Battle of Cuito Cuanavale. Cold War Angolan Finale, 1987-1988.* Solihull, Helion, 2016.

Scholtz, Leopold: *Die SAW in die Grensoorlog 1966-1989.* Kaapstad, Tafelberg, 2013.

Seegers, Annette: *The Military in the Making of Modern South Africa.* Londen, Tauris, 1996.

Shubin, Gennady, Igor Zhdarkin, Vyacheslav Barabulya en Alexandra Kuznetsova-Timonova (reds.): *Cuito Cuanavale. Frontline Accounts by Soviet Soldiers* (Auckland Park, Jacana, 2014).

Shubin, Gennady (red.): "The oral history of forgotten wars. The memoirs of veterans of the war in Angola". Digitale publikasie, geen uitgewer, s.p., s.j.

Shubin, Vladimir: *The Hot 'Cold War'. The USSR in Southern Africa.* Londen, Pluto, 2008.

Stapleton, Timothy J: *A Military History of South Africa. From the Dutch-Khoi Wars to the End of Apartheid.* Santa Barbara, Praeger, 2010.

Steenkamp, Willem: *South Africa's Border War* (Gibraltar, Ashanti, 1990).

Steenkamp, Willem en Helmoed-Römer Heitman: *Mobility Conquers: The Story of 61 Mechanised Battalion Group 1978-2005.* Solihull, Helion, 2016.

Sun Tzu: *The Art of War.* Vertaal deur Thomas Cleary. Boston, Shambhala, 2005.

Trythall, Anthony John: *'Boney' Fuller: The Intellectual General.* Londen, Cassell, 1977.

Van Crefeld, Martin: *The Art of War: War and Military Thought.* London, Cassell, 2002.

Velthuizen, Andreas: "Applying military force for political ends. The case of South Africa in southwestern Africa, 1987-1988" (ongepubliseerde MA-tesis, Unisa, 1991).

Voice of America-Radio Marti Program: *Cuba 1988.* New Brunswick, Transaction, 1991.

Wilsworth, Clive: *First in, Last out: The South African Artillery in Action 1975-1988.* Johannesburg, South, 2010.

INDEKS

61 Gemeganiseerde Bataljongroep 26, 28, 31, 32, 33, 34, 35, 36, 37, 39, 40, 45, 48, 50, 55, 57, 65, 67, 69, 76, 85, 89, 90, 91, 101, 102, 107, 113, 114, 130, 141, 147, 148, 152, 155, 157, 162, 194, 200, 205, 229

101 Bataljon 33, 39, 85, 141, 229

Pantserskool 35, 70, 85

Regiment De la Rey 170, 173

Regiment Groot Karoo 170

Regiment Malopo 141

Regiment Potchefstroom Universiteit 166

Regiment President Steyn 166, 173

Regiment Pretoria 141

Veggroep A 39, 50, 52, 85, 89, 91, 101, 106, 110, 112, 141

Veggroep B 39, 85, 89, 90, 105, 114, 141

Veggroep C 19, 39, 50, 85, 89, 91, 92, 93, 97, 99, 102, 103, 106, 107, 108, 110, 112

Schoeman, kmdt. Cassie 97, 105, 149

Scholtz, dr. GD 5

Schwarzkopf, genl. Norman, 57

Seegers, prof. Annette 127

Sergejef, maj. Alexander Petrowitsj 142, 157, 161

Sjoebin, Gennadi 206

Sjoebin, Wladimir 5, 13, 231

Smit, brig. Fido 72, 110, 114, 123

Smit, kmdt. Kobus "Bok" 39, 46, 47, 50, 53, 55, 85, 197

Smith, kmdt. Lambert 30, 89, 91, 106, 107, 108, 110, 115, 116, 211

Sowjetunie 5, 9, 14, 47, 87, 207, 238

Stalingrad, Slag van 59, 122, 147, 214, 226

Steenkamp, Willem 58, 147, 238

Sun Tzu 16, 52, 180, 195, 196

Swapo 2, 5, 8, 10, 11, 13, 14, 23, 36, 78, 116, 233

Tambo, Oliver 224

Taylor, kpl. Duncan 51

Techamutete 230

Thirion, genl.maj. Chris 63,81, 82, 234

Thom, sktr. AM 98

Tumpo-driehoek 19, 21, 22, 30, 33, 84, 118, 124, 128, 133, 137, 138-164, 165-178

Ulm 58

Unita viii, 3, 8, 9, 10, 11, 13, 14, 15, 18, 21, 22, 23, 24, 25, 26, 27, 28, 29, 30, 31, 32, 33, 36, 37, 38, 39, 41, 42, 44, 45, 46, 49, 50, 56, 57, 60, 61, 63, 66, 67, 68, 69, 71, 74, 76, 77, 81, 85, 92, 93, 106, 107, 115, 116, 118, 120, 121, 124, 126, 128, 129, 131, 132, 134, 138, 140, 147, 148, 149, 154, 157, 158, 159, 166, 167, 169, 170, 172, 173, 175, 177, 178, 200, 205, 206, 207, 208, 213, 216, 217, 225, 226, 227, 229, 230, 231, 232, 233, 234

Van Coppenhagen, maj. Willie 172

Van der Merwe, maj. Cassie 97, 105, 149

Van Lill, kmdt. Ep 35

Van Loggerenberg, lt.genl. Jan 26, 27, 31, 39

Van Staden, maj. Tinus 148

Versailles, Vrede van 1

Vimpulo-rivier 84, 105

Viljoen, genl. Constand 35, 171

Von Moltke, genl. Helmuth 93

Von Moltke, Richard 30, 68, 75, 81, 84, 102, 117, 144, 158, 178, 210, 211

Von Schlieffen, genl. Alfred 58

Vos, lt. Tobias de Villiers 109

Vreÿ, François 131

Webb, brig. Eddie 171

Wilsworth, Clive 19

Woodhouse, kav. Clive 55

Zjdarkin, Igor 56, 90, 112, 120, 135, 231

Zjoekof, genl. Georgi 59

www.ingramcontent.com/pod-product-compliance
Lightning Source LLC
Chambersburg PA
CBHW070529090426
42735CB00013B/2913